UTB

UTB **3132**

Eine Arbeitsgemeinschaft der Verlage

Böhlau Verlag · Köln · Weimar · Wien
Verlag Barbara Budrich · Opladen · Farmington Hills
facultas.wuv · Wien
Wilhelm Fink · München
A. Francke Verlag · Tübingen und Basel
Haupt Verlag · Bern · Stuttgart · Wien
Julius Klinkhardt Verlagsbuchhandlung · Bad Heilbrunn
Lucius & Lucius Verlagsgesellschaft · Stuttgart
Mohr Siebeck · Tübingen
Orell Füssli Verlag · Zürich
Ernst Reinhardt Verlag · München · Basel
Ferdinand Schöningh · Paderborn · München · Wien · Zürich
Eugen Ulmer Verlag · Stuttgart
UVK Verlagsgesellschaft · Konstanz
Vandenhoeck & Ruprecht · Göttingen
vdf Hochschulverlag AG an der ETH Zürich

Rüdiger Lohlker

Dschihadismus

Materialien

facultas.wuv

Rüdiger Lohlker, o. Univ.-Prof., Dr., lehrt Islamwissenschaften am Institut für Orientalistik der Universität Wien und war an den Universitäten Göttingen, Kiel und Gießen tätig.

Bibliografische Information der Deutschen Nationalbibliothek

Die Deutsche Nationalbibliothek verzeichnet diese Publikation in der Deutschen Nationalbibliografie; detaillierte bibliografische Daten sind im Internet unter http://d-nb.de abrufbar.

Einband: Atelier Reichert, Stuttgart
Kerngestaltung und Satz: grafzyx.at, Wien
Druck und Bindung: CPI – Ebner & Spiegel, Ulm
Printed in Germany

ISBN 978-3-8252-3132-3

Inhalt

9 Einleitung

13 Geschichte des Dschihad
Islamische Frühzeit 14 • Großmut 15 • Dschihad als staatliches Unternehmen 19 • Juristischer Diskurs 21 • Der große Dschihad 23 • Malabarküste 23 • Ein sufischer Korankommentar 25 • Westafrika 26 • Amerika 28 • Senegal im 19. Jahrhundert 29 • Marokko im 19. Jahrhundert 29 • Antikolonialer Dschihad 30 • Indischer Subkontinent 30 • Ein deutscher Dschihad 32 • Arabischer Nationalismus 32 • Ägypten 33 • Die Besetzung der Großen Moschee von Mekka 34 • Theoretische Entwicklungen 36 • Afghanistan 37 • Zur Organisation von al-Qa'ida 38 • Afghanistan seit 2003 41 • Pakistan 42 • Al-Qa'ida auf der Arabischen Halbinsel 43 • Irak 44 • Indonesien 45 • Algerien 45 • Internet 46 • Gegen die Schia 47 • Somalia 48 • Perspektiven 48 • Europa 49

50 Einige Begriffe
Schahid – Glaubenszeuge 50 • Selbstmordattentäter 52

56 Theologie und Theorie des Dschihadismus
Al-wala' wa'l-bara' 62 • Takfir 63 • Bai'a 64 • Tauhid 65 • Westen 66 • Reinheit 67 • Träume 67 • Wunder 69 • Umma 69 • Fremdheit 70 • Klassisches Erbe 71 • Apokalyptische Vorstellungen 72 • Paradiesjungfrauen 72 • Text 1: Die dschihadistischen Grundlagen 77 • Text 2: Zusammenfassung meines Zeugnisses über den Dschihad in Algerien 81 • Text 3: Der Vorzug des Dschihad auf dem Wege Gottes 86 •

Text 4: Die Freisprechung. Sendschreiben über ... 88 • Text 5: Die Berge von Afghanistan 89 • Text 6: Zeichen des Barmherzigen im Dschihad in Afghanistan 90 • Text 7: O ... ihr Leute der Stämme 92 • Text 8: Die erlesenen Früchte aus den Problemen des Rechts des Dschihad 96 • Text 9: Der Standpunkt des Korans gegenüber seinen Feinden 97 • Text 10: Die Säule in der Vorbereitung der Rüstung 98 • Text 11: Die Rolle der Frauen im Dschihad gegen die Feinde 100 • Text 12: al-Wala' wa'l-bara' 101 • Text 13: Sendschreiben über das Emirat, die bai'a und den Gehorsam 102 • Text 14: Die Wichtigkeit des Tauhid für alle Gläubigen 103 • Text 15: Die Verwaltung der Barbarei. Die gefährlichste Phase, die die Umma durchlebt 104 • Text 16: Die Religion Abrahams und der Aufruf der Propheten und Gesandten 105 • Text 17: The Rise of Jihad, Revenge of Gujarat 107

109 Internetforen

Text 1: Al-Falludscha 112 • Text 2: Al-Ichlas I 114 • Text 3: Al-Ichlas II 117

123 Erklärungen

Text 1: Erklärung vom 2. Dezember 2002 124 • Text 2: Tonbandbotschaft Bin Ladens zum Ramadan 2002 124 • Text 3: Memorandum 6 126 • Text 4: Al-Falludscha-Forum I 127 • Text 5: Al-Falludscha-Forum II 128

130 Lieder und Gedichte

Naschid 133 • Text 1: Erhebe dich, o Mudschahid 134 • Text 2: Schreiben an die drei Glaubenszeugen 134 • Text 3: Der Vorzug des Glaubenszeugen 135 • Text 4: Der Dschihad ist unserer Weg 136 • Text 5: Die Freiheit 136 • Text 6: Auf Wiedersehen, o Held 138 • Text 7: Wo ist as-Sarkawi 139 • Text 8: Die großäugigen Jungfrauen rufen mich 139 • Text 9 – Naschid: Fremde 140 • Text 10 – Naschid: Verlassen hast du Familie und Besitz 140

142 Biographien

Motivationen 143 • Ungerechtigkeit 144 • Zwischen Afghanistan und Europa 145 • Dschihadismus als männliche Ideologie 150 • Frauen im Dschihad 152 • Tod 153 • Spaß 154 • Text 1: Yahya Senyor al-Jeddawy 155

158 Praktisches oder virtuelles Trainingscamp?

Exkurs: Dschihadismus und Videos 159 • Guerillakrieg 162 • Praktische Aspekte 162 • Massenvernichtungswaffen 165 • Auseinandersetzung mit

Counterinsurgency 166 • Text 1: Die Kunst des Verbergens von Dateien 167 • Text 2: Lerne das Hacken 168 • Text 3: Umfassende Sicherheitsenzyklopädie 169 • Massenvernichtungswaffen 174 • Text 4: Die biologische Waffe 174 • Text 5: Nuklearer Vorbereitungskurs für die Mudschahidin – Die schwarzen Banner 174 • Text 6: Sendschreiben über die Rechtsbestimmung ... 178 • Einige kürzere Texte über technische Dinge 182 • Text 7: Herstellung von Sprengkapseln 182 • Text 8: Flugzeuge, ihre Typen und Grundlagen 183 • Text 9: Bomben 183 • Text 10: Spezialkurs für die Herstellung von Sprengkörpern 184 • Text 11: Herstellung von Geheimtinten 184 • Text 12: Die Künste der Bewegung in Städten 185

188 Der Weg aus dem Dschihad
Jemen 188 • Singapur 189 • Internet 190 • Text 1: Gespräch über den Extremismus und Terrorismus 192 • Text 2: Sei nicht extrem in deiner Religion 195 • Text 3: Ideologische Antwort 197 • Text 4: Die Strategie und die Bombenanschläge der al-Qa'ida 199

203 Glossar

205 Anmerkungen

226 Bibliographie

237 Personenregister

241 Sachregister

Einleitung

Dschihadismus ist kein schöner Begriff. Der Begriff hat aber zwei Vorteile: Er nennt das Konzept, das für die Vorstellungswelt der handelnden Personen zentral ist, und er vermeidet Konnotationen, die zu einem – gewollten oder unbewussten – Verwischen der Unterschiede zwischen ‚Islam' als allgemeinem Begriff und der dschihadistischen Strömung führen.[1] Wir können mit dem Begriff auch an Selbstbezeichnungen anknüpfen. Ein prominenter Autor wie Abu Mus'ab as-Suri (s. u.) schreibt selber von ‚Dschihadisten', wenn er die Mitglieder der von ihm vertretenen Strömung benennt. Die dschihadistische Strömung wird in diesem Band als eine spezifische Form sozialer Bewegungen verstanden, deren Diskussionen verfolgt werden sollen, um das Imaginäre dieser Strömung zu rekonstruieren und verständlich zu machen. Sie wird hier als eine genuin moderne Bewegung gesehen, die nur als Resultat kolonialer bzw. globalisierender Entwicklungen und Krisen zu begreifen ist. Diese Strömung des Dschihadismus lässt sich kurz gefasst als transnationale islamische Bewegung definieren, die den Dschihad im militärischen Sinne als zentrales Konzept ihrer Aktivitäten und Theorien bestimmt und eher ein ethisch-moralisches Unternehmen darstellt.

Abzugrenzen ist diese Strömung von nationalen Bewegungen, die zwar ähnliche taktische Mittel einsetzen wie die dschihadistischen Bewegungen und eine Dschihadrhetorik pflegen, sich aber immer auf einen nationalen oder regionalen Kontext beziehen (z. B. Hamas in Palästina, Hisballah im Libanon); Grenzfälle sind Konflikte wie der in Tschetschenien oder im Kaukasus allgemein, in die auch dschihadistische Strömungen verwickelt sind. Diese nationalen Konflikte spielen eine wichtige Rolle im Imaginären der dschihadistischen Bewegungen.

Für unsere Zwecke ist eine kulturwissenschaftliche Vorgehensweise angemessen, da nur so die ideengeschichtliche Einbettung dschihadistischer Diskurse und deren Besonderheit verständlich werden. Auf diese Weise ist die spezifische Beschränktheit dieser Diskurse begreifbar.

In diesem Band werden Originaltexte in deutscher Übersetzung vorgestellt, die thematisch gruppiert sind und mit Kommentaren versehen werden. Jedem thematischen Block wird eine Einleitung vorangestellt, die die übersetzten Texte in ihren Zusammenhang stellt. Wir verzichten zum größten Teil auf bereits bekannte und an anderer Stelle publizierte Texte (Kepel / Mielli 2006; Kippenberg / Seidensticker 2004).

Von den Zahlen her erscheint der dschihadistisch geprägte Terrorismus[2] nicht als so bedeutend, wie er in der Öffentlichkeit wahrgenommen wird. Quantitative Untersuchungen sprechen sogar von einem Rückgang terroristischer Aktivitäten dschihadistischer Art (Coolsaet / Van de Voorde 2008). Gewiss sind Zahlen nur ein Teil der Geschichte des Dschihadismus. Das Leid der Opfer und ihrer Angehörigen bildet einen so gewichtigen Teil, aber diese Erinnerung an die Zahlen mag die Bedeutung dieses – ernst zu nehmenden – Phänomens etwas zurechtrücken.

Ausgangspunkt unserer Überlegungen ist die Idee, dass die dschihadistischen Bewegungen nicht als rückwärts gewandte Strömungen begriffen werden können. Sie sind Teil der Moderne, moderne Bewegungen – anders formuliert: der Nachtseite der Moderne. Im Gegensatz zu einem normativen Begriff der Moderne zeigt ein historisch-kritisch entwickelter Begriff, dass diese Nachtseiten der Moderne ihr integraler Bestandteil sind. Ironisch ist, dass die dschihadistischen Bewegungen, die sich als vehemente Gegner der Moderne begreifen, viel mehr Teil der Moderne sind, als sie es in ihren schlimmsten Träumen befürchten. Ausgehend von der Konfrontation mit Erscheinungen der Moderne wird ein unbestimmtes individuelles Gefühl des Unbehagens auf einen bzw. mehrere bestimmte Gegner gerichtet, gegen die im Rahmen bestimmter Sets von Ideologien und Bewegungen gekämpft werden kann. Die dschihadistischen Bewegungen können damit an ein höchst modernes Gefühl der allgemeinen sozialen Malaise anknüpfen, das bereits häufig beschrieben wurde (Lohlker 2002: 512ff.).

Leo Löwenthal vergleicht diese soziale Malaise mit einer Hautkrankheit: „Der daran leidende Patient hat das instinktive Bedürfnis, sich zu kratzen. Folgt er dem Rat eines erfahrenen Arztes, wird er diesem Bedürfnis nicht nachgeben und versuchen, die Ursache des Juckreizes durch ein Heilmittel zu beseitigen. Gibt er jedoch seinem unwillkürlichen Kratzbedürfnis nach, wird der Juckreiz sich nur verschlimmern. Dieser irrationale Akt der Selbstverstümmelung wird ihm zwar eine gewisse Erleichterung verschaffen, verstärkt aber gleichzeitig sein Bedürfnis zu kratzen und verhindert eine erfolgreiche Heilung. Der Agitator rät – zum Kratzen." (Löwenthal 1990: 31)

Der dschihadistische Agitator rät zum Kratzen bis zum Eintritt des Todes des Patienten. Es geht ihm nicht um spezifische Lösungsvorschläge für spezifische Probleme, er löst das chronische Leiden der Gesellschaft auf einmal. Da dieses Leiden sich tief in die Psyche der Menschen eingegraben hat, wird es als geistige und seelische Not und nicht als Gesellschaftliches empfunden – ein Eindruck, der von den Agitatoren (in unserem Falle: dschihadistischer Art) gezielt gefördert wird: „Der Agitator wird von der Malaise angezogen wie die Fliege vom Misthaufen: Im Unterschied zu vielen Liberalen bspw. vertuscht und verleugnet er sie nicht [...] Er watet in dieser Malaise, er genießt sie und trachtet danach, sie zu vertiefen bis zu einem Punkt, wo sie sich zu einer paranoiden Beziehung zur Außenwelt verdichtet." (Löwenthal 1990: 32)

Gegen diese bösartige Außenwelt wird eine eigene Art der Gemeinschaft geschaffen: die der dschihadistischen Gruppen, die sich auf eine besondere Deutung des Islam beschränken, die sich auch gegen Muslime wendet, wenn sie als Teil dieses feindlichen Anderen definiert werden. Diesem besonderen, reduzierten Weltbild widmen wir uns in diesem Band.

Vorgestellt werden zunächst – ausgehend von einigen historischen Reflexionen über die begriffliche und praktische Entwicklung des Konzeptes des Dschihad – zentrale Entwicklungen des dschihadistischen Denkens. Es wird kein umfassender historischer Überblick über die Entwicklung dschihadistischer Bewegungen gegeben. Derartige Überblicke sind bereits einige vorhanden und können ergänzend herangezogen werden (z. B. Steinberg 2005; Kepel 2004b). Einige Elemente des Dschihadkonzeptes und seiner Ent- und Verwicklungen werden so skizziert. Zentrale Vorstellungen dschihadistischen Denkens werden im folgenden Kapitel aufgezeigt. Einzelne Ideologeme werden an anderer Stelle behandelt. Zentrale Foren dschihadistischer Diskussionen finden sich im Internet. Einige werden wir betrachten, um einen Eindruck der Art und Weise dieser Diskussionen zu vermitteln. Dazu kommen u. a. Erklärungen zu Aktionen dschihadistischer Organisationen. Dschihadistische Ideologie spiegelt sich in den Biographien der Akteure, in die in erster Linie biographische Erzählungen Einblick gewähren. Gedichte und Lieder sind ebenfalls Medien dschihadistischer Diskurse. In einem Exkurs wird auch die dschihadistische Videoproduktion skizziert, die eine eigene Untersuchung bräuchte. Kaum in der Diskussion über den Dschihadismus vorhanden ist die umfangreiche dschihadistische Literatur- und Videoproduktion zu militärischen Aspekten; auch ihr ist ein Kapitel gewidmet. Wenig beachtet wurden bis jetzt die Anstrengungen von muslimischer Seite, Alternativen zur dschihadistischen Strömung zu entwickeln; diese Versuche thematisiert das letzte Kapitel.

Die Übersetzungen vermitteln einen Eindruck von der Art der Diskussion unter den Dschihadisten. Aus diesem Grunde ist bewusst nicht versucht worden, eine geglättete Übersetzung zu erstellen. Stattdessen geben die etwas merkwürdig klingenden Texte ein Gefühl für die Diskussionsweise dieser Strömung.

Der vorliegende Band erhebt nicht den Anspruch, das Phänomen des Dschihadismus umfassend zu erklären. Es werden Materialien vorgelegt, die die Diskussion über dieses Phänomen versachlichen sollen und denjenigen, die nicht über die notwendigen Kenntnisse in außereuropäischen Sprachen verfügen, einen Zugang zu Quellentexten ermöglichen.

Geschichte des Dschihad

Der Begriff des Dschihad und die Praxis des Dschihad haben in der islamischen Geschichte Wandlungen erfahren. Diesen Wandlungen wollen wir nachgehen. Nicht verfolgen werden wir die Ideen, die den Dschihad im Sinne eines militärischen Kampfes als Konstante der islamischen Geschichte sehen und damit ‚den Islam' als Ganzes disqualifizieren wollen. Solche Essenzialisierungen sind – eine bittere Ironie – das bloße Spiegelbild dschihadistischer Vorstellungen.

Wir könnten lange über den Zusammenhang von Monotheismus und Gewalt nachdenken. Auch dies geschieht von islamfeindlicher Seite besonders für den Islam, der als gleichsam naturwüchsig gewalttätig herbeigeschrieben wird. Wir können zu diesem Thema die Überlegungen von Hans G. Kippenberg heranziehen, um das Verhältnis von Monotheismus und Gewalt grundsätzlich zu beschreiben:

„Überblickt man diese monotheistischen Fälle von Gewalt, so widersprechen sie bei genauerer Betrachtung allesamt einem irgendwie zwingend notwendigen Zusammenhang zwischen Monotheismus und Gewalt. Jan Assmann hat recht, dass man von der Sprache der Gewalt nicht auf eine Praxis schließen darf. Die Fälle von Apostasie und der gewaltsamen Verteidigung der religiösen Gemeinschaft gegen Feinde widersprechen aber auch der Gegenthese, der Monotheismus sei an sich friedfertig und religiöse Gewalt immer nur als Missbrauch denkbar. Es gibt einen Zusammenhang zwischen Monotheismus und Gewalt; jedoch muss man ihn kontingent nennen: Er ist weder notwendig, noch ist er unmöglich. Es hängt von der Situation ab, in der eine religiöse Gemeinschaft sich befindet." (Kippenberg 2008: 22)

Eine Beurteilung, die, so Kippenberg treffend, für nicht monotheistische Religionen wie den Hinduismus oder Buddhismus ebenfalls gilt

(Kippenberg 2008: 22). Wir können auch für den Islam einen kausalen Zusammenhang zwischen Religion und Gewalt verneinen. Dies gilt nicht nur für Religionen, sogar andere, sich säkularistisch gebende Ideologien sind nicht deterministisch. Bestimmte soziale Milieus bringen nicht bestimmte Ideologien hervor und werden nicht durch bestimmte Ideologien gebunden. Die gleichen ideologischen Zusammenhänge können unterschiedliche Praxen hervorbringen. Selbst der Anarchismus kennt z. B. friedliche und gewaltsame Varianten (Elwert 2003: 121).

Wie sind also die Situationen beschaffen, in denen sich religiöse Gemeinschaften und Individuen gewaltsamen Praktiken zuwenden? Diese Frage liegt den jetzt folgenden Überlegungen zugrunde, die sich mit der Entwicklung des Dschihadkonzeptes beschäftigen.

Islamische Frühzeit

Dschihad finden wir im Koran des Öfteren vertreten, aber nicht so sehr in dem Sinne, der ihm heute meist exklusiv zugeschrieben wird.[1]

Wenn wir die Nachweise an den Anfang stellen, in denen wir tatsächlich den Begriff *Dschihad* finden, so sehen wir, dass sie sich nicht direkt auf die Kriegsführung beziehen. Sie beziehen sich vielmehr auf Disputationen, Einsatz für die Sache Gottes (Sure 25,52; 22,78). Auf allgemeinerer Ebene finden wir die arabische Wurzel *dsch - h - d*, die ein Wortfeld bezeichnet, das Konzepte wie ‚Anstrengung' umfasst, 41-mal erwähnt, darunter die zwei bereits genannten Stellen. Nur zehn dieser Stellen beziehen sich eindeutig auf Kriegsführung. An den betreffenden Stellen ruft der Koran zur Verehrung Gottes, zu rechtem Verhalten und auch zur Selbstaufopferung auf. Dies kann zweifelsohne den physischen Kampf einschließen, in den meisten Fällen ist allerdings nicht klar, was gemeint ist.

Kampf und Krieg bilden aber auf jeden Fall einen wichtigen Themenkreis im Koran. Derartige Aktivitäten werden mit einem Vokabular beschrieben, das aus anderen Wurzeln stammt als der bereits erwähnten (*dsch - h - d*). Die betreffenden Wurzeln bezeichnen Wortfelder wie ‚Kämpfen, Töten' oder ‚Kämpfen, Krieg führen'. Es geht dabei um Aufrufe, die Waffen zu ergreifen, Anweisungen zu kämpfen oder davon abzusehen, die Aufteilung militärischer Pflichten, die Verteilung der Kriegsbeute, Behandlung von Nichtkombattanten und Kriegsgefangenen etc. Eine zusammenhängende Doktrin aus diesen Stellen zu entwickeln fällt schwer – und man sollte Rückprojektionen vermeiden.

Aus Gründen, die wir heute nicht genau erkennen können, wurde der Begriff Dschihad verknüpft mit einem komplexen, höchst dynamischen System von Lehren und Praktiken der Kriegsführung. Die Entwicklung dürfte irgendwann in der Zeit zwischen der Offenbarung und der Sammlung des Korans stattgefunden haben.

Großmut

Neben diesem Gedankenfeld – und häufig dieses Feld berührend – finden wir im Koran einen weiteren Bereich, der mit Generosität, mit Großmut und wohltätigen Gaben zu tun hat.

Das Speisen der Armen macht eine Person zu einem „der Gefährten der rechten Hand“ (Sure 90, *al-balad*, 18). Gaben werden aus dem Eigentum des Gebenden genommen, um es zu reinigen (Sure 9, *at-tauba*, 103). Es wird also ein Teil gegeben, um den Rest des Eigentums zu erhalten. Generell wird eine Richtung des Gebens, das sich auch auf Kriegsbeute beziehen kann, von den Reichen zu den Armen vorausgesetzt, durch die die muslimische Gemeinschaft konstituiert wird. Die Aufwendung des persönlichen Eigentums zu Unterstützung des Kampfes wird ebenfalls zum Thema.

Damit wird die vorislamische arabische Vorstellung, dass der Gebende Wertschätzung verdient, aus dem alten Kontext des Lobes und des Nachruhms Einzelner und ihrer Familienverbände durch Preisgedichte (Jacob 1897) in eine Praxis zum Nutzen einer sich universalisierenden Gemeinschaft weiterentwickelt.

Ein anderer Komplex von Taten konnte in altarabischen Zeiten gleichfalls den Nachruhm sichern: kriegerische Taten gegen Feinde des eigenen Familienverbandes. Dies wurde in die entstehende frühe islamische Gemeinschaft integriert und jetzt nach außen gewendet gegen die Feinde Gottes und der Gemeinschaft. Der Koran reformuliert auch die Grundlage des Kampfes. Es ist nicht mehr die individuelle Tapferkeit, die Kämpfenden müssen sich durch eine fromme Haltung auszeichnen, die ihnen die paradiesische Belohnung sichert.

Die militärischen Erfolge der frühen muslimischen Gemeinschaften begründeten eine Eroberungsgesellschaft, die die Grundlage für das klassische islamische Steuersystem und die Behandlung von Nichtmuslimen unter muslimischer Herrschaft legte. Allerdings brach dieses expansionistische Reich bald zusammen – und mit ihm die Eroberungsgesellschaft, die nur noch als Phantasie, als eine Idee existieren sollte. In der Zeit, als die Anpassung an diese neuen Umstände erfolgte, gegen

Ende des 8. Jahrhunderts chr. Z., entstand auch die Doktrin des Dschihad und die um sie angeordneten Praktiken. Diese Wandlung fand z. B. ihren Ausdruck in Theorien, die die Aufhebung von frühen gemäßigten Äußerungen des Korans formulierten. Es wird so von späteren Theoretikern gesagt, dass der „Schwertvers" (Sure 9, *at-tauba*, 5), der nicht lange vor der Eroberung Mekkas offenbart wurde, bis zu 124 frühere Verse stillgelegt habe (van Ess 2001: 163).

Der Dschihad wurde zum Teil einer ganzen Reihe von Grenzgesellschaften (Bonner 2006). Eine dieser Grenzgesellschaften war Syrien, wo der Dschihad eigentlich zum Inhalt der Religion der dort im 7./8. Jahrhundert einfallenden frühen Muslime (und Musliminnen) wurde (van Ess 2001: 163ff.). Dies findet seinen Ausdruck in Hadithen, in denen keinerlei Bezug auf den Koran genommen wird. Mittels dieser Hadithe wird um den Rang der einzelnen Glaubensvorschriften gestritten, denn die sogenannten „Säulen" des Islam waren noch nicht endgültig definiert. Ein schönes Beispiel: „Der Dschihad ist Grundpfeiler und höchste Verwirklichung des Islam." Dieser Hadith ist eindeutig syrischer Herkunft und aus der ersten Hälfte des 8. Jahrhunderts. Ein ebenfalls eindeutig syrischer Autor, Ibn al-Mubarak[2], dem die Überlieferungen einer Hadithsammlung mit dem Titel *Kitāb al-ǧihād* zugeschrieben hat, berichtet uns trotz der generellen Tendenz, dem Dschihad den Vorrang einzuräumen, über Traditionen, in denen von der Gleichrangigkeit anderer religiöser Handlungen mit dem Dschihad gesprochen wird. Ein Beispiel: „wie derjenige, der sich auf dem Wege Gottes bemüht, ist der Fastende". (Ibn al-Mubārak 2007: 3).[3]

Im Irak des 8. Jahrhunderts werden solche Überlieferungen mit größerem Aufwand neu gedacht, andere Glaubenspflichten treten hinzu bis hin zu einer Überlieferungsvariante „derzufolge der Dschihad *nach* dem Gebet das Wichtigste ist." (van Ess 2001: 165) Mekkanische Gelehrte des 8. Jahrhunderts waren noch anderer Meinung, sahen den Dschihad nicht als Pflicht bzw. Notwendigkeit an. Sie sprechen von einem guten, löblichen Handeln, von einem anderen Dschihad ohne Blutvergießen, nämlich dem Hadschdsch, der Pilgerfahrt; generell betonen sie die Freiwilligkeit (van Ess 2001: 165). Im Maghreb vertreten einige Gelehrte später die Auffassung, der eigentliche Sinn der Dschihad-Verse sei mit der Eroberung Mekkas erfüllt (van Ess 2001: 165f.).

Die medinensische Variante des Dschihad-Verständnisses zeigt eine eigene Art der Voranstellung des Gebetes in dem Sinne, „dass der Dschihad die beste der Taten nach dem Gebet ist" (von Bredow 1994: 3. arab. Text); wobei an dieser Stelle wiederum der kriegerische Dschihad gemeint ist.

Schon dieser kurze, historisch und philologisch informierte erste Blick auf Positionen zum Dschihad zeigt eine Variationsbreite in der Doktrin des Dschihad, die einer historisch-kritischen Exegese große Möglichkeiten eröffnet. Betrachten wir aber noch einen anderen Aspekt!

Der Dschihad ist auch zu einem Teil persönliche Praxis derjenigen, die sich einer harten Glaubenspraxis unterwarfen (*ʿubbād al-ḫušn*): dem extremen Fasten, dem Verzehren von Staub oder Erde, ein Insistieren darauf, den Lebensunterhalt selbst zu verdienen (*kasb*), ein Ignorieren der Rolle des Kalifen/Imams und eine Unabhängigkeit von der muslimischen Gemeinschaft mit dem Ziel, die persönliche vollkommene Reinheit und den individuellen religiösen Verdienst zu sichern. Es bleiben die Gehorsamkeit und die Nachahmung des jeweiligen asketischen Meisters, einer der Ursprünge der späteren islamischen Mystik: der Sufismus. Ergänzen können wir dies mit einer Überlieferung: „Jede Gemeinschaft (*umma*) hat eine Art des Mönchtums (*rahbānīya*); das Mönchtum dieser Gemeinschaft ist der Dschihad auf dem Wege Gottes." (Ibn al-Mubārak 2007: 3) Was zwanglos als eine Befürwortung einer asketischen Grundhaltung verstanden werden kann, nicht aber unbedingt als Befürwortung militärischen Kampfes – selbst wenn der Autor anderes im Sinn gehabt haben mag.

Während dieser Zeit, aber auch danach, blieb der Dschihad eng verbunden mit einem Teil der koranischen Offenbarung, der oft falsch als „Wohltätigkeit" oder „Almosen" bezeichnet wird. Wir haben davon schon im Zusammenhang mit dem Begriff der Großzügigkeit gesprochen. Im Koran und den frühen historiographischen Texten ist das Kämpfen im Krieg Ausdruck der Zugehörigkeit zur muslimischen Gemeinschaft. Im Extremfalle konnte bei Minderheiten auch der Kampf gegen Muslime mit anderer als der eigenen religiösen Ausrichtung dazu zählen. Es ist nichts, wofür man eine Belohnung – welcher Art auch immer – erhalten würde.

„Bald nach dem Tod des Propheten Muhammad sah sich der siegreiche frühe islamische Staat überflutet mit allen Arten von Reichtümern. Zur selben Zeit musste er sich mit den weit reichenden Problemen auseinandersetzen, mit denen sich alle großen Reiche auseinandersetzen mussten, einschließlich der Rekrutierung, Bezahlung und Versorgung ihrer Armeen. Während die Dynastien der Umaijaden (661–750 chr. Z.) und der Abbasiden (750–1258 chr. Z.) verschiedene Lösungen für ihre fiskalen und militärischen Probleme versuchten, bildeten sich langsam die juridischen und theologischen Lehren des entstehenden Islam heraus." (Bonner 2006: 168f.) Sie hatten verschiedene Fragen zu beantworten. „Ist der Militärdienst eine religiöse Pflicht, die jedem Individuum auferlegt ist? Wie kann die zentrale Autorität ... große Zahlen von Kämpfern rekrutieren und sie mobilisiert halten? Schließlich nahmen diese Fragen und Antworten die charakteristischen Formen des klassischen Islam und seiner Dschihad-Lehre an unter Einschluss der Unterscheidung zwischen individuellem und kollektivem Dschihad." (Bonner 2006: 169)

Es wird gesagt, eine individuelle Verpflichtung zum Dschihad sei nur gegeben, wenn muslimisches Gebiet angegriffen werde, sonst reiche das Bestehen und der Einsatz von Truppen an der Grenze durch den Staat, der damit zum kollektiven Garanten der muslimischen Gemeinschaft wird. Weiterhin sind wichtig das „Bestehen auf der religiös korrekten Absicht seitens der Person, die in den Dschihad zieht, dem Bestehen darauf, dass der Imam", also der spirituell-politische Führer, „oder sein Repräsentant die Oberaufsicht hat, besonders bei offensiver Kriegsführung; aber auch, zur selben Zeit, die geistige Belohnung, die für die Personen bereitsteht, die sich freiwillig für den Kampf melden. All dies war wieder das Ergebnis eines langen Prozesses, dessen zugrunde liegende Spannungen nie vollständig gelöst wurden." (Bonner 2006: 169)

Wir können diese Spannungen auch in der gelehrten Diskussion der Umaijadenzeit verfolgen. Ein Rechtsgelehrter aus dem Hidschas neigte eher dazu, das Gebet und den Besuch der Moschee hoch zu schätzen und nicht den Dschihad, den er nicht als obligatorisch für alle ansah. Ein anderer früher Rechtsgelehrter vertrat die Auffassung, der Dschihad sei eher defensiv; nur in dieser defensiven Form sei er auch obligatorisch für die einzelnen Gläubigen. Syrische Gelehrte hielten sogar den aggressiven Krieg für rechtfertigbar und obligatorisch. Wenn wir bedenken, dass Syrien die Region der Grenzkriege mit Byzanz war, an denen der bereits erwähnte Ibn al-Mubarak teilnahm, wird deutlich, dass dort die Notwendigkeit, den militärischen Kampf zu rechtfertigen, größer war als in anderen Gebieten (Afsaruddin 2008: 116f.; Mottahadeh / al-Sayyid 2001). In Medina gibt der führende Rechtsgelehrte Malik ibn Anas (gest. 796) in seinem Hadith- und Rechtswerkwerk *al-Muwatta'* neben Überlieferungen, die auf einen militärischen Dschihadbegriff deuten, auch Überlieferungen wieder, die Fasten und Gebete dem Dschihad gleichstellen (Peters 1996: 20f.).

Historisch sehen wir immer wieder die Spannung zwischen dem, was Albrecht Noth (1966) den „heiligen Krieg" und den „heiligen Kampf" genannt hat: eine Auseinandersetzung zwischen groß angelegten kriegerischen Operationen durch irgendeine Form von Staaten und der individuellen Suche nach Verdienst und Gnade, die sich wenig um den Ausgang von Schlachten scherte. Diese Spannung finden wir ebenfalls in den Formen der militärischen Operationen, die islamische Staaten und Reiche in der Geschichte durchgeführt haben. Von Zeit zu Zeit organisierten sie große Eroberungszüge, die zu einer dauernden Erweiterung ihres Herrschaftsraumes führten. Zur selben Zeit – und vielleicht viel öfter – führten diese Reiche auch Beutezüge, Razzien durch, die trotz der Hartnäckigkeit der Kämpfenden wenig Ertrag brachten, wenn nicht gar zu Verlusten führten. Die Glaubenskämpfer konnten auch eine Gefahr für die innere Stabilität islamischer Staatswesen darstellen, die mühsam unter Kontrolle gebracht werden mussten. Ein gutes Beispiel dafür ist das nasridische Granada, das schließlich die unabhängigen nordafrikanischen Glaubenskrieger unter hoheitliche Kontrolle stellte (Lohlker 2006a). Auf dieser praktisch-politischen Ebene wird der Dschihad zu einem Ärgernis, das nur in Notzeiten reaktivierbar sein sollte.

Fassen wir zusammen: „Wir können eine angemessenere Interpretation der Lage erreichen, wenn wir anerkennen, dass der Dschihad eine komplexe Doktrin und ein Ensemble von Praktiken ist, die sich – manchmal wörtlich, manchmal in keiner Weise wörtlich – auf Gewalt und Kriegsführung richten. [...] Zugleich lehren aber das Medina des Propheten und der Koran den Frieden, genauer gesagt: den sozialen Frieden, der durch die Praxis des großzügigen Gebens erreicht wird." (Bonner 2006: 174) Durch diese Praxis wird Gemeinsamkeit gestiftet, die ihren paradigmatischen Ausdruck in den Riten des Festes des Fastenbrechens am Ende des Ramadan finden, die den Eintritt in einen neuen Zeitabschnitt markieren, vorgelebt im Fastenmonat, der die Kohärenz der Gemeinschaft der Familie und darüber hinaus erfahrbar macht und damit potenziell erfahrene Gewalt auslöscht (Neuwirth 2006).

Die beiden Elemente Großzügigkeit und Gewalt, Krieg und Frieden, befinden sich so miteinander in einem Spannungsverhältnis. Beide Elemente lassen sich historisch immer wieder aktualisieren. Ein noch nicht betrachteter Zusammenhang, in dem diese Aktualisierung stattfinden konnte, ist der Sufismus: die islamische Mystik. Betrachten wir zuerst einmal noch andere Diskurse.

Dschihad als staatliches Unternehmen

Mit der Etablierung der Reiche der Umaijaden und insbesondere der Abbasiden im Jahre 750 chr. Z. wurde – wie bereits erwähnt – der Dschihad zu einem Teil des staatlich relevanten islamischen Völkerrechts, das sich allerdings nicht unbedingt an die Vorgaben des gelehrten Diskurses hielt (Lohlker 2006a). Die Herrscher sahen sich unter dem Gesichtspunkt, dass die gelehrte Tradition für die Erfüllung der Dschihadverpflichtung es als ausreichend erachtete, dass eine ausreichende Zahl von Muslimen dieser Pflicht nachging (*farḍ kifāya*), d. h. in erster Linie das mehr oder weniger reguläre Heer, als Garanten für diese Pflicht. Sollte es einen individuellen Drang zum Dschihad geben, was auch in dieser Zeit möglich war, konnte diese Auffassung des Dschihad als individuelle Pflicht (*farḍ ʿain*) in der Form gewährleistet werden, dass diese Freiwilligen in Milizverbände zusammengefasst wurden. Dies führte allerdings nicht selten zu Spannungen mit den Herrschern (für al-Andalus s. Lohlker 2006a).

Der gelehrte Diskurs ging allerdings weiter und behielt eine gewisse Spannweite bei, die über diese grundlegende Unterscheidung zwischen kollektiver und individueller Pflicht hinausgeht. Insbesondere wurden alle kriegsrechtlichen Einzelheiten im Detail geregelt.

Eine klassische Formulierung der kollektiven Pflicht zum Dschihad finden wir bei dem andalusischen Gelehrten Ibn Hasm. In seinem großen Rechtswerk heißt es: „Der Dschihad ist eine Pflicht (*farḍ*) für die Muslime. Wenn jemand dadurch den Feind abwehrt, Beute macht inmitten seines Gebietes und so die Fronten der Muslime schützt, entfällt die Pflicht zum Dschihad für die Übrigen; wenn nicht, dann nicht." (Ibn Ḥazm, Bd.7: 291) Wenn es also eine genügende Anzahl von Muslimen gibt, die diese Aufgabe übernehmen, sind die einzelnen Muslime nicht verpflichtet, in den Dschihad zu ziehen.

Bei Ibn Hasm findet sich auch eine Einteilung des Dschihad: „Der Dschihad unterteilt sich in drei Kategorien: zu Gott aufrufen durch das Wort; den Dschihad inmitten von Auseinandersetzungen durch Rat und Ausführen von Handlungen; kämpfen, indem man zuschlägt und tötet. [...] Die erste ist die verdienstvollste Art. [...] Die dritte ist die am wenigsten herausragende." (Ibn Ḥazm 1903: 135f.); ein weiterer Hinweis auf verschiedene Dimensionen des Dschihadbegriffs.

Die staatliche Rolle des Dschihad können wir in der blühenden Literatur über die Bekämpfung von Rebellen wiederfinden. In der großen Hadithsammlung des al-Muttaki al-Hindi (gest. 1567) gibt es einen ganzen Abschnitt über den Kampf gegen Rebellen (al-Muttaqī al-Hindī o. J.).

Auch spätere Reiche definierten ihre Expansion in Form eines Dschihad. Wir können hier nur kurz an die Glaubenskrieger des Osmanischen Reiches[4] oder den Dschihad im Delhi-Sultanat oder im Moghulreich als Beispiel erinnern.

Juristischer Diskurs

Spätere Abhandlungen lassen die Vieldeutigkeit früherer Diskussionen zum Teil nicht mehr erkennen. Um den Status solcher Abhandlungen zu verstehen, müssen wir sie als Spezialabhandlungen begreifen, die sich diesem einen spezifischen Thema widmen und nicht allgemeiner Ausdruck einer genuin islamischen Essenz sind. Auch diese Abhandlungen sind einer spezifischen historischen Situation geschuldet. Der Verfasser, Ahmad ibn Ibrahim Ibn Nuhas, starb 1411 in Ägypten im Kampf gegen genuesische Truppen bei Damiette. Er wird vom Herausgeber der Abhandlung über den Dschihad, die wir im Folgenden betrachten (al-Ḫālidī 2003), als konservativer Gelehrter beschrieben, der gegen jegliche Neuerungen war. Ein Blick in das Inhaltsverzeichnis seiner Abhandlung zeigt uns, dass wir es mit einem Werk der *fada'il*-Literatur zu tun haben, die sich den Vorzügen von Städten, Gegenden, Personen, Dingen, Handlungen etc. widmet, beileibe nicht nur dem Dschihad. So finden wir Abschnitte darüber, dass der Dschihad Gottes liebste Handlung sei, keine Sache dem Dschihad gleichkomme u. Ä. m.

Ganz gezielt argumentiert Ibn Nuhhas gegen den Vorzug anderer Glaubenspraktiken vor dem Dschihad im militärischen Sinne[5] (al-Ḫālidī 2003: 133ff.). Wenn Ibn Nuhhas darüber spricht, dass dem Dschihad keine andere Sache gleichkomme (al-Ḫālidī 2003: 65f.), heißt es:

„Es berichtete Muslim[6] nach Ibn Huraira[7], Gott habe Wohlgefallen an ihm. Dieser fragte: ‚O Gesandter Gottes, was kommt dem Dschihad auf dem Wege Gottes gleich?' Der gab zur Antwort: ‚Ihr könnt es nicht vollbringen!' Sie wiederholten diese Frage zwei- oder dreimal. Er sagte jedes Mal: ‚Ihr könnt es nicht vollbringen.' Dann sagte er: ‚Das Ebenbild des Mudschahid auf dem Wege Gottes ist wie der standhaft Fastende, der aufrecht Betende, der den Versen Gottes Gehorchende, der nicht im Gebet und auch nicht im Fasten nachlässt, bis der Mudschahid auf dem Wege Gottes zurückkehrt.' / Es berichtete al-Buchari[8] nach Abu Huraira, Gott habe Wohlgefallen an ihm, dass ein Mann sagte: ‚O Gesandter Gottes, leite mich zu einer Handlung, die dem Dschihad gleichkommt.' Der sagte: ‚Ich finde so eine nicht.' Dann fragte er: ‚Kannst du, wenn der Mudschahid auszieht, deine Moschee betreten, dich dort aufhalten, nicht nachlassen und fasten und das Fasten nicht brechen?' Der Mann gab zur Antwort: ‚Wer kann das tun?' / Diese Prophetengenossen konnte keine Handlung vollbringen, die dem Dschihad gleichkommt, obwohl sie doch die Menschen mit den höchsten Bestrebungen, mit den standhaftesten Seelen, mit religiösem Eifer sind und ihre Belohnung [bei Gott] verdoppelt ist, weil sie die Gefährten des Gottesgesandten waren;

sie streben voran nach jeglicher Vollkommenheit; sie erreichen im Dschihad alle höchsten Ränge. / Wenn es sich so verhält und sie keine Handlung finden konnten, die dem Dschihad gleichkommt, wie kann unseresgleichen bester Stimmung sein ohne eine solche Anstrengung? Wie können sich unsere Seelen mit leichten Handlungen begnügen, mit verächtlichen und niedrigen Bestrebungen? Mit dem, was durch Heuchelei und Unaufrichtigkeit verseucht ist, durch Intrigen, durch die man kaum wünschen kann, Erleichterung zu erlangen? / O Gott, wecke uns aus diesem Schlaf der Nachlässigkeit auf! Mache uns bereit für den Dschihad auf Deinem Wege [...]! Du bist das Ziel jeder guten Handlung. Es gibt keine Macht und keine Kraft außer bei Gott."

Das Kapitel schließt mit einer Überlieferung darüber, dass der dritte Kalif, 'Uthman ibn 'Affan (reg. 644–656), die Einwohner von Medina aufgefordert habe, wie ihre Brüder in Syrien, Ägypten und im Irak in den Dschihad zu ziehen. Die Abhandlung des Ibn Nuhhas erweist sich an diesem Beispiel als eine Mobilisierungsschrift, die das Traditionsgut nur mit einem einzigen Ziel bearbeitet: der Rechtfertigung des Dschihad.[9] Dass ein solches Buch in die Leselisten der Dschihadis aufgenommen wird, braucht uns nicht zu wundern – sind sie doch gerade an einer solchen Verengung des Begriffs interessiert.

Die Beschäftigung mit dem Thema Dschihad fand nicht nur in Form von Abhandlungen statt, auch Sammlungen von einschlägigen Hadithen, Überlieferungen des Propheten Muhammad, konnten eine Rolle spielen. Eine recht beliebte Form ist die Zusammenstellung von 40 Hadithen zu einem speziellen Thema. Im 18. Jahrhundert ist in Tetuan in Marokko eine solche Sammlung entstanden (at-Taṭwānī 2003: 77), in der wir, neben den Überlieferungen über die Formen und Vorzüge des Kampfes auf dem Wege Gottes, auch Hadithe – die schon in der autoritativen Hadithsammlung von al-Buchari verzeichnet sind – aufgenommen finden, die besagen: „Wer einen Tag auf dem Wege Gottes fastet, dessen Gesicht hält Gott fern vom Höllenfeuer für 70 Jahre."[10] Auch zu diesem recht späten Zeitpunkt des Nachdenkens über den Dschihad findet keine Verengung des Begriffes auf einen rein militärischen Dschihad statt – im Gegensatz zu unserem vorherigen Beispiel.

Die Etablierung großer islamischer Reiche hat es möglich gemacht, dass nicht mehr nur Verteidigung oder Expansion eine wichtige Rolle im Denken über den Dschihad und dessen Praktiken spielte. Ein Historiker hat so im 11. Jahrhundert in Damaskus den *kalām*, die Theologie, zum höchsten Dschihad erklärt, da diese gegen alle Feinde der Religion auf einmal kämpfe (Renard 1988: 225). Aber insbesondere Sufis haben den Dschihad als Weg zur Reinigung des Selbst begriffen.

Der große Dschihad

So heißt es, dass der Dschihad auf dem Wege Gottes zu neun Zehnteln innerhalb des eigenen Selbst stattfindet. Der große Dschihad (*al-ǧihād al-akbar*) wird hauptsächlich als Kampf gegen die Bestrebungen der eigenen Triebseele (*nafs*) begriffen. Dschihad oder der verwandte Begriff der *mudschahada*, der Anstrengung, wird mit Pilgerfahrt, Fasten und Reinigung in Verbindung gebracht, ja sogar mit zölibatärem Leben.

Mit dieser Wendung wird der Dschihad als innerer Kampf auch in organisierter Form der sufischen Bewegungen verankert. Ein ausführlicheres Beispiel sufischer Auffassungen zum Dschihad werden wir noch betrachten. In verschiedenen Zweigen der ethischen Literatur finden wir ebenfalls Hinweise auf ein Verständnis des Dschihad im Sinne dieses inneren Kampfes (vgl. Morabia 1993: 293ff.).

Malabarküste

Üblicherweise werden Selbstmordattentate auf eine schiitische Gruppe zurückgeführt, die unter dem Namen Assasinen bekannt ist. Wir wollen an dieser Stelle nicht auf die aparte Fehldeutung eingehen, die in einer extremen schiitischen Gruppierung die Urahnin der modernen Selbstmordattentate sehen will, die im Rahmen sunnitischer, politisch-islamischer Bewegungen stattfinden, Bewegungen, die recht antischiitisch sind (s. u.). Die Assasinen sind eine Abspaltung der ismailitischen Strömung der Schia, die sich von der schiitischen Mehrheit der Zwölferschia deutlich unterscheidet. Zwar hat diese Abspaltung, die ihr Zentrum im Nordiran hatte, aber in Syrien ebenfalls vertreten war, zum Mittel des Attentates, also einer Form asymmetrischer Kriegsführung gegriffen, sie ist aber eine auf eine bestimmte Region und eine bestimmte Zeit begrenzte Sonderentwicklung, auch wenn es nach dem Untergang der Hauptbastionen der Assasinen im Mongolensturm noch ein gewisses Weiterleben gegeben hat. Damit ist eine Vorbildfunktion der Assasinen für den modernen Dschihadismus auszuschließen; auch in der Theologie der Hauptströmung der Ismailiten lässt sich keine Befürwortung von Attentaten auffinden (Halm 2007). Wenn wir die Tradition des Gedankens des militärischen Dschihad im sunnitischen Bereich verfolgen wollen, müssen wir uns noch weiter nach Osten begeben.

Die Besonderheit der europäischen Expansion nach Indien mit der ersten Landung Vasco da Gamas 1498 führt uns zu einer weiteren Phase der Entwicklung des Denkens über den Dschihad. Während die Europäer der wirtschaftlichen Stärke der muslimischen Kaufleute wenig entgegenzusetzen hatten, waren sie durch ihre mit Artillerie ausgestatteten Kriegsschiffe überlegen (Feldbauer 2000; Prange 2008). Die Portugiesen kaperten und zerstörten muslimische Kauffahrer, beschossen regelmäßig die wichtige Stadt Kozhikode (eingedeutscht Kalikut) und andere Küstenhäfen und gründeten befestigte Faktoreien. Sie gingen mit massiver Gewalt gegen die einheimischen, auch muslimischen Interessen vor (Nainar 2006).

Durch den Vorteil der seebasierten Gewalt[11] konnten die Portugiesen ein Monopol auf den Gewürzhandel errichten (insbesondere Pfeffer). Die portugiesische Gewalt in Indien erzeugte aber auch Widerstand. Der Herrscher von Kozhikode versuchte zwar, die portugiesische Dominanz auf See zu brechen, aber ohne Erfolg. Nachdem die Portugiesen erste Landstützpunkte – durch Unterstützung anderer lokaler Herrscher – errichten konnten, dehnte sich der Krieg auf das Festland aus. Während arabische Händler auf andere Häfen ausweichen konnten, sahen sich die lokalen Muslime, die Mappila, gezwungen, entweder Widerstand zu leisten oder das portugiesische Monopolsystem zu umgehen.

Durch ihren Ausschluss aus der portugiesischen Monopolwirtschaft wurden die Gemeinschaften der Mappila gezwungen, zu anderen Erwerbszweigen zu greifen. Einige wandten sich dem Schmuggel oder der Piraterie zu, andere aber begannen eine Art Guerillakrieg gegen die portugiesische Präsenz. Stephen Dale (1980) hat in seinen Studien über die Mappila-Muslime festgestellt, dass sie eine besondere Sprache des Dschihad entwickelt haben, die nicht mehr auf eine Ausbreitung des islamisch beherrschten Territoriums zielte, ein Konzept, das in anderen Regionen Indiens vertreten wurde (s. als Beispiel Jackson 2003), sondern auf einen aus einer individueller Verzweifelung geborenen religiös codierten Kampf. Diese Haltung fand ihren Ausdruck in den *nerccas*, Festen, auf denen Balladen vorgetragen wurden, die über die Opfer der Mappila im antikolonialen Kampf berichteten (Dale / Menon 1978).

Der muslimische Gelehrte Sainaddin al-Malabari, dessen Familie im 15. Jahrhundert aus dem Jemen eingewandert war, verfasste im 16. Jahrhundert eine Schrift, in der er die Grausamkeiten der Portugiesen beschrieb, um die nordindischen (aber auch andere) muslimischen Staaten zur Unterstützung der Mappila zu mobilisieren. Seine Beschreibungen dienen als Rechtfertigung dafür, dass der Dschihad nicht mehr eine kollektive Pflicht sei, die von einer Gruppe von Muslimen geführt werden kann, sondern die individuelle Pflicht jedes Muslims und jeder Muslimin (Nainar 2006: 5). Seine Beschreibungen sind ebenfalls von einer gewissen Verzweiflung über die Siege der Portugiesen getragen.

Der individuelle Dschihad wird damit zum Produkt der Erfahrung gewaltsamer europäischer Kolonisierung, der muslimische (und nicht muslimische) Herrscher nichts entgegenzusetzen hatten.[12]

Ein sufischer Korankommentar

Die islamische Mystik, der Sufismus, wird inzwischen häufig als Gegenpol des militanten Dschihadismus konstruiert. Lassen wir unbeachtet, dass historisch Sufis nicht immer friedlich waren[13] – werfen wir einen Blick in sufische Korankommentare, um sufische Interpretationen eines Begriffes wie Dschihad besser zu verstehen, als wir es bis jetzt angedeutet haben.

Ibn ‘Adschiba[14] schreibt[15] zur Sure 2, *al-baqara*, 35, demjenigen, der den Dschihad gegen die Feinde erfolgreich geführt habe, stehe der Weg bis hin zur Schau Gottes offen. Unter Feinden werden hier Satan, die menschlichen Begierden (*hawā*) und das Diesseits (*dunyā*) genannt. Zu Vers 62 dieser Sure wird von denjenigen gesprochen, „die es unternehmen, dem *dīn* beizustehen und die Scharia der Muslime öffentlich zu vertreten, entweder durch die Bekräftigung ihrer Grundsätze oder den Dschihad gegen ihre hartnäckigen Gegner." Im Kommentar zu Vers 190 wird der Dschihad eindeutig in den Zusammenhang des Kampfes gegen militärische Feinde gestellt, Byzanz wird explizit genannt. Im Kommentar zu eben diesem Vers wird auch gesagt: „die Frucht der Taten des Herzens (*aʿmāl al-qulūb*)" sei den mit Körperkraft vollbrachten Taten berghoch überlegen, also auch kriegerischen Taten. Zu Sure 2, *al-baqara,* 216 heißt es, der Dschihad sei den Gläubigen auferlegt. Er sei anstrengend, berge aber großen Verdienst (*ḫair*) für die Gläubigen in sich. Auch zu Vers 146 der Sure 3, *āl ʿimrān*, sagt unser Autor, es gehe um den „Dschihad gegen ihre Feinde", ein Kampf, der, dies zeigt der Kontext, auf dem Schlachtfeld (*maʿraka*) stattfindet. Im Kommentar zu Sure 9, *at-tauba*, 25 werden die Sufis direkt angesprochen: „Gott hat euch beigestanden, o Schar der Muriden, im Dschihad gegen eure Triebseelen (*nufūs*) und bei der Erleichterung eurer Angelegenheiten". Bei Sure 47, *muḥammad*, 4 findet sich nun die Unterscheidung zwischen großem Dschihad und kleinem Dschihad. Das Ziel des kleinen Dschihad sei die Beendigung des Krieges durch den Islam oder den Frieden, das des großen das Aufgeben der Triebseele (*nafs*). Wir kommen darauf zurück.

Nehmen wir dieses Beispiel aus dem Marokko des 18. Jahrhunderts, sehen wir eine Spannung zwischen dem Kampf gegen die Triebseele, der vor dem Hintergrund des physischen Kampfes mit der Waffe statt-

finden kann, zugleich aber dem physischen Kampf gegenüber als höherwertig betrachtet wird. Warum ist dies nicht verwunderlich? Wenn wir den historischen Hintergrund betrachten, werden wir bemerken, dass Marokko schon seit Längerem der kolonialen Durchdringung durch europäische Mächte ausgesetzt war, zum Teil mit brutaler Gewalt. Ein typisches Beispiel sind die systematischen Plünderungszüge von portugiesischer Seite (s. Lohlker 2008). Auch hier – diesmal vor sufischem Hintergrund – findet eine Reaktualisierung des militärischen Dschihadbegriffes statt, die vom europäischen Kolonialismus erzwungen wird.

Westafrika

Betrachten wir die Staatsgründungen und Dschihadbewegungen des 18. und 19. Jahrhunderts in Westafrika, müssen wir unterschiedliche Faktoren berücksichtigen (s. Loimeier 2000): den Zusammenbruch der sudanischen Großreiche, der die Existenz einer Vielzahl lokaler, sich bekriegender Fürstentümer ermöglichte; die Entstehung europäischer Handelsstützpunkte an der Küste, die eine teilweise Umorientierung und Ausweitung des Sklavenhandels mit sich brachte; eine generelle Instabilität der Lebensverhältnisse, die Bauern, Händler und Handwerker gleichermaßen betraf; Versuche im 16. und 17. Jahrhundert, die Dörfer stärker unter zentrale Kontrolle zu bringen; schließlich die Aufhebung der Privilegien der islamischen Gelehrten wie Schutzversprechen und Befreiung von Abgaben. Daneben spielen auch ethnische Spannungen eine – beschränkte – Rolle. Diese Entwicklungen waren der Anlass für eine dezidierte Kritik der Religionsgelehrten an den Zuständen, die den Widerstand dagegen religiös rechtfertigten.

Kristallisationskerne dieses Widerstandes waren kleine Gemeinschaften von Gelehrten und ihren Schülern, die *dschama'at* (*ǧamāʿāt*), die die entstehenden Dschihadbewegungen trugen. Zentral für diese Aufstandsbewegungen war die Delegitimierung der existierenden – nach Überzeugung der Aufständischen: nur nominell – islamischen Herrscher. Ziel war die Errichtung eines neuen politischen Systems, dessen Grundlage der von diesen Gelehrten interpretierte Islam sein sollte. Die Entwicklung der Bewegungen wird häufig nach dem Muster der Prophetenbiographie konstruiert: Der neu erscheinende Befreier bemüht sich zunächst, durch Mahnpredigten die ungerechten Verhältnisse zu ändern, sammelt eine Gemeinschaft um sich, wird verfolgt, führt einen Krieg gegen die ungerechte Herrschaft und kann schließlich eine rechtgeleitete Herrschaft etablieren.

Das bekannteste Beispiel einer solchen Bewegung dürfte die im Haussaland sein, die zur Errichtung des Sokotokalifates führte. Die Haussastaaten des heutigen Nordnigeria konnten bereits auf eine lange islamische Geschichte zurückblicken, in der die afrikanischen örtlichen Religionen islamische Gelehrte als Personen mit besonderer Segenskraft (*baraka*) integrierten. Im 17. und 18. Jahrhundert führten die Haussastaaten untereinander und gegen ihre Nachbarn eine Vielzahl von Kriegen, die die Voraussetzungen für die Entstehung einer Dschihadbewegung schufen. Religionsgelehrte traten als Wanderprediger auf und mahnten gegen die zunehmende Willkür, predigten schließlich den Dschihad gegen die herrschende Elite. Zentrale Figur dieser Bewegung war Usman dan Fodio (gest. 1817), der ebenfalls eine *dschama'a* gründete und Mitglied der sufischen Strömung der Kadirija war.

Da die bekämpften Herrscher zumindest nominell Muslime waren, gewann die Frage, welche ihrer Handlungen als Verstoß gegen grundlegende Regeln des Islam zu werten seien, große Bedeutung. Wären solche Verstöße festzustellen, könnten sie als Grundlage dafür dienen, den Herrscher für ungläubig zu erklären, den *takfir* (*takfir*). Usman dan Fodio unterschied dafür in einem 1806 verfassten Werk die wahrhaft gläubigen Muslime, zu denen er die Religionsgelehrten, die den rechten Glauben vertreten, die Schüler, die bei diesen Gelehrten studieren, und alle, die den rechtgläubigen Gelehrten zuhören und ihrem Rat folgen, zählt, von den wahrhaft Ungläubigen, die niemals den Islam angenommen haben, Steine und Bäume verehren oder Islam und Unglauben vermischen.

Es gibt noch eine dritte Gruppe derjenigen, die zwar Abweichungen von der üblichen Glaubenspraxis begehen (z. B. die Gebetswaschungen nicht korrekt vollziehen), aber nicht behaupten, ihr Verhalten sei das einzig mögliche islamische Verhalten. Zu dieser Gruppe zählt Usman dan Fodio auch jene, die zwar den Islam angenommen haben, ihn aber nicht verstehen und sich auch nicht um ein Verständnis bemühen. Selbst diese seien grundsätzlich als Glaubensbrüder anzusehen, denn das letzte Urteil über sie stehe Gott zu. Damit kann Usman dan Fodio die große Mehrzahl der Gläubigen vom Vorwurf des Unglaubens ausnehmen. Es handelt sich bei der dritten Gruppe nämlich um sündige Gläubige, zum Ungläubigen werde man erst bei bewusstem Verstoß gegen die Glaubensregeln. Dies ist aber den Herrschern vorzuwerfen, gegen die der Dschihad damit Pflicht sei. Wir sehen vor uns ein höchst flexibles Instrument der politisch-religiösen Feinderklärung, das die Errichtung des Sokotokalifates im Gebiet des heutigen Nordnigeria ermöglichte.

Eine der Triebkräfte der Dschihadbewegungen wird in der Dichtung erkennbar, die in diesen Bewegungen produziert wurde. Ein Zitat: „Gebracht werden feine Gewänder, für die Gläubigen ausgebreitet, / dass wir besteigen werden / Pferde und Kamele, Seidengewänder ... / Die Jungen sollen bekommen sieben Städte, voll mit dunkeläugigen Jungfrauen, / siebzig schöne Roben bekleiden jede von ihnen, / sie wird zehntausend Sklaven haben, die tun, was sie wünscht, / so oft sie ihren Ehemann umarmen will, / werden sie sich für siebzig Jahre umarmen, / sie werden es wieder und wieder tun, bis sie müde sind, / sie haben nichts anderes zu tun als dies lustvolle Spiel." (Hiskett 1994: 100f.)

Andere Dschihadbewegungen Westafrikas beriefen sich auf die sufische Strömung der Tidschanija (Tīǧānīya) oder wiesen andere Besonderheiten auf. Roman Loimeier (2000: 72) skizziert die Entwicklung so: „Für diese muslimischen Bevölkerungsgruppierungen stellte der Islam im Kontext der islamischen Revolutionen des 18. und 19. Jahrhunderts eine Ideologie der Befreiung von ungerechter Herrschaft dar. Im Kontext der europäischen Kolonialherrschaft [...] wurde der Islam dann zur Ideologie des Widerstandes gegen die Herrschaft der europäischen Kolonialmächte."

Amerika

Unter den vielen Sklaven und Sklavinnen, die nach Amerika verschleppt wurden, waren auch viele islamischen Glaubens. Das Fortdauern islamischer Glaubensüberzeugungen bei den Sklaven wird immer wieder u. a. von christlichen Missionaren bezeugt. Hinweise auf ein Fortbestehen islamischer Konzeptionen gibt es noch lange nach der Konversion zum Christentum.

Für uns ist ein Beispiel besonders interessant. Um 1800 erlebte Salvador da Bahia in Brasilien, damals Hauptstadt des Landes, einen starken Zustrom dunkelhäutiger Bevölkerung, unter der angesichts gewisser Präferenzen der Sklavenhalter AfrikanerInnen aus Westafrika ein Übergewicht hatten. Angesichts der steigenden Armut entwickelten sich soziale Spannungen, die sich in zahlreichen Rebellionen entluden, in denen wir neben dem Vorbild der haitianischen Revolution auch einen Einfluss muslimischer Führungspersönlichkeiten finden. In dieser Zeit erfasste eine Islamisierungswelle die dunkelhäutige Bevölkerung der Stadt. Eine Infrastruktur von Gelehrten und Versammlungs- bzw. Gebetsorten entwickelte sich, in der besonders der Koran und auch anderes religiöses Wissen übermittelt wurde. Inspiriert war die islamische

Gelehrsamkeit Bahias durch die Dschihadbewegungen Westafrikas. Kontakte zwischen Brasilien und Westafrika wurden, so eine Vermutung, durch freie afrikanische Kaufleute in Brasilien vermittelt – aber auch durch neu gefangene und verschleppte Sklaven.

Nach dem größten Aufstand von 1835, der *revolta dos malêsm*, die von den Aufständischen als Dschihad verstanden wurde, wurde der muslimische Einfluss in Nordostbrasilien praktisch ausgelöscht (Hofbauer 1995: 152ff.; Muhammad Shareef 1998; Reis 1995).

Senegal im 19. Jahrhundert

Wenn wir von der Bedeutung der Dschihadstaaten in Westafrika gesprochen haben, müssen wir auch andere Aspekte der westafrikanischen Beschäftigung mit dem Dschihadgedanken berücksichtigen. Amadu Bamba Mbacké (gest. 1927), der Begründer der senegalesischen sufischen Strömung der Muridija, dessen Mitglieder besonders für ihre hohe Arbeitsethik bekannt waren, leistete friedlichen Widerstand gegen die französische Kolonialmacht: ein in seiner Terminologie „großer Dschihad" (*ǧihād akbar*).

1910 verfasste er eine Fatwa, die in die Zeit eines militärischen Dschihad in Nordmauretanien und Südmarokko fiel, der von Ma al-Ainain geführt wurde. Diese Fatwa beschäftigt sich zuerst mit dem historischen Zusammenhang und den Bedingungen, unter denen der Prophet Muhammad seinen Dschihad geführt habe. Zu seiner Zeit, so Amadu Bamba, gebe es keinen gerechtfertigten Grund, einen Dschihad mit dem Schwert gegen die Franzosen zu führen. Seine Haltung begründete er damit, dass die globale muslimische Gemeinschaft keinen Kalifen habe, die muslimische Gemeinschaft schwach sei und die französischen Behörden die Muslime nicht an der Religionsausübung hinderten. Er selbst habe keine Hintergedanken der kolonialen Verwaltung gegenüber und gehorche dieser.

Damit setzt Amadu Bamba seine Befürwortung des friedlichen Dschihad aus früheren Jahren fort (Babou Mbacké 2007).

Marokko im 19. Jahrhundert

Marokko bietet im 19. Jahrhundert eine weitere Variante des Dschihaddiskurses. Die Dynastie des Alawiden (reg. seit 1659), die ihre Herkunft auf den Propheten Muhammad zurückführt, versuchte, diese Legitimität durch ihre Fähigkeit zu stärken, den portugiesischen und spanischen Angriffen zu widerstehen. Dieser Widerstand wurde als Dschihad definiert – der Begriff blieb allerdings unklar.

So konnte unter Dschihad verstanden werden: die direkte militärische Konfrontation an Land oder auf See, der Freikauf von Muslimen aus christlicher Gefangenschaft oder Gelder an die Rif-Berber, die die spanischen Exklaven von Ceuta und Melilla kontrollierten. Andererseits – begründet mit der Identität des Herrschers als Befehlshaber der Gläubigen – konnte jede Aktion gegen rebellische Untertanen als Dschihad gegen die Verderbnis dieser Rebellen verstanden werden. Im Laufe des 19. Jahrhunderts bis zur Ausrufung des Protektorats 1912 wurde die Modernisierung zunehmend als Voraussetzung für einen erfolgreichen antikolonialen Widerstand bzw. Dschihad propagiert und jede Opposition dagegen als Unterminierung des Dschihad begriffen.

Antikolonialer Dschihad

Der Dschihad als eine Art antikolonialer Widerstand hat eine lange Geschichte, die sich insbesondere im 19. und im 20. Jahrhundert immer wieder aktualisierte. Die Regionen, in denen ein Dschihad stattfand, reichten von Nordafrika über Libyen, den Sudan und den Kaukasus bis nach Indonesien und den Philippinen (zum ideologischen Aspekt s. Peters 1979).

Indischer Subkontinent

Im 18. und beginnenden 19. Jahrhundert war in Indien die Frage die Entscheidung, welcher Interpretation des Begriffes Dschihad der Vorzug zu geben sei, nicht klar (s. zum Folgenden Jalal 2008). In der Auflösung der Oberherrschaft der Moghuln, der Entstehung zwölferschiitischer Reiche in Nordindien, der Ausbreitung der Sikh im Nordwesten und des zunehmenden britischen kolonialen Eindringens wurde der Dschihad aber häufig im kriegerischen Sinne interpretiert. Obwohl eher an einer reformerischen Neubegründung islamischen Denkens interessiert, führten diese Einflüsse die herausragende Gestalt des sunnitischen indischen Islam im 18. Jahrhundert, Shah Walijullah (gest. 1762), dazu, einen afghanischen Warlord zur Invasion Nordindiens, zum Dschihad, aufzurufen – mit desaströsen Folgen. Triebkraft seiner Sicht des Dschihad, die auch einen militärischen Widerstand gegen ungerechte Herrscher einschloss, war die Bewahrung einer spezifisch sunnitischen Identität.

Beeinflusst von den Ideen Walijullahs, setzte Sayyid Ahmad Barelvi dies in die Tat um und führte einen militärischen Dschihad 1826 bis 1831 gegen die Sikh, der in einer Niederlage bei Balakot und dem Tode Sayyid Ahmads endete. Um ihn ranken sich zahlreiche Erzählungen, die auf eine Einbindung in die eher volksreligiöse Verehrung von Heiligen deuten und nicht auf eine puritanische Islamvorstellung, die eher im Sinne Walijullahs gelegen hätte. Die Bewegung Sayyid Ahmad Barelvis wurde von britischer Seite als wahhabitische denunziert, was aber keiner realen geistesgeschichtlichen Herkunft entspricht und eher kolonialer Propaganda geschuldet ist, die die Etikette ‚wahhabitisch' für alle missliebigen muslimischen Bewegungen verwendete.

Nach der Niederlage des indischen Aufstandes von 1857 veränderte sich die indische Diskussion über den Dschihad. Theoretiker wie Sayyid Ahmad Khan, sein Schüler Chiragh Ali oder der Begründer der Ahmadija, Mirza Ghulam Ahmad, verstanden den Dschihad zunehmend als eine Wiederbelebung des Islam aus einer inneren ethischen Erneuerung heraus. Die beiden Erstgenannten lehnten trotzdem den bewaffneten Dschihad nicht unbedingt ab, nur Mirza Ghulam Ahmad erklärte ihn für obsolet. Im 20. Jahrhundert wurde mit der beginnenden indischen Unabhängigkeitsbewegung der Dschihad im militärischen Sinne wieder aktualisiert. Es gab Versuche, den Dschihad als supranationale Bewegung gegen den gleichfalls supranationalen britischen Imperialismus zu positionieren, also als eine Art antikolonialen Befreiungskrieg.

Muhammad Iqbal, der indische Philosoph und Dichter und zugleich ‚Erfinder' der Idee eines muslimischen Staates auf dem indischen Subkontinent, aus der dann Pakistan entstand, formulierte Konzepte des Dschihad als spirituellem Kampf, ohne aber den Dschihad als Kampf gegen die westliche imperialistische Ungerechtigkeit zu verneinen.[16] Allerdings stand für Iqbal immer die Transformation des Individuums im Vordergrund.

In mancherlei Hinsicht knüpft der Journalist und Theoretiker Abul al Maududi an die Ideen Iqbals und die allgemeinen antikolonialen Diskurse an. Der Unterschied liegt in der Konzeption eines staatlichen Absolutismus, die Maududi vertrat. Für Maududi ist Muslim zu sein keine angeborene Eigenschaft. Es ist etwas, das es durch die Beschäftigung mit islamischem Wissen zu erwerben gilt. An diesem Punkt zeigt sich deutlich, dass Maududis Denken durch und durch modern ist. Maududi versteht *din*, Religion, in erster Linie als eine Herrschaftsform, in der der Oberherrschaft Gottes, der *hakimija*, der Vorrang gebührt. Die Schari'a, als objektives System des Rechts und nicht als Prozess begriffen, bildet die Basis für diesen Staat. Die Ausübung der Religion äußert sich in erster Linie im Gehorsam gegenüber diesem Gesetz. Diesen absoluten Staat nicht zu akzeptieren, gar Demokratie oder Nationalismus als staatliche Grundlage zu benennen, kommt dem gleich, dass man etwas anderes zum *din* erklärt als den Islam im Sinne Maududis.

Maududis Denken ist durch extreme Grenzziehungen gekennzeichnet, die zu einer sektiererischen Abgrenzung von anderen Muslimen führten. Seine sektiererische Grundhaltung zeigte sich auch 1953 in der Agitation gegen die Minderheit der Ahmadija in Pakistan, die er zu Ungläubigen erklärte, gegen die seine Anhänger einen Dschihad führten. Im Gefolge der Untersuchungen zu diesen Ereignissen veränderte Maududi 1954 seine Position und erklärte einen Dschihad für erlaubt, wenn ein islamischer Staat gegen einen nicht islamischen kämpfe.

Der Ägypter Saijid Kutb hat etliche Konzepte Maududis aufgenommen und weiterentwickelt. Die Theorien al-Maududis wurden auch von ägyptischen Theoretikern des Dschihadismus wie 'Umar 'Abdarrahman aufgegriffen und als „wertvolle Zusammenfassung" ('Abdarrahman 2005: 665) der Ideen über den Dschihad bezeichnet.

Ein deutscher Dschihad

Eine interessante historische Fußnote ist, dass im Ersten Weltkrieg das Deutsche Reich zum Dschihad gegen seine alliierten Gegner aufrief. Zu diesem Zweck wurden muslimische Gelehrte veranlasst, eigens Fatwas zu erstellen, mit denen insbesondere das Osmanische Reich als Verbündeter gestützt werden sollte (Schwanitz o. J.).

Arabischer Nationalismus

Der Glaubenszeuge als derjenige, der sich für seinen Glauben aufopfert, verliert bis in die Neuzeit hinein zunehmend an Bedeutung. Reaktiviert wird dieses Konzept durch nationalistische Bewegungen, die ihre Aktivisten als Personen deuten, die sich als „Liebende" (*'uššāq*) für ihre Heimat aufopfern (Neuwirth 2008: 43ff.), was bereits von palästinensischen Bewegungen der 1970er Jahre in den ersten Testamenten von Selbstmordattentätern in den Begriff des *schahid* umkodiert wurde (Croitoru 2008: 67ff.).

Anfang der 1960er Jahre versuchte die ägyptische Regierung, die islamischen Institutionen der höheren Bildung in den Prozess der gesellschaftlichen Modernisierung einzubeziehen. Die al-Azhar-Universität in Kairo war als zentrale Ausbildungsinstitution für sunnitische Religion in Ägypten und darüber hinaus besonders von diesen Modernisierungsprozessen betroffen (Eccel 1984). Rektor der al-Azhar war zu dieser Zeit Mahmud Schaltut (gest. 1963), der von 1958 bis 1963 amtierte (Zebiri 1993).

Schaltut interpretiert in einer kleinen Abhandlung die den Dschihad betreffenden Koranverse rein im Rahmen des ägyptischen Nationalstaates. Er versucht, diese Verse in ihrer Gesamtheit und ihre Beziehungen zueinander zu verstehen. Er versteht den Dschihad als Teil der Verteidigung des Nationalstaates, lehnt strikt die Idee ab, dass das Ziel des militärischen Dschihad die Konversion von Nichtmuslimen sein könne. Es gebe drei Gründe für einen militärischen Dschihad: das Beenden von Aggression, die Verteidigung der Mission des Islam und die Verteidigung der Religionsfreiheit (Peters 1977: 50f.).

Die dschihadistischen Bewegungen der zweiten Hälfte des 20. Jahrhunderts knüpfen an verschiedene Ansätze des früheren Dschihaddenkens an, gestalten diese aber neu.

Ägypten

Eine der folgenreichsten Neuformulierungen des Dschihadkonzeptes stammt – wie erwähnt – von Saijid Kutb, einem Mitglied der ägyptischen Muslimbruderschaft. Er entwickelte eine Beschreibung der ägyptischen und anderen Gesellschaften als Ausdruck einer neuen Ungläubigkeit, die er begrifflich mit der vorislamischen Zeit des Unglaubens, der *dschahilija*, gleichsetzte. Mit dieser Gleichsetzung ist es möglich, den absoluten, auch militärischen Kampf gegen Staaten zu rechtfertigen, die nominell durchaus muslimisch sind. Mit seinen Konzepten, bei denen er an die Ideen al-Maududis (s. o.) anknüpft, ist er weiterhin ein wichtiger Referenzpunkt für die dschihadistische Strömung, die sich allerdings über ihn hinaus entwickelt hat. In Ägypten stehen die dschihadistischen Untergrundgruppen in seiner Traditionslinie.

Die ägyptischen dschihadistischen Untergrundgruppierungen der 1970er Jahre und der folgenden Zeit sind Teil einer breiteren ägyptischen Subkultur eines extrem interpretierten Islam. Diese Subkultur, die im Wesentlichen oral über Ketten von Anführern und Rekruten, Lehrern und Gefolgsleuten übermittelt wird, bedient sich aus den Ideen und den Problematiken der Mainstreamkultur, transformiert diese aber in einer höchst spezifischen Weise (Eccel 1988).

Zwei wichtige Organisationen lassen sich unterscheiden: die des *Dschihad al-islami* und die der *al-Dschama'a al-islamija*. Diese Organisationen entwickelten eine massive bewaffnete Opposition gegen den ägyptischen Staat, die in der Ermordung des ägyptischen Präsidenten Sadat 1981 und damit verbundenen Versuchen gipfelten, die Staatsmacht zu übernehmen (Steinberg 2005: 108ff.). In den 1990er Jahren scheiterten diese Organisationen angesichts der effektiven Unterdrückung durch den ägyptischen Staat und einen Verlust der Basis der Bevölkerung. Teile der gefangenen Führung der Organisationen sagten sich später vom bewaffneten Kampf los (s. u.).

Einige Führungsgruppen, die sich in Afghanistan befanden, schlossen sich al-Qa'ida an. Der bekannteste Repräsentant dieser Strömung dürfte Aiman as-Sawahiri sein. In den letzten Jahren lebt der dschihadistische Untergrund in Ägypten wieder auf.

Die Besetzung der Großen Moschee von Mekka

Am 20. November 1979, dem ersten Tag des 15. Jahrhunderts nach der Hidschra, besetzte eine große Gruppe von saudischen und einigen nicht saudischen Aktivisten die Große Moschee von Mekka. Es dauerte zwei Wochen, bis die Besetzer überwältigt werden konnten.

Die Strömung, aus der diese Bewegung entstand, entwickelte sich (s. Hegghammer / Lacroix 2007) nach der Gründung der Islamischen Universität in Medina 1961, deren führende Figuren eine wahhabitische Durchdringung der saudischen Gesellschaft anstrebten. Ein weiterer Faktor war der führende, aus Syrien kommende und albanischstämmige Hadithgelehrte al-Albani, der trotz Differenzen zu einigen Ideen des wahhabitischen Establishments ab 1961 ebenfalls in Medina lehrte (s. Lacroix 2008).

Ausgehend von diesen Anstößen bildete sich in den 1960er Jahren eine „Salafistische Gruppe, die das Gute gebietet und das Böse verbietet", *al-Dschama'a as-salafija al-muhtasiba*, die eine Reinigung der saudischen Gesellschaft und die Entwicklung von Alternativen zu anderen aktivistischen Gruppierungen wie den Muslimbrüdern oder der *Tabligh-i Dschama'at* anstrebte. Diese Bewegung breitete sich in den 1970er Jahren in den wichtigsten Städten aus. Aus dieser Strömung entwickelte sich dann die Gruppe, die die Besetzung der Großen Moschee von Mekka getragen hat. Führender Kopf dieser Gruppe war Dschuhaiman al-

'Utaibi, der aus einer Familie stammte, die bereits in den 1920er Jahren an der Rebellion gegen die Herrschaft der Familie Sa'ud beteiligt gewesen sein soll. Mit der beginnenden Verfolgung durch die saudischen Behörden, die durch die zunehmende Radikalisierung der Bewegung beunruhigt war, begann die unabhängige ideologische Produktion al-'Utaibis.

Der Hauptkritikpunkt war der Vorwurf, die saudische Gesellschaft sei u. a. durch Neuerungen verschiedenster Art vom rechten islamischen Wege abgekommen, was als Vorzeichen der Endzeit gedeutet werden konnte. Ein weiteres wichtiges Element der Ideologie der Gruppe um Dschuhaiman al-'Utaibi war so auch die Vorstellung, sie würden dem Mahdi den Weg bereiten, der Erlöserfigur der islamischen Tradition, deren Auftreten die Voraussetzung für das Herannahen des Jüngsten Tages ist (vgl. Cook 2005). Der Mahdi wird den *dadschdschal*, eine Figur des Antichristen, die im 20. Jahrhundert immer mehr an Bedeutung gewonnen hat (Cook 2002a und 2005; Tottoli 2002), besiegen.

Solche millenaristischen Bewegungen sind immer wieder aufgetreten. Am bekanntesten dürfte die Mahdi-Bewegung im Sudan des 19. Jahrhunderts sein. Der Mahdi der Bewegung um Dschuhaiman al-'Utaibi war Muhammad 'Abdallah al-Qahtani, auf den einige traditionelle Beschreibungen des Mahdi zutrafen und der während der Besetzung der Großen Moschee den Tod fand; Dschuhaiman war mit der Schwester Muhammad 'Abdallahs verheiratet.

Neben dem Mahdi-Gedanken ist die Diskreditierung des saudischen Systems – es sei unfähig, ein wirklich islamisches System zu errichten – ein wichtiges Element dieser Bewegung. Damit ist sie Teil der dschihadistischen Theoriebildung dieser Zeit, die zumindest nominell muslimische Regime als unislamisch denunzierte und damit versuchte, sie zu delegitimieren. Dadurch entstanden gleichsam natürliche Verbindungen mit ägyptischen dschihadistischen Strömungen, die diese Ideologeme aufnahmen (Trofimov 2008: 44).

Andere Elemente des Denkens der Strömung um Dschuhaiman al-'Utaibi sind die Idee der *millat Ibrahim*, der Gemeinschaft Abrahams, eine Allegorie der wahren islamischen Gemeinschaft, frei von aller Unreinheit, die der *authak 'urwat al-iman*, des stärksten Bandes des Glaubens, die Verbindung und Solidarität der wahren Muslime untereinander, und *al-wala' wa'l-bara'*, das Zugehörigkeitsgefühl zu anderen wahren Muslimen und der Abbruch der Verbindung zu Ungläubigen. All diese Konzepte konnten aus den Schriften von einigen wahhabitischen Hardlinern des 19. Jahrhunderts entlehnt werden (Hegghammer / Lacroix 2007).

Die Ideen der Strömung um Dschuhaiman al-'Utaibi finden sich ebenfalls im Denken des jordanischen dschihadistischen Theoretikers Abu Muhammad al-Makdisi (s. u.) wieder (z. B. Trofimov 2008: 249f.), wirken aber auch in Saudi-Arabien (Steinberg 2005: 146f.) oder Algerien (al-Qaḥṭānī 1987) weiter. Sie haben damit großen Einfluss auf die weitere Entwicklung des dschihadistischen Denkens gehabt.

Theoretische Entwicklungen

Die bereits von Theoretikern wie Saijid Kutb und al-Maududi formulierten Vorstellungen wurden besonders seit den 1970er Jahren erweitert. In Ägypten entwickelte sich um die dort bestehenden dschihadistischen Gruppen (s. u.) eine theoretische Diskussion, die ihren Niederschlag fand in Werken wie „Die vernachlässigte Pflicht" (*al-farīḍa al-ġā'iba*) von 'Abdassalam Farag, die zur Programmschrift der Sadat-Attentäter 1981 wurde, oder der Schriften des blinden Predigers 'Umar 'Abdarrahman, der inzwischen als geistiger Inspirator des World-Trade-Center-Attentates von 1993 in den USA inhafiert ist (Zeghal 1996: 337ff.; Steinberg 2005: 118ff.; Kepel 2004: 181ff.) bzw. des führenden Ideologen des ägyptischen Dschihad, der unter dem Namen Dr. Fadl bekannt wurde (s. u.). In diesen Diskussionsprozessen wurde der Dschihad von einer kollektiven (s. o.) zu einer individuellen Pflicht, die alle Muslime erfüllen müssen.

Bedeutsam sind auch die Schriften des palästinensischstämmigen Dschihadtheoretikers und -propagandisten 'Abdallah Assam (s. u.). Er entwickelte die Dschihadtheorie zu einem Instrument der Rechtfertigung für den Kampf gegen die Besetzung islamischer Länder. Dabei standen für ihn naturgemäß Afghanistan und Palästina im Vordergrund.

Ein weiterer Schritt in der Entwicklung des Dschihadgedankens ist mit dem Namen al-Qa'ida und ihren führenden Figuren verbunden. Der lokal bzw. regional verankerte Dschihad wird zu einem transnationalen Unternehmen: dem bekannten „Krieg gegen die Kreuzfahrer und Juden".

Nach der Niederlage in Afghanistan und durch die Erfahrungen im Irak geprägt, ist die nächste Stufe der Entwicklung die der dschihadistischen strategischen Studien, die weniger theologisch als praktisch auf die Bedürfnisse der sich entwickelnden dschihadistischen Bewegungen eingehen. Zu ihren herausragenden Figuren dürften Nadschi oder Abu Mus'ab as-Suri zählen.

Afghanistan

Ein Fokus der praktischen Verwandlung der dschihadistischen Untergrundbewegungen in transnationale Bewegungen war Afghanistan: der Krieg gegen das von der Sowjetunion unterstützte afghanische Regime und die Rote Armee (Gerges 2005). In Afghanistan verwandelte sich der Zustrom von Freiwilligen aus allen Teilen der muslimischen Welt in eine breitere, transnationale Bewegung, die sich selber als salafistisch-dschihadistisch (*salafīya-ǧihādīya*) definiert. Die Rahmenbedingungen für diesen Transformationsprozess wurden vom afghanischen Widerstand gegen die sowjetische Invasion von 1979 gesetzt. Dieser Widerstand wurde von den USA, Pakistan und Saudi-Arabien unterstützt.

Die afghanischen Bewegungen verstanden ihren Kampf zwar auch als Dschihad, allerdings nicht im dschihadistischen Sinne. Ab Mitte der 1980er Jahre nahmen zunehmend arabische und andere Kontingente an diesem Kampf teil. Allerdings war die Rolle der arabischen Freiwilligen militärisch nicht bedeutsam, wenngleich sich auch einige militärisch auszeichneten (Steinberg 2005: 36).

Nachdem die früheren Kommandanten des Dschihad gegen die Rote Armee sich nach ihrer Machtübernahme als Warlords entpuppten, entstand ab 1994 mit der Bewegung der Taliban eine Alternative zu dieser Herrschaftsschicht. 1996 konnten die Taliban Kabul einnehmen und bis auf den Norden die Kontrolle über Afghanistan übernehmen (Rashid 2001).

Die Taliban hatten sich hauptsächlich aus einem Netzwerk religiöser Schulen in Afghanistan und Pakistan rekrutiert, die der Deobandi-Richtung des Islam nahestanden. Sie vertraten allerdings eine sehr enge Auslegung der Lehren der Deobandija, die auch von Gelehrten dieser Strömung kritisiert wurde. Die Bewegung der Taliban hatte einen doppelten Charakter. Einerseits war sie eine puritanische religiöse Bewegung, die kein eigentliches politisches Projekt verfolgte, lediglich die uneingeschränkte Anwendung der Scharia in ihrem Verständnis. Andererseits wurde sie im Wesentlichen von paschtunischen Bevölkerungsteilen Afghanistans getragen und deshalb auch als Trägerin des quasi traditionellen Herrschaftsanspruches der Paschtunen über Afghanistan begriffen, der mit einem allgemeinen islamischen Anspruch kaschiert wurde.

Die bemerkenswerteste Neuerung in unserem Zusammenhang ist die Verleihung des Titels „Befehlshaber der Gläubigen" an den Führer der Taliban, Mullah Muhammad ʻOmar, im Jahre 1996 in Kandahar. Dies wurde dadurch symbolisiert, dass er einen Mantel anlegte, der in

Kandahar als Mantel des Propheten Muhammad verehrt wurde. Durch den damit erhobenen Anspruch auf die Nachfolge des Kalifats konnten die Taliban ihren Anspruch als einziger islamischer Staat stützen. An diese Neubegründung des Kalifats knüpfen sich auch apokalyptische Hoffnungen, die im dschihadistischen Lager – aber nicht nur dort – kursieren.

Die Entscheidung, die Buddha-Statuen im Tal von Bamiyan im Frühjahr 2001 zu sprengen, wurde von dschihadistisch gesinnten Gelehrten als Symbol für den tatsächlich islamischen Charakter des Emirates der Taliban verstanden (Cook 2005: 175f.). Durch die Invasion der US-Truppen und ihrer Verbündeter im Gefolge der Ereignisse vom 11. September 2001 wurde das Regime der Taliban gestürzt.

Zur Organisation von al-Qa'ida

An dieser Stelle kann keine ausführliche Geschichte der al-Qa'ida geschrieben werden. Davon gibt es ausreichende, sodass wir uns hier auf einige Strukturen konzentrieren können.

Die Gruppen, die die al-Qa'ida gebildet haben, operierten als eine lockere Koalition, jede hatte ihre eigenen Kommando-, Kontroll- und Kommunikationsstrukturen. Eine solche Koalition ermöglichte es, dass diese Gruppen zu besonderen Anlässen auf verschiedenen Ebenen kooperierten. 1998 wurde die al-Qa'ida in vier miteinander verbundene Einheiten reorganisiert: 1) eine pyramidenförmige Struktur, um die strategische und taktische Leitung zu erleichtern, 2) ein globales terroristisches Netzwerk, 3) eine Basisorganisation für die Guerillakriegsführung innerhalb Afghanistans, 4) eine lockere Koalition transnationaler terroristischer und Guerillagruppen. Nach den Ereignissen vom 11. September 2001, und insbesondere mit der Invasion Afghanistans und der Niederlage der Taliban, wurde die bisherige Struktur von al-Qa'ida zerstört; sie ist inzwischen ein Netzwerk von Veteranen der verschiedenen Fronten des Dschihad: von Afghanistan bis zum Irak usw. Al-Qa'ida operiert im Wesentlichen auf der Basis von Netzwerken, die sich aufgrund von Verwandtschaft oder Bekanntschaft bilden (Gunaratna 2002: 57).

Wichtig erscheint inzwischen eher das Bild, das die Führungskader von al-Qa'ida, v. a. Usama bin Ladin und Aiman as-Sawahiri, in der Weltöffentlichkeit und insbesondere in der muslimischen Öffentlichkeit projizieren. Navid Kermani hat sich mit dem Video beschäftigt, das am 7. Oktober 2001 veröffentlicht wurde, nachdem als Reaktion auf die

Ereignisse vom 11. September 2001 die ersten Bombenangriffe auf Afghanistan erfolgten: „[...] was mich am meisten erstaunt bzw. verwirrt hat, war, dass Osama Bin Laden ein sehr schönes Arabisch gesprochen hat. Seine Sprache war sehr klar, es war reines Hocharabisch. Er sprach im klassischen Arabisch und hat keine Wendungen aus der Alltagssprache benutzt, wie es Politikern oder Intellektuellen immer wieder unterläuft. Zudem war es ein fehlerloses Arabisch, was recht ungewöhnlich ist [...] Dieses Arabisch wirkt aufgrund seiner Schlichtheit, Klarheit, Fehlerlosigkeit auf die Zuhörer sehr einnehmend. Dabei war es nicht das Wesentliche, dass er eine Faszination auf dieser sprachlichen Ebene erzeugte, sondern dass er ein Bild evozierte, das vermittels der gesprochenen Sprache ganz bewusst den Eindruck von Ursprünglichkeit herstellen wollte. Arabische Fundamentalisten streben in der Regel immer nach dieser sprachlichen Wirkung, nur meistens kommt dabei lediglich ein etwas stupides, gestelztes, eher trockenes Arabisch heraus. Bei Osama Bin Laden hingegen haben wir zum ersten Mal gesehen, dass dieses Arabisch in einer klaren und überzeugend schlichten Weise daherkam und dabei tatsächlich ‚natürlich' wirkte. Die Wirkung dieses ersten Videos war daher phänomenal." (Kermani / Ciulli 2004: 131f.)

Diese Kraft der Sprache wird kombiniert mit der Inszenierung des Gespräches in einer Höhle in den Bergen, in denen sich Männer in altertümlicher Kleidung versammeln, nur mit einem Maschinengewehr bewaffnet. Erinnert wird durch diese Inszenierung an die Höhle, in der Muhammad auf der Hidschra eine Nacht verbrachte. Es wird hier zwar an eine Tradition angeknüpft, aber nur in Form einer modernen Kostümierung, die ihr Gewand aus dem Fundus der islamischen Geschichte bezieht (Giddens 1996: 54).

„Die Bilder, die Sprache, die Motive entspringen der Tradition, aber wie in allen modernen Mythologien ist die Bezugnahme auf diese archaischen Bilder ein vollkommen moderner Vorgang. In der Sprache Bin Ladens ist das sehr schön zu sehen. Diese Sprache wirkt vollkommen alt und mythisch und vermeidet alle modernen Wörter. Wenn man aber die Tradition selber sieht, die Figuren dieser Tradition, die Erben dieser Tradition, so sprechen die vollkommen anders. Die arabischen Theologen [...] haben eine ganz andere Tradition des Sprechens. Während Osama Bin Laden jedes Ornament vermeidet, spricht ein gut ausgebildeter arabischer Theologe, der mit der ganzen tausendvierhundertjährigen Tradition aufgewachsen ist, ein Arabisch, das mit poetischen Ornamenten prangt und auch einen Konsonantenreichtum einsetzt, den Osama Bin Laden gar nicht beherrscht, weil er keine traditionelle theologische Ausbildung genossen hat. Wenn man also zwei Reden nebeneinander stellen würde – die eines [...] in der Tradition aufgewachsenen arabischen Theologen und die Osama Bin Ladens, so wären das zwei Welten." (Kermani / Ciulli 2004: 133)

Wir sehen also eine durch Medien (Videoaufnahmen, Satellitenfernsehen etc.) vermittelte Anknüpfung an eine Tradition, die nicht traditionalistisch ist, vielmehr eine durch und durch moderne Inszenierung der Tradition. Eine Inszenierung, die je nach Fähigkeiten der agierenden Personen unterschiedlich ausfällt: Der Dschihadismus „rekurriert auf ein spezifisches kulturelles Ideengut und bringt es neu zur Sprache. Er mobilisiert ganz dezidiert den tradierten Wissensvorrat in seiner universalen Gültigkeit und er transformiert ihn, entgegen aller Beteuerung, auch." (Bohmann 2003: 328)

Diese so inszenierte Person Usama bin Ladin ist zugleich ein erfolgreicher Warlord in der Landschaft der Gewaltunternehmer Afghanistans. Die spezifische Gestalt des Raumes des afghanischen Widerstandes gegen die Rote Armee bis hin zum pakistanischen Peschawar und darüber hinaus, die Entwurzelung der Flüchtlinge, die Auflösung der an fixierte geographisch-soziale Räume gebundenen Hierarchien und Strukturen (z. B. auch die Loslösung des afghanischen Sufismus aus seinem ‚natürlichen' Umfeld) – all das spielt eine wichtige Rolle bei der Entstehung des Gewaltunternehmens al-Qa'ida als Zusammenschluss entwurzelter, globalisierter ‚Dschihadtouristen', die ohne Anbindung an die konkrete Gestalt eines Raumes ein global anwendbares Rezept des Dschihad entwickeln, das dann auch für die nach Europa migrierten, dort geborenen und fremd (s. u.) gewordenen Dschihadisten anschlussfähig wird.

Die Gewaltmärkte (Elwert 1999) Afghanistans, Nordwestpakistans, des Jemen, Somalias oder des Kaukasus bilden hochselektive Milieus, in denen das Gewaltunternehmen al-Qa'ida seine ideologischen Güter entwickeln und verbreiten konnte, bis sie auf verschiedene Weise in die weitere Welt exportiert wurden. Der Erfolg ließ sich u. a. an einem nicht unbeträchtlichen Spendenaufkommen für die verschiedenen Regionen des Dschihad ablesen. Die finanziellen Aspekte der Aktivitäten der dschihadistischen Bewegung können hier allerdings nicht weiter beleuchtet werden (Ghandour 2002; Burr / Collins 2006; Warde 2007).

Kurzum: „Wer sich an dem bin Laden und den Taliban orientiert, wie er sie vor 15 Jahren erlebte, geht in die Irre. In Gewaltmärkten herrschen spezielle Evolutionsbedingungen. Durch die brutale Selektion der Gewalt – der Gewalt, die sich rechnet – werden in diesem Feld laufend neue Institutionen und Formen der Gewaltorganisation ausgetestet. Nichts ist verboten; alles ist erlaubt, was man durch seine eigene bewaffnete Macht schaffen und erhalten kann. Auch Verrücktheiten und unerhörte Ideen werden möglich. [...] Es findet in höchster Geschwindigkeit eine Selektion der effektivsten Organisationen statt. Der Weg vom ideologischen Dinosaurier zum modernen Raubtier [...] ist in kürzester Zeit durchlaufen. Das, was wir als Organisation ansehen, erscheint dabei in sehr unterschiedlichen Formen, die zum Teil nicht im soziologischen Sinn formale Organisationen sind. Es mögen Netzwerke von Wir-Gruppen sein, die sich als Teil einer imaginierten Gemeinschaft sehen, oder so etwas Diffuses wie eine soziale Bewegung. Die Vielgestaltigkeit des gleichen Handlungszusammenhangs erleichtert dabei sein ‚Überleben' als Organisation/Wir-Gruppe/Bewegung in sehr verschiedenen Konzepten." (Elwert 2003: 128f.)

Die notwendige Ergänzung dieses Gewaltunternehmens sind die Personen, die die Operationen ausführen. Die organisatorische Leistungsfähigkeit der al-Qa'ida sollte allerdings nicht überschätzt werden. Verschiedene Hinweise deuten auf organisatorische Schwächen hin, die die medialen Effekte der Operationen von al-Qa'ida nicht aufwiegen (The Combating Terrorism Center 2007).

Afghanistan seit 2003

Mit dem erneuten Aufstieg der (Neo-)Taliban seit den Jahren 2003 bis 2005 nach ihrer Niederlage durch die Invasion des Jahres 2002 wird von manchen Autoren eine Verschiebung auf ideologischer Ebene konstatiert. Seit dem Jahr 2000 werden Veränderungen festgestellt, die auf einen zunehmenden Einfluss der dschihadistischen Vorstellungen hindeuten (Abou Zahab / Roy 2004: 52).

Andere Autoren interpretieren die strategische Entwicklung der (Neo-)Taliban als eine Tendenz, die auf eine größere Integration der Taliban in die transnationale dschihadistische Strömung hinweise. Dies bedeute insbesondere eine Abwendung von der rein nationalen Ausrichtung auf ein größeres, weltweites muslimisches Publikum als Unterstützung ihres Kampfes, wobei ein Überdehnen der feindlichen Kräfte durch Schaffen vieler Iraks den größeren Rahmen bilde. Inwieweit eine solche Wendung dauerhaft ist, muss offen bleiben (Giustozzi 2007: 138f.).

Pakistan

Die Tätigkeit pakistanischer militärischer und geheimdienstlicher Kreise bildeten ein wichtiges Moment in der Entstehung und Entwicklung des afghanischen Widerstandes gegen die sowjetische Invasion. Eine große Rolle spielten sie, wie erwähnt, in der Unterstützung der dschihadistischen Freiwilligen. Aber auch in Pakistan gab und gibt es etliche Organisationen, die sich dem Dschihad verschrieben haben, sei es weltweit, in Afghanistan, im Kaschmir oder in Pakistan selber.

Der Aufstieg dschihadistischer Organisationen, die sich seit den 1980er Jahren entwickelten (Abou Zahab / Roy 2004: 27), begann in Pakistan 1985 mit der Gründung einer extremistischen sunnitischen Partei, die später unter dem Namen „Armee der Prophetengefährten Pakistans" (*sipāh-i ṣaḥāba pākistān*), kurz SSP, bekannt wurde (Hippler 2008: 248ff.). Mit zur Entstehung trugen Spannungen zwischen schiitischen Großgrundbesitzern und sunnitischen Kaufleuten in ihrer Ursprungsprovinz bei. Diese Organisation war bereits früh Urheber von kommunalistischen Gewalttaten gegen die schiitische Minderheit. Ab 1990 entstanden mehrere bewaffnete Untergruppen. Ende der 1990er Jahre kämpften Mitglieder der Organisation in Afghanistan an der Seite der Taliban. Teilweise begingen sie dort Massaker. Die SSP wurde 2002 als terroristische Gruppe verboten; Reste der Organisation benannten sich um.

Aus der SSP entstand ca. 1996 eine Abspaltung, die einen noch extremeren Kurs verfolgte: die „Armee von Jhang" (*Laškar-i Jahngvi*). Von Afghanistan aus, wo sie an der Seite der Taliban kämpfte, bereitete sie auch Anschläge auf pakistanische Persönlichkeiten und Massaker an Schiiten vor. Das Verhältnis zur Ursprungsorganisation ist nicht ganz klar.

Weitere dschihadistische Organisationen operierten in Afghanistan, von wo ihre Kämpfer zum Teil in andere dschihadistische Kriegsgebiete weiterzogen, und in Kaschmir. Daneben bildeten sich zahlreiche lokale und regionale Gruppen, die eine den Taliban ähnliche Gegenstaatlichkeit versuchen aufzubauen. Am bekanntesten ist vielleicht die „Bewegung der Taliban Pakistans" (*tehrīk-i ṭālibān Pākistān*) von Beitullah Mehsud mit ihrer hauptsächlich paschtunischen Basis geworden. In diesem Zusammenhang sind auch dschihadistische Einflüsse festzustellen.

Von Pakistan unterstützte Untergrundgruppen wie das inzwischen offiziell in Pakistan verbotene Laschkar-e Tayyiba, die sich hauptsächlich am Konflikt mit Indien über den Status des Kaschmir beteiligten, haben ihren Aktionen bis nach Indien ausgeweitet und proklamieren die Wiederherstellung muslimischer Herrschaft in Indien, aber auch Zentralasien und China.

Teile extremistischer indischer islamischer Gruppierungen wie die verbotene „Students Islamic Movement of India" (SIMI) stehen vermutlich hinter zahlreichen hochkoordinierten Bombenanschlägen und anderen Aktionen in verschiedenen indischen Großstädten mit Höhepunkten im Jahre 2008. Die unter Namen wie „Indian Mujahideen" (jetzt auch „Deccan Mujahideen") operierenden Gruppen vertreten in ihren Erklärungen eine vehement gegen hinduistisch-nationalistische Politik gerichtete Position. Nach dem – vorläufigen – Ende der afghanischen (und pakistanischen) Phase entwickelten sich die transnationalen dschihadistische Bewegungen auf globaler Ebene weiter.

In Jordanien entwickelten sich insbesondere aus Afghanistan-Rückkehrern verschiedene aktivistische Gruppierungen, die auch Anschläge verübten (Steinberg 2005: 132ff.). Bekannte Figuren sind der Theoretiker Abu Muhammad al-Makdisi und der inzwischen getötete Abu Mus'ab as-Sarkawi (gest. 2006), der ebenfalls in Afghanistan war und im Irak (Steinberg 2005: 217ff.) berühmt bzw. berüchtigt wurde (Brisard 2005). In neuerer Zeit wird al-Makdisi allerdings von extremeren Kräften als zu wenig radikal kritisiert.

Al-Qa'ida auf der Arabischen Halbinsel

Über einheimische extreme Strömungen in Saudi-Arabien haben wir bereits gehört. An den Ereignissen vom 11. September 2001 waren zahlreiche saudische Staatsbürger beteiligt, was den Blick auf die saudischen Verbindungen der dschihadistischen Strömung lenkte (z. B. Steinberg 2002). Bald entwickelte sich in Saudi-Arabien die „Organisation der al-Qa'ida auf der Arabischen Halbinsel" zu einer der aktivsten Teile der Strömung unter dem Namen al-Qa'ida. Deren terroristische Kampagne von 2003 bis 2006 scheiterte allerdings. Zu den Gründen zählten mangelnde soziale Unterstützung im Lande, der gleichzeitig entstehende irakische dschihadistische Kriegsschauplatz, der zum Abzug von Ressourcen führte, und die gesteigerte Effizienz der saudischen Sicherheitskräfte. Diese Kampagne wird in erster Linie auf organisatorische Veränderungen innerhalb von al-Qa'ida nach dem Jahr 2001 zurückgeführt, weniger auf eine interne politische oder sozioökonomische Krise; auch externe Ereignisse wie die von den USA geführte Invasion des Irak hätten keine Rolle gespielt.

Die saudische dschihadistische Bewegung zeichnet sich durch eine eher panislamische Orientierung aus. Dieser ‚klassische' Dschihadismus erklärt den starken Anteil saudischer Freiwilliger in Gebieten, in denen Muslime als Angegriffene gesehen werden: von Afghanistan bis zum Irak. Der transnationale Dschihadismus spielt dagegen eine geringe Rolle (Hegghammer 2008). Grundsätzlich kennzeichnen also die saudische dschihadistische Strömung innere Widersprüche. Sie ist zugleich lokal (wenn nicht gar tribal) und transnational (Al Rasheed 2007 und 2008).

Irak

Mit dem Irakkrieg des Jahres 2003 verändert sich die dschihadistische Landkarte radikal; über die Bedeutung des Dschihad im Irak haben wir bereits gesprochen. Die Besetzung des Irak durch die USA und ihre Verbündete schuf ein Mobilisierungspotenzial für dschihadistische Organisationen, das kaum zu überschätzen ist. Der Irak wurde zum Anziehungspunkt dschihadistischer Freiwilliger aus allen Ländern, auch aus Europa. Zugleich dient der Krieg im Irak als Reservoir für Bilder, durch die die Verfolgung der Muslime erneut belegt werden kann (Stichworte: Abu Ghraib, Falludscha). Einen formalen Gipfelpunkt bildet die Ausrufung des Islamischen Staates Irak im Oktober 2006, eine Dachorganisation verschiedener Untergrundgruppen.

Die Erfahrung des Krieges gegen die Besetzung schuf Möglichkeiten des Trainings, wie sie zuvor nur in Afghanistan bestanden hatten (Lia 2008b). Der Irak wurde zum Testfeld für dschihadistische Strategien und Taktiken (Tønnesen 2008). Auch in der Nutzung von Medien konnten irakische dschihadistische Gruppen eine bemerkenswerte Professionalität erreichen. Insbesondere der intensive Gebrauch des Internets als Medium für Propaganda, Rekrutierung und Diskussion hat gegenüber anderen dschihadistischen Kriegsschauplätzen eine bisher nicht erreichte Breite erreicht.

Die Organisation der al-Qa'ida im Zweistromland hat unter ihrem Anführer Abu Mus'ab as-Sarqawi (gest. 2006), einem aus Jordanien stammenden Afghanistanveteranen, durch brutale Anschläge international einen besonderen Grad an Berüchtigkeit erlangt. ‚Innovationen' dieser Gruppe sind die ‚Enthauptungsvideos', in denen Gefangene vor laufender Kamera geköpft wurden. Das negative Echo auf diese Videos in der islamischen Welt führte zu einer Einstellung dieser Videoproduktionen.

Die rigide antischiitische Haltung as-Sarqawis und die zahlreichen antischiitischen Anschläge trugen zur Verschärfung der Spannungen zwischen Sunniten und Schiiten bei (s. u.).

Indonesien

Die indonesischen dschihadistischen Bewegungen sind nur vor dem Hintergrund ständig sich verschiebender Formen religiöser Gewalt zu verstehen, die von John T. Sidel (2006) auf die Formel „Aufstände, Pogrome, Dschihad“ gebracht worden sind. Es wäre demnach nicht zutreffend, sie lediglich als Teil der transnationalen dschihadistischen Strömung zu verstehen.

Die Organisation der indonesischen Jemaah Islamiyah wurde besonders durch die Bombenanschläge von Bali im Oktober 2002 bekannt. Von einer Seite wird die Organisation als imminente terroristische Gefahr beschrieben (Barton 2004),[19] andere (u. a. Sidel 2006) schlagen eher einen zweifelnden Ton an. Die Jemaah Islamiyah wurde in den frühen 1990er Jahren wegen gewaltsamer Aktivitäten von exilierten Indonesiern in Malaysia gegründet, unter ihnen Abu Bakar Ba'asyir und Abdullah Sungkar (gest. 1999). Eine zentrale Rolle in der Organisation der Jemaah Islamiyah spielt das Netzwerk von Absolventen einer indonesischen islamischen Schule in Ngruki in der Nähe von Solo, die von Ba'asyir und Sungkar gegründet worden war (Sidel 2006: 202).

Für verschiedene indonesische dschihadistische Organisationen wird eine Verbindung zum Mittleren Osten berichtet, die auch auf ihre Aktivitäten Einfluss hatte. Für den Laskar Dschihad etwa wird berichtet, dass sie im Konflikt auf Ambon ihre Aktivität einstellte, da Fatwas von Religionsgelehrten aus dem Mittleren Osten eine Verbesserung der Lage auf Ambon festgestellt hätten (Jahroni 2008: 23).

Die indonesische *reformasi*, die Reformbewegung von 1998, brachte eine Vielzahl von Organisationen hervor, die sich für die Errichtung eines islamischen Staates einsetzten. Solche Organisationen pflegen zum Teil eine am Dschihad orientierte Rhetorik und verfügen über paramilitärische Gruppen. Organisationen wie die Front Pembala Islam (FPI) beziehen sich aber eher auf einen indonesischen Kontext. Sie haben in geringerem Maße eine transnationale Orientierung, was seinen Ausdruck in Berichten findet, dass Usama bin Ladin der FPI Unterstützung angeboten habe, die aber nicht akzeptiert worden sei (Jahroni 2008: 23).

Algerien

Die algerische dschihadistische Erfahrung (s. u.) geht letztlich auf die gewaltsame Tradition des algerischen Befreiungskrieges zurück. In der zweiten Hälfte der 1980er Jahre schuf die krisenhafte Lage in Algerien ein Reservoir von Jugendlichen, aus dem die politisch-islamischen Bewegungen schöpfen konnten. Als die Islamische Heilsfront (FIS) im zweiten Wahlgang der nationalen Wahlen möglicherweise eine absolute Mehrheit gewonnen hätte, wurden diese Wahlen von der Regierung ausgesetzt und die FIS unterdrückt.

Zunächst bildete sich eine Vielzahl militärisch agierender Gruppen aus dem ganzen Spektrum der islamischen Bewegung. 1992 gründete sich aus mehreren kleineren Gruppen die Bewaffnete Islamische Gruppe (GIA), die die Strategie der FIS ablehnte, mit Wahlen eine islamische Republik zu errichten. Sie sah als einzigen Weg den bewaffneten Dschihad. Die GIA konnte sich unter mehreren aufeinanderfolgenden Emiren als wichtigste bewaffnete Gruppe durchsetzen (Martinez 1998). In den Jahren danach brutalisierte sich der algerische Bürgerkrieg durch Massaker an der Zivilbevölkerung, für die wechselseitig die Regierung und die Untergrundbewegung sich verantwortlich machten (s. zur Diskussion Schmid 2005). Auch innerhalb der GIA kam es zu gewaltsamen Säuberungen. Die GIA weitete 1995 den Kampf durch Anschläge auf Frankreich aus. Sie konnte sich auf ein breites internationales Unterstützernetzwerk zurückgreifen, zu dem Personen wie Abu Mus'ab as-Suri gehörten (Lia 2008a).

Im Jahr 1995 gründete sich die Salafistische Gruppe für Predigt und Kampf (GPSC), die sich von den Massakern an Zivilisten distanzierte. Sie konzentrierte sich zunächst in erster Linie auf den Kampf gegen die algerische Regierung. Seit 2005 mehren sich Anzeichen, dass die GPSC ihren Aktionsradius über die algerischen Grenzen ausweitet. Diese Internationalisierung der GPSC fand im Januar 2007 ihren Ausdruck in der Unbenennung in al-Qa'ida im Maghreb, die als ein Bekenntnis zur Ausweitung der Aktionen verstanden wird (Steinberg / Werenfels 2007; Rogan 2008).

Internet

Eine der interessanteren neuen Entwicklungen ist die intensivere Nutzung des Internets durch die Dschihadisten, die noch nicht hinreichend wissenschaftlich untersucht ist.[17] Hier werden bewusst Strategien der Nutzung zu Propaganda-, Informations-, Diskussions-, Organisations-, Kommunikations-, Rekrutierungs- und Finanzierungszwecken umgesetzt (Rogan 2007). Ein elektronischer Dschihad spielt bisher noch keine große Rolle.

Für die Untersuchung dschihadistischer Diskussionen bietet das Internet hervorragende Möglichkeiten, Materialien zu sammeln und diese Debatten zu verfolgen. Davon legt das vorliegende Buch Zeugnis ab. Allerdings sollte die Analyse von virtuellen Internetquellen nicht dazu führen, die Entwicklungen des *real life* zu vernachlässigen.

Die vorliegende Arbeit stützt sich im Wesentlichen auf Internetquellen und demonstriert damit dessen Gebrauch durch dschihadistische Bewegungen.

Gegen die Schia

Es gibt Hinweise, dass – ob bewusst oder unbewusst – durchaus schiitische Elemente in dschihadistische Diskurse eingegangen sind (u. a. Devji 2005) bzw. zur Reaktualisierung sonst nicht beachteter Elemente sunnitischen Denkens geführt haben. Zu denken ist an die Mahdivorstellung, die bis heute intensiv diskutiert wird. Ideen, dass Konzepte wie das des Glaubenszeugentums oder die Selbstmordattentate auf schiitische Quellen zurückzuführen seien, erscheinen überzogen, auch wenn strukturelle Ähnlichkeiten vorhanden sein mögen (s. u.).

Wir finden einzelne Hinweise auf antischiitische Vorstellungen bereits bei dem aus Palästina stammenden Dschihadtheoretiker und Propagandisten ʻAbdallah Assam (z. B. ʿAzzām 1992: 30ff.). Eine wichtige Quelle für antischiitische Vorstellungen dürfte auch die Tradition der Deobandis sein, die seit dem 19. Jahrhundert antischiitische Elemente enthält.

Der Irak ist – wie beschrieben – auch ein Fokus konfessioneller[18] Spannungen zwischen Sunniten und Schiiten geworden, die bis zu Morden und Anschlägen auf Heiligtümer führten. Die antischiitische Position wurde besonders zu der Zeit verschärft, als Abu Mus'ab as-Sarkawi die Organisation der al-Qa'ida im Irak anführte.

Die antischiitische Position wird in unterschiedlicher Weise formuliert. Zentral ist die Kritik an der Islamischen Republik Iran, die als Teil einer weltweiten Verschwörung begriffen wird, zu der der Westen, Israel (bzw. ‚die Zionisten' oder ‚die Juden') und die USA gehören (s. u.).

Der Iran wird als Hort der Verderbnis beschrieben, an dem Bilderverehrung, Musik, Kino, Filmproduktion u. Ä. vorherrschten, die den Kern der iranisch-schiitischen Kultur und Religion ausmachten (ʿAṭīyatallāh 2007: 11). Zusammengefasst hört sich das Ergebnis so an: „[...] die Schiiten (*rāfiḍa*)[19] gehen von ihren persönlichen, konfessionellen Interessen aus, ihren Interessen als eine *schia* [d. h. eine Partei][20], ihren Hoffnungen und Bestrebungen.[21] In Wirklichkeit sind sie eine Sache, die Gemeinschaft des Islam (die Anhänger der Sunna) eine andere Sache". (ʿAṭīyatallāh 2007: 21)

Die antischiitische Haltung von Dschihadisten führt in Ländern wie dem Libanon zu zunehmenden Spannungen, da extreme sunnitische Kräfte beginnen, dschihadistische Positionen einzunehmen, sogar an die al-Qa'ida appellieren, die Bedrohung durch die schiitische Hisballah ernst zu nehmen (Bakier 2008a). Der Hisballah wird auch die Unterstützung und das Training irakischer schiitischer Milizen zum Vorwurf gemacht (ʿAṭīyatallāh 2007: 37).

Somalia

Der Zerfall des somalischen Staatswesens in diverse konkurrierende substaatliche Gebilde hat für das dschihadistische Imaginäre große Folgen gehabt. Das Scheitern der US-Militäroperation „Restore Hope" im Jahre 1993 wurde zum Symbol dafür, dass es möglich sei, eine US-Militärpräsenz zu beenden. Symbolisiert wird dies durch den Abschuss zweier Hubschrauber und das Bild eines toten US-amerikanischen Soldaten, der von Somalis durch die Straßen gezerrt wurde.

In jüngerer Zeit wurde Somalia zu einem wichtigen Feld bewaffneter dschihadistischer Aktivitäten, die besonders unter dem Label der Bewegung „asch-Schabab", „der Bewegung der Mudschahidin-Jugend", bekannt wurden (Weinstein 2008). Auf der Ebene der dschihadistischen Medienkonkurrenz hat diese Bewegung einen wesentlichen Schritt vorwärts getan, als sie die erste Nummer einer Zeitschrift mit dem Namen „Millat Ibrahim" herausgebracht hat (s. u.).[22]

Perspektiven

Eine mögliche Entwicklung der dschihadistischen Strömung kann zweifelsohne die Transformation des Bündnisses von Einzelpersonen, Organisationen und Organisationsresten mit einer gewissen Anhängerschaft in eine globale soziale Bewegung sein (Musharbash 2006: 260ff.). Dies kann allerdings nur geschehen, wenn die Zahl der Anhänger und Sympathisanten zahlenmäßig sehr ansteigt. Wir haben dschihadistische Bewegungen in China, Zentralasien, auf den Philippinen u. a. aus Raumgründen nicht weiter erfolgt. Ein kurzer Blick auf Europa sei aber erlaubt.

Europa

Die erste Präsenz militärisch aktiver Dschihadisten in Europa geht auf den bosnischen Bürgerkrieg 1992–1995 zurück. In diesem Bürgerkrieg kämpften dschihadistische Verbände neben bosnischen Regierungstruppen (Elsässer 2005; Kohlmann 2004). Damit wurde Bosnien und die Muslime Bosniens zu einer wichtigen Front auf der Landkarte des Dschihadismus.

Verschiedene europäische Staaten sind bereits Schauplatz brutaler dschihadistischer Attentate geworden. Stichworte sind Madrid oder London. Daneben gab es individuelle Attentate wie das gegen Theo van Gogh in den Niederlanden. Damit ist der Dschihadismus nicht mehr nur theoretisch präsent (s. dazu z. B. Coolsaet 2008). Die Entstehung eines europäischen „homegrown terrorism" scheint damit abgeschlossen. Als Gründe werden insbesondere globale genannt (z. B. Irak-Konflikte, Unterdrückung der Muslime), aber auch Probleme, die sich aus der Migrations- bzw. Minderheitensituation ergeben; lokale Ereignisse stehen weniger im Vordergrund (Nesser 2004).

Es bestehen Verbindungen zur globalen dschihadistischen Bewegung durch Veteranen der diversen dschihadistischen Kriegsschauplätze. Untersuchungen von Diskussionen über Dschihad in muslimischen Minderheiten in Europa zeigen, dass allerdings weniger vor theologischem Hintergrund diskutiert wird als aus einem allgemeinen Gefühl einer durch Ausgrenzung bedrohten Identität (Marranci 2006).

Einige Begriffe

Schahid – Glaubenszeuge

Die gängige Übersetzung des arabischen Wortes *schahid*, in der Mehrzahl *schuhada'* (*šahīd, šuhadā'*), ist Märtyrer. Im Arabischen gehört dieses Wort allerdings zu einem Wortfeld, das Inhalte wie ‚bezeugen', ‚Zeugnis ablegen' u. Ä. einschließt. Der zu diesem Feld gehörende Begriff *schahada* (*šahāda*) kann so für Dinge wie ‚Zeugnis', ‚Zeugenaussage', ‚(islamisches) Glaubensbekenntnis' oder eben auch ‚Sterben als *schahid*' stehen. Für den arabischen Sprachraum bezeichnet das Märtyrertum nur einen Aspekt des Wortfeldes, zu dem *schahid* gehört. Da die arabische Sprache immer einen wichtigen Bezugsrahmen islamischer Reflexion darstellt, sollte auf diese Multidimensionalität des Wortfeldes nicht verzichtet werden. Nur so können wir verstehen, dass *schahid* viel mehr bedeutet als ‚Märtyrer', ‚im Kampf gestorbener Mensch' etc. Wir kommen darauf noch zu sprechen.

Sehr schaurig-schön demonstriert das Imaginäre, das mit der Idee des Glaubenszeugen verbunden wird, das Titelblatt eines Buches. Eine schiitische Schrift über „Das Streben nach dem Glaubenszeugentum" (Ǧauharī 2005) zeigt neben einem gelben Schriftzug mit dem Titel eine rote Kugel, vor der transparent eine Rosenblüte schwebt, von der wiederum Blut in einzelnen Tropfen senkrecht hinunterrinnt. Von der Kugel gehen von einem Punkt feine weiße Strahlen aus, die den Eindruck des Funkelns erzeugen. Die Kugel schwebt über einem Meer, das von der Kugel, wohl die Sonne, rot beschienen wird. Der Himmel verfärbt sich vom dunklen Blau bis hin zu schwarzen Wolken. Vor und neben der Kugel schweben zwei Möwen.

Das Blut des Glaubenszeugentums, gespiegelt in der roten Einfärbung des Meeres, verbindet sich mit der Rose der Schönheit, dem Funkeln des Lichts, der Weite des Meeres und den frei schwebenden Vögeln: Zeichen, die auf Freiheit hindeuten. Das Blut wird zur Freiheit.

Dieser kleine Ausflug in schiitische Vorstellungswelten demonstriert ein Gefühl, das wir auf sunnitisch geprägte Ideen übertragen können. Dies gilt besonders, wenn wir an die Aneignung schiitischer Ideen durch Dschihadisten denken.

Haben wir uns bis jetzt mit den gewalttätigen Aspekten des Konzeptes des Glaubenszeugen befasst, müssen wir uns nun mit anderen Aspekten befassen. Entgegen landläufiger Auffassung ist ein *schahid* nicht nur der im Kampf gestorbene Märtyrer. Werfen wir einen Blick in ein kleines Büchlein über Glaubenszeugen (al-Ġimārī 1985: 84ff.), finden wir etliche Gruppen, die auch zum *schahid* werden:

So wird etwa denjenigen, die an der Pest oder der Tuberkulose sterben, der Status eines Glaubenszeugen zugesprochen. Wer an Diarrhö stirbt, erfährt keine Grabesstrafe[1] wie der *schahid* und gilt selber als solcher. Reisende, die in zulässiger Weise mit dem Schiff reisen und den Tod durch Ertrinken finden, werden ebenfalls als Glaubenszeugen eingestuft; wer unrechtmäßig reist, erfährt eine solche Einstufung nicht. Stirbt jemand an der Verletzung durch einen spitzen Gegenstand, ist er ebenfalls ein *schahid*. Wird jemand unter einem zusammenstürzenden Haus begraben oder stirbt er an Verbrennungen, gilt dasselbe. Eine Frau, die schwanger oder bei der Geburt stirbt, die noch Jungfrau war oder noch keine Menstruation hatte, gelangt ebenfalls direkt ins Paradies und ist damit Glaubenszeugen gleichgestellt. Auch wenn jemand bei der Verteidigung seines Eigentums stirbt, gelangt er in den Rang eines Glaubenszeugen.

Wie sich deutlich zeigt, kann ein Muslim oder eine Muslimin auf andere Weise *schahid* werden als durch den bewaffneten Kampf. Damit entpuppt sich die Verkürzung des Konzeptes *schahid*, die von Dschihadisten vorgenommen wird, als zweckgebundene Reduktion der Zahl der Wege, einen religiös hohen Rang zu erreichen, auf einen einzigen. Diese Reduktion hat als Ziel, die große Spannweite der Möglichkeiten, als Muslim und Muslimin zu leben, auf wenige zu reduzieren – und das im Interesse einer minoritären Strömung.

Werfen wir noch einen kurzen Blick in die Geschichte des sunnitischen Konzeptes des Glaubenszeugen.

„In einer Region, in der der christliche Märtyrertypus allbekannt und weit verbreitet war, konnte es nicht lange dauern, bis ein islamischer Märtyrer-Mythos entstand, ein Mythos, der allerdings kein Abbild des christlichen darstellt, sondern starke Familienähnlichkeit zur altorientalischen Mythologie aufweist. In den ältesten islamischen Märtyrertraditionen, die ins 7. Jahrhundert zurückreichen, wird der unzeitige Tod des ‚Schlachtfeld-Märtyrers' imaginiert als eine Verbindung des Helden mit einem geflügelten weiblichen Wesen, das an die antike Siegesgöttin Nike erinnert – eine Bildlichkeit, die deutlich auf spätantike Traditionen zurückverweist, die dem Tod des im staatlichen Interesse geopferten Kriegers eine religiöse Dimension geben. Obwohl man die in diesen Traditionen so auffallende Verbindung von *eros* und *thanatos* – das weibliche Wesen verspricht dem Krieger eine erotische Vereinigung – spontan mit den koranischen Paradiesvorstellungen in Verbindung bringen möchte, die den männlichen Gläubigen einen transzendentalen Ort sinnlicher, sogar erotischer Freuden verheißen, sind die Unterschiede doch unübersehbar. Die in der frühen islamischen Tradition dokumentierte ‚Hochzeit des Märtyrers', *ʿurs asch-schahid*, die einen individuellen Krieger und ein mythisches Wesen zusammenführt, erinnert eher an den altorientalischen Mythos des *hieros gamos*, der Hochzeit des Helden mit einer Göttin, ein Ereignis, das dem Helden eine ontologisch neue Statur verleiht. Eine Besonderheit besteht freilich in der Tatsache, dass der Held im neuen Mythos seinen *rite de passage* der Hochzeit nicht während seiner Lebenszeit, sondern erst durch seinen gewaltsam erlittenen Tod durchmacht, zwei *rites de passage* also konvergieren. Gerade diese Gleichsetzung von gewaltsam erlittenem Tod und heiliger Hochzeit, die Elemente des Sakralen und Erotischen vereinigt, wobei die Sichtbarkeit des Blutes eine wichtige Rolle spielt, sollte sich immer wieder als reproduktiv erweisen und schließlich in der Moderne eine wichtige Rolle spielen." (Neuwirth 2008: 37f.)

Dieser Rolle werden wir im Kapitel über Biographien von Mudschahidin nachgehen. Die Rolle des Blutes wird augenfällig in der Figur des Selbstmordattentäters, die zu einer Art ‚Markenzeichen' des Dschihadismus wurde.[2]

Selbstmordattentäter

Aus dem zuvor Gesagten folgt, dass der Begriff *schahid/schahida* nicht mit SelbstmordattentäterIn gleichgesetzt werden kann. Grundsätzlich scheint der Begriff Selbstmordattentäter dem Phänomen nicht völlig angemessen, da die Selbsttötung als Motiv nicht im Vordergrund steht bzw. als Mittel zum Erreichen eines bestimmten Zieles gerechtfertigt wird. Da das Ergebnis allerdings die Tötung des Täters durch seine eigene Handlung ist, kann auf den Begriff kaum verzichtet werden. Außerdem werden durch die gezielte Aufopferung des Lebens durchgeführte Operationen von muslimischer Seite u. a. aus dem Grunde kritisiert, dass es sich faktisch um Selbstmord handelt.

Wir haben oben bereits erwähnt, dass die Tradition des Glaubenszeugen nach der Frühphase der islamischen Geschichte verschwindet und nur aktualisiert wird, wenn eine akute Gefahr besteht. Außerdem wurde das Sterben für Gott im nicht militärischen Sinne in den Bereich der islamischen Mystik, in den Sufismus verschoben. Aus diesem Bereich kommt es wieder in das Feld des Politischen, wenn antikoloniale Kämpfer sich als Vertreter der Gottesliebe verstehen, ein Begriff, der sich an sufische Vorstellungen anlehnt. An dieses eher nationalistisch konnotierte Spektrum können dann dschihadistische Bewegungen anknüpfen (Neuwirth 2008).

Es gibt eine ausgedehnte Debatte in Form von Fatwas über die Legitimität von Selbstmordattentaten in Palästina/Israel durch palästinensische Untergrundgruppen.[3] Der Tenor geht zu einer Befürwortung solcher Aktionen als eine ‚Waffe der Schwachen' gegen die israelische Übermacht (s. als Überblick Takrūrī 2003). Ungeklärt bleibt, wie dieser Sonderfall von anderen Fällen abgegrenzt werden kann, was Fatwas gegen andere Selbstmordattentate schwierig zu argumentieren macht. Dieses Problem ist in Fatwas, die sich gegen andere terroristische Aktionen wenden, nicht endgültig geklärt.[4]

Die Technik des Selbstmordattentates kann nicht als genuin islamisch bezeichnet werden. Eine Traditionslinie lässt sich bis zu den japanischen Kamikazepiloten zurückführen. Diese Linie führt u. a. über nordkoreanische Experten, japanische Selbstmordterroristen, tamilische Untergrundkämpfer, palästinensische und libanesische linke wie nationalistische AttentäterInnen zur islamischen Aneignung dieser Taktik, die vorbereitet wurde, sodass palästinensische Gruppen bspw. sich den Begriff des *schahid* aneigneten. Schon in dieser ersten Phase nahöstlicher Attentate finden wir spätere Elemente wie die des Videotestaments, in der die Attentäter Erklärungen zu ihrer Tat abgeben und lächelnd posieren (Croitoru 2006 und 2008). Beides sind zweifelsohne Versuche, den eigenen Tod zu negieren (s. u.). Diesen Versuch der Negation dürfen wir auch in der ständigen Beschwörung dessen sehen, dass ein *schahid* nicht tot ist.[5]

„Die typische Technik, mit der Selbstmordattentäter im Mittleren Osten aufgebaut werden, besteht im Wesentlichen aus zwei Schritten ... / Erstens finden ‚die Lehrer' junge Leute, deren persönliche Identität bereits gestört ist und die nach einem äußeren ‚Element' suchen, um dieses zu internalisieren und ihre innere Welt zu stabilisieren. Zweitens entwickeln sie eine ‚Unterrichtsmethode', welche die ethnische und/ oder religiöse Großgruppenidentität in die ‚Risse' der beeinträchtigten oder unterdrückten individuellen Identität ‚hineinzwingt'. / Sobald Personen zu ‚Attentatskandidaten' werden, sind die üblichen ‚Regeln und Regulationen' der Individualpsychologie auf ihre Denk- und Handlungsmuster nicht mehr ohne weiteres anwendbar. Der prospektive Selbstmordattentäter ist nun ein Agent der Großgruppenidentität und wird versuchen, diese für sich selbst und für andere Angehörige der Großgruppe zu reparieren. Dabei zählt nicht das Töten des eigenen Selbst (und der eigenen persönlichen Identität) und ‚anderer' (Feinde). Was zählt, ist die Tatsache, dass der Akt des Attentats (Terrorismus) der Großgruppenidentität Selbstwert und Aufmerksamkeit sichert. / Direkt und indirekt wird diese Aktivität dadurch unterstützt, dass andere Mitglieder der traumatisierten Gesellschaft in diesen Individuen Träger der Gruppenidentität sehen. Obwohl der Islam den Suizid verbietet, mangelt es nicht an bewusster und unbewusster Billigung muslimischer Selbstmordattentäter seitens anderer Mitglieder ihrer Gesellschaften. / [...] Jene ‚Lehrer', die Selbstmordattentäter auswählen, sind Experten, wenn es darum geht zu erspüren, wessen persönliche Identitäts*lücken* am besten geeignet sind, um mit Elementen der Großgruppenidentität gefüllt zu werden. Junge Männer zum Beispiel, die unter einem konkreten Trauma leiden (infolge einer realen demütigenden Erfahrung mit dem Feind, sei es, dass sie geschlagen oder gefoltert wurden oder einen Elternteil verloren haben), sind besser geeignet als jene mit einem eher generalisierten Trauma." (Volkan 2003: 261f.)

Wenn so auch die Rekrutierung solcher Täter deutlich wird, bleiben Selbstmordoperationen für die Organisationen doch problematisch. Georg Elwert beschreibt die organisatorische Problematik solcher Operationen für Organisationen wie al-Qa'ida so:

„Wir erhalten einen guten Zugang zu den Erfolgsbedingungen von al-Qaeda, wenn wir uns in die Organisation hineinversetzen und sie als einen erfolgreichen Problemlöser sehen. Das Organisationsnetz um al-Qaeda [...] hatte ein großes Problem zu überwinden, das zu lösen Zeit und viel Aufwand erforderte: die Rekrutierung von Selbstmordattentätern. Dies zu realisieren ist weitaus schwieriger, als man nach den Zeitungsberichten annehmen möchte. Selbstmordattentäter sind im langfristigen Einsatz nur effektiv, wenn sie nicht Depressive sind. Depressive Attentäter gibt es zwar auch, sie lassen sich aber nicht zuverlässig in eine Organisationsdisziplin einbinden. [...] Selbstmordattentäter brauchen ein Milieu, das diese Taten fördert. Das ist gerade der Islam nicht. [...] Die erste Überlegung war daher möglicherweise, solche Attentäter aus anderen Milieus einzukaufen. Eine Nachricht aus Sri Lanka passt hierzu. Die Elam Liberation Tigers [...] erhielten, wie sie einem Forscher sagten, vor ein paar Jahren (wohl 1997) ein lukratives Angebot dafür, dass sie eine Einheit ihrer eigenen Selbstmordattentäter zur Verfügung stellen würden. Sie lehnten diese ‚Entleihe' ab. / Für die interne Lösung, selbst Attentäter- Einheiten aufzustellen, wurden weitaus mehr Menschen rekrutiert, als dann zum Einsatz kamen. Die Selbstmordattentäter wurden aus diesen Rekruten herausgefiltert. Ich schätze, dass kaum einer von 100 Rekruten (und nur einer von 1000 Interessenten) in die engste Wahl kam. [...] Sie stechen heraus, sind aber nicht psychisch abweichend.[6]" (Elwert 2003: 113f.)

Theologie und Theorie des Dschihadismus

Weiterentwickelt wurde – wie erwähnt – die Theorie des Dschihad insbesondere von einem Palästinenser: ʻAbdallah ʻAssam.[1] Wir wollen deshalb seine Theorien zum Ausgangspunkt für die weitere Betrachtung des dschihadistischen Denkens nehmen.

ʻAbdallah ʻAssam wurde 1941 in der Nähe von Dschenin im Westjordanland geboren.[2] Er arbeitete zunächst als Lehrer und ging dann zum Studium an die Scharia-Fakultät der Universität Damaskus. Schon früh wurde er vermutlich Mitglied der Muslimbruderschaft. Er kehrte dann in seine Heimat zurück, von wo er nach dem israelisch-arabischen Krieg 1967 nach Jordanien flüchtete. Er setzte dann seine Studien an der al-Azhar-Universität in Kairo fort, lehrte an der Scharia-Fakultät in Amman und kehrte zur Promotion, die er 1973 abschloss, an die Azhar zurück. Danach setzte er seine Lehrtätigkeit in Amman fort, wurde aber 1980 wegen seiner Mitgliedschaft in der Muslimbruderschaft entlassen. Wie so viele andere Intellektuelle und Gelehrte des politischen Islam fand ʻAssam eine Anstellung in Saudi-Arabien, wo er in Dschidda an der König-ʻAbdal'asis-Universität lehrte.

Über seinen genauen Weg nach Afghanistan gibt es unterschiedliche Versionen. Gesichert ist, dass er 1981 an die neu gegründete Internationale Islamische Universität Islamabad abgestellt wurde. Er entwickelte sich schnell zum wichtigsten Theoretiker, Organisator und Propagandisten unter den Arabern, die nach der Invasion Afghanistans durch die Rote Armee in das pakistanisch-afghanische Grenzgebiet strömten. Erwähnt sei noch der Kontakt ʻAssams mit Usama bin Ladin, mit dem er im sogenannten ‚Dienstleistungsbüro' für die arabischen Mudschahidin in Pakistan und Afghanistan zusammenarbeitete. 1989 wurde ʻAssam durch eine Autobombe getötet. Bis heute ist die Frage der Urheberschaft dieser Bombe nicht geklärt. Mit dem Tode 'Assams endete die formative Phase der neuen Theologie des Dschihad.

Seine Bedeutung für die Formierung, Propagierung und Organisation der modernen dschihadistischen Bewegungen ist nicht zu unterschätzen. Es wird berichtet, dass selbst das bloße Anschauen eines Videos von 'Assam ausreichte, um Personen zum Dschihad zu mobilisieren (Bergen 2001: 72f.).

Kommen wir aber jetzt zu 'Assams Theorien! 'Assams wichtigster Beitrag zur Theologie des Dschihad ist die Begründung des defensiven Charakters des afghanischen Dschihad[3], der es zu einer individuellen Glaubenspflicht für jeden Gläubigen mache, diesen Kampf zu unterstützen oder sich daran zu beteiligen. Damit wendet er sich gegen Gelehrte, die dies lediglich als kollektive Glaubenspflicht sehen (s. o.). Der Dschihad wird allerdings von 'Assam nicht als beendet betrachtet, sollte die Invasion Afghanistan beendet sein. Jedes besetzte muslimische Land gelte es zu befreien, sogar seit Jahrhunderten nicht mehr muslimisch beherrschte Länder wie das ehemals muslimische Spanien. Dabei ist für 'Assam weiterhin bei aller Internationalität die Befreiung Palästinas eines der wichtigsten Ziele. Es sollen hier allerdings nicht die Schriften, mit denen dieses Dschihadkonzept begründet wird, im Vordergrund stehen. Einige andere Abhandlungen aus dem umfangreichen Korpus der Schriften 'Assams werden betrachtet, um Strukturen des von ihm gepflegten Diskurses zu beleuchten.

'Assam vertritt die Meinung, dass alle sunnitischen Rechtsschulen die Auffassung teilen, Dschihad sei der Kampf (*qitāl*) und Hilfe im Kampf (*al-ʿaun fīhī*).[4] Dadurch wird seine Interpretation dem möglichen Streit voneinander abweichender Rechtsschulen enthoben. Im Prinzip sieht 'Assam zwar die Möglichkeit vor, die von ihm und anderen vertretenen Positionen, die für ihn gleichbedeutend mit ‚dem Islam' sind, friedlich zu verbreiten, wenn ihnen kein Hindernis in den Weg gelegt wird. Angesichts der Widerstände, die sich dieser von Gott auferlegten Pflicht seitens der Machthaber, der Reichen u. a. in den Weg stellten, sei es aber eine Notwendigkeit (*ḍarūra*), zu töten und zu kämpfen.[5]

Die Realisierung theologischer Desiderate wie die Annäherung an die Einsheit Gottes, den *tauhid* (s. u.), erfolgt in 'Assams Theologie allein durch die praktische, militärische, kämpferische Aktion, durch „die Bekräftigung des *tauhid* auf Erden mit dem Schwert." Sie geschehe nicht durch „die Lektüre von Büchern und nicht durch das Studium der Bücher über die Glaubenslehre (*ʿaqīda*)".[6] Dies gleiche auch mögliche Glaubensdefizite aus, die insbesondere den afghanischen Mudschahidin vorgeworfen würden.[7] Es geht um eine praktische Theologie, die Umsetzung eines „praktischen *tauhid*“ (*tauḥīd ʿamalī*).[8] Es gibt, kurzum, keinen *tauhid* ohne Schwert.[9]

Betrachten wir einen explizit der Erklärung gewidmeten Text.[10] Die dort gegebenen Definitionen verweisen zuerst einmal nicht auf die Begründung des Dschihad als Defensivhandlung. Der Dschihad wird kurz als eine der herausragenden und vorzüglichsten Glaubenspflichten definiert. Denen, die den Dschihad führen, den Mudschahidin, werde eine Belohnung zuteil, wie sie keinen anderen Gläubigen zustehe. Grundlegende Voraussetzung ist allerdings die rechte Intention (*nīya*), die reine (*ḫāliṣ*) Absicht, die hinter einer Handlung steht. Handlungen (und damit auch der *ǧihād*) müssen außerdem mit der „ehrwürdigen Tradition“ (*as-sunna aš-šarīfa*) in Übereinstimmung stehen.

Nur diejenigen, die in reiner Absicht als Glaubenszeugen sterben, werden am Tag der Auferstehung die entsprechende Belohnung erhalten. Ist die Reinheit der Absicht aber getrübt, so zieht dies eine Strafe nach sich.

Ein zentraler Punkt der kriegsrechtlichen Diskussion im islamischen Recht ist die Frage, wer befugt ist, den Krieg im Sinne des Dschihad zu erklären. Die Mehrheitsmeinung der Rechtsgelehrten, die auch ʻAssam zitiert, besagt, dass die Erklärung des Dschihad Aufgabe des Imams sei, des Befehlshabers der Gläubigen (*amīr al-muʾminīn*); ein von den Kalifen benutzter Titel, mit dem zuerst ʻUmar ibn al-Chattab angeredet wurde (Nagel 1981: 91). In allen anderen Fällen sei sie verboten. Allerdings, so ʻAssam, gebe es Ausnahmen. Zu diesen Ausnahmen zählt die Abwesenheit des Imams. Dann könnten die Religionsgelehrten (*ʿulamāʾ*) die Stelle des Imams oder mit Autorität begabte Anführer (*ruʾasāʾ*) einnehmen. Der „Anführer der islamischen Bewegung“ (*amīr al-ḥaraka al-islāmīya*), die Respekt heischenden Religionsgelehrten und andere Respektspersonen seien diejenigen, die in einer Zeit die Führung der Gemeinschaft übernehmen könnten, in der es keinen Imam oder Kalifen gebe. Insbesondere gehöre zu den Aufgaben des Imams die Führung eines Heeres gegen die Länder der Ungläubigen ein- oder zweimal im Jahr. So defensiv erscheint ʻAssams Position an dieser Stelle nicht mehr.

Eine für die Dschihadtheorie wichtige Frage ist die Definition des Gebietes, in dem die Kriegsführung legitim ist. In seiner Betrachtung neuerer und älterer islamischer Literatur stellt ʻAssam einmal eine Dreiteilung in die *dar al-islam* (das Gebiet des Islam), die *dar al-harb* (das Gebiet des Krieges) und die *dar al-ʿahd* (das Gebiet des Vertrages) fest. Letzteres sei allerdings nach Meinung der Mehrheit der Religionsgelehrten zur *dar al-islam* zu rechnen, da die Bewohner dieses Gebietes sich durch Vertrag mit dem Gebiet des Islam verbunden hätten. Unter dem Gesichtspunkt des Kampfes (*qitāl*) sei aber „die Aufteilung der Welt in zwei Gebiete" (*inqisām ad-dunyā ilā dārain*) bedeutsam: die *dar al-islam* (das Gebiet des Islam) und die *dar al-harb* (das Gebiet des Krieges).

Zentraler Aspekt, unter dem ein Gebiet als der *dar al-islam* zugehörig betrachtet werden kann, ist die Anwendung der Schari'a unter der Herrschaft von Muslimen; sollte die Schari'a nicht mehr angewandt werden, könne ein Gebiet nicht mehr zur *dar al-islam* gerechnet werden.[11] Insbesondere die Anwendung positiven Rechts wird als eines der zusätzlichen Kriterien genannt, um ein Gebiet als nicht mehr zum Islam gehörig zu klassifizieren. Im Hintergrund steht die Frage, ob nominell muslimische Staaten noch zur *dar al-islam* zu rechnen sind oder nicht.

'Assam geht dann zur Diskussion der Frage über, ob Afghanistan bzw. Kabul als *dar al-islam* oder als *dar al-harb* zu bezeichnen sei. Von afghanischen *'ulama'* würden beide Auffassungen vertreten. Als seine („unsere") Auffassung nennt 'Assam, dass Afghanistan sowohl Elemente des Gebietes des Islam als auch solche des Gebietes des Krieges aufweise. Diese doppelte Bestimmung heißt, dass – obwohl Afghanistan unter der Herrschaft einer nichtislamischen Regierung steht – die Regeln der Schari'a zu beachten sind, was durch eine Vielzahl von Hadithen belegt wird. Damit ist die Einführung der Herrschaft der Schari'a nicht auf einen zukünftigen Tag des Sieges der afghanischen Mudschahidin und ihrer arabischen Verbündeten zu verschieben.

Die Imperative des islamischen Rechts gelten auch außerhalb des Gebietes des Islam, hier schließt sich 'Assam einer bestimmten Auffassung innerhalb der hanafitischen Rechtsschule an, denn „das Verbotene (*ḥarām*) ist an jedem Orte verboten. Weder ein Unterschied im Orte noch im Gebiet macht es erlaubt." Impliziert wird eine Kritik an Handlungen, die zwar im *dar al-islam* verboten sind, nach einer anderen Auffassung – z. B. der hanafitischen Rechtsschule – aber im *dar al-harb* praktiziert werden könnten. Es ist nicht möglich, sich den Anforderungen der Schari'a zu entziehen. Vollziehen Muslime dennoch solche Akte, begeben sie sich in den Grenzbereich zum Unglauben. Gehören sie zu den Regierenden eines Landes, bewegt sich das von ihnen beherrschte Land in Richtung *dar al-harb*.

Es sei nun Pflicht jedes Muslim, sich in das Gebiet des Islam zu begeben[12], also in Anlehnung an das Vorbild des Propheten die Hidschra zu vollziehen[13], insbesondere wenn er über die notwendigen Fachkenntnisse verfüge. Eine besondere verpflichtende Art der Hidschra, die bis zum Jüngsten Tage (*yaum al-qiyāma*) nicht aufgehoben werde, sei die Hidschra zum Zwecke des Dschihad. Damit mündet die scheinbar zuerst akademische, mit höchst gelehrtem Aufwande betriebene Definition der Charakteristika verschiedener Kategorien von Gebieten in die Aufforderung der Mobilisierung zum Dschihad, eine Mobilisierung, die transnational gedacht wird, denn „die *dār al-islām* ist das ideelle Heimatland jedes Muslim und nicht irgendein genau begrenzter Flecken Erde".

Ist nur ein Teil der *dar al-islam* in die Hände der Ungläubigen gefallen, so obliegt es den Muslimen, die zu diesem Zeitpunkt leben, diesen Teil dem Gebiet des Islam wieder zurückzugeben. Solange dies nicht geschehen ist, sind sie im Zustand der Sünde (*iṯm*). Dies gilt auch für weit zurückliegende Vorfälle: „Die Muslime sind alle Sünder (*āṯimūn*), solange sie nicht al-Andalus wieder den Händen der Ungläubigen entreißen." Die Pflicht zur Mobilisierung wird durch diese Bedrohung, der Sünde verfallen zu sein, um etliches intensiviert.

'Assam diskutiert dann verschiedene kriegsrechtliche Fragen, die hier nicht von Interesse sind. Hervorgehoben werden muss die von ihm bei diesen Fragen demonstrierte Kenntnis der älteren islamischen Literatur, die ihm hilft, symbolisches Kapital zur Legitimierung seines Führungsanspruches im Feld der Auseinandersetzung um die Definition dessen, was in der Gegenwart als islamisch anzusehen ist, zu akkumulieren (s. u.).

Wir sprechen nicht über die neue Theologie des Dschihad (Lohlker 2006b) als Teil der Religion des Islam[14] – im Übrigen ist der Begriff der Theologie im islamischen Kontext weit umfassender als der europäische Begriff (s. Winter 2008). Wir sprechen eher über bestimmte soziale Praktiken, durch die die sozialen Bewegungen dschihadistischer Prägung produziert werden, Praktiken, durch die den theologischen bzw. theoretischen Sprachspielen solcher Bewegungen Autorität verliehen wird. Umgekehrt verleihen diese Sprachspiele den Praktiken symbolisches Kapital, das sich in soziales Kapital umsetzen lässt, das die dschihadistischen Bewegungen in der Auseinandersetzung um das Recht einsetzen können, um zu bestimmen, was islamisch ist. Die Beiträge, die wir in diesem Kapitel betrachten, zeigen uns, was eingesetzt wird, um die dschihadistische Deutung des Islam als einzig wahre zu etablieren.

Wir sprechen also von Konzepten, die spezifischer historischer Bedingungen bedürfen, damit sie wirksam werden. Die historischen Wandlungen der Idee des Dschihad haben wir bereits verfolgt. Die Konzepte, mit denen wir uns jetzt beschäftigen, sind ebenfalls älteren Datums, werden aber von den Dschihadis in anderer Weise verwendet, als sie von anderen Muslimen – insbesondere von der gelehrten Tradition – verwendet werden. Nun geht es um die aktuelle Gedankenwelt von Dschihadis und darin enthaltene zentrale Konzepte. Diskussionen über ‚den Islam' helfen hier nicht weiter, da wir es nicht mit einem aus ‚dem Islam' erklärbaren Phänomen zu tun haben.

Eine ganze Reihe von Büchern wird als zentral für die Entwicklung der dschihadistischen Theorie angesehen. Eine Liste, die wir der arabischen Tageszeitung *aš-Šarq al-Ausaṭ* entnehmen[15], führt auf: *Wegzeichen* (*Maʿālim fi 'ṭ-ṭarīq*) von Saijid Kutb, *Die vergessene Pflicht* (*al-Farīḍa al-ġāʾiba*) von 'Abdassalam Farag, *Sendschreiben* (*Rasāʾil*) von Dschuhaiman al-'Utaibi, *Ritter unter der Fahne des Propheten* (*Fursān taḥta rāyat an-nabī*) von Aiman as-Sawahiri, *Unterstützung zur Vorbereitung der Ausrüstung* (*al-ʿUmda fī iʿdād al-ʿudda*) von 'Abdalkadir 'Abdal'asis (auch Saijid Imam, Dr. Fadl), *Syrische Erfahrung* (*at-Taǧriba as-sūrīya*) von Abu Mus'ab as-Suri, *Religion Abrahams* (*Millat Ibrāhīm*) und *Deutliche Enthüllungen darüber, dass der saudische Staat für ungläubig erklärt werden muss* (*al-Kawāšif al-ǧālīya fī takfīr ad-daula as-saʿūdīya*) von Abu Muhammad al-Makdisi. Es gibt auch andere Listen von Literaturempfehlungen für Dschihadis. Aus einigen dieser Werke werden wir im Folgenden Auszüge kennen lernen.

Nachdem wir bereits von 'Assams Denken etwas erfahren haben: Wie können wir einen allgemeineren Begriff für das dschihadistische Denken finden? „Das Grundprinzip der Doktrin ist die Übereinstimmung von Wissenschaft und Prophetenwort. [...] Jedes Verstehen ist streng positivistisch, und die Offenbarung somit streng wissenschaftlich. Diese Tendenz zieht Fanatiker und Doktrinäre an, jene, für die ‚die Mutter des Buches' seit aller Zeit die Geschichte der Welt enthält, und wenn deren Verlauf dem gemeinen Menschenverstand undurchsichtig erscheint, so ist das nur die Frucht unvorsehbarer Umstände und der Unfähigkeit des Menschen, sein Herz der Klarheit der Zeichen zu öffnen, den leuchtenden Wegmarken der Botschaft des Heils." (Tengour 2004: 25)

Nehmen wir Habib Tengours Gedanken auf, können wir sagen, dass das theoretische Denken der dschihadistischen Strömung sich theologischer Begriffe bedient, um ihre politischen Vorhaben zu formulieren. In ihrer positivistischen Aneignung der islamischen Tradition entfernt sie sich allerdings von der Flexibilität und Entwicklungsfähigkeit dieser Überlieferung, reduziert die Komplexität nicht modernen islamischen Denkens – eine Reduktion, die einen modernen Charakter hat (vgl. Feyerabend 2005). Auch hier können wir also einen Bruch feststellen. Diesmal auf ideengeschichtlicher Ebene. Vielleicht können wir an dieser Stelle davon sprechen, dass zentrale Begriffe islamischen religiösen Denkens politisch werden.[16] Damit brechen sie allerdings mit der Tradition, die sie – wie bereits oben gezeigt – als Kostüm benutzen. Einzelne Konzepte sind von besonderer Bedeutung für das dschihadistische Denken.

Al-wala' wa'l-bara'

Die Doktrin des *al-walāʾ wa 'l-barāʾ* bzw. die Konzepte der *walaja* (*walāya*) und *bara'a* (*barāʾa*), der Assoziation und Dissoziation, hat ihre Wurzeln in der islamischen Tradition. Die Minderheit der Ibaditen, die jetzt hauptsächlich im Oman und in Nordafrika vertreten ist (s. Lohlker 2008: 137f.), hat schon im 9. Jahrhundert chr. Z. diese Doktrin benutzt, um den Zusammenhalt der Gruppe zu sichern. Die *walaja*, die Assoziation, war verpflichtend gegenüber 1) den Gläubigen im Allgemeinen, 2) denjenigen, die im Koran gelobt werden, 3) einem rechtschaffenen Imam[17], 4) Individuen, die die Vorschriften der Religion in zufrieden stellender Weise erfüllen. All diesen konnte man nahe sein.

Die *bara'a*, die Dissoziation, war Pflicht gegenüber 1) den Ungläubigen im Allgemeinen[18], 2) denjenigen, die im Koran übel beleumundet werden, 3) einem ungerechten Imam (Francesca 1999). Diese Doktrin können wir in diesem historischen Stadium als Abgrenzungsmechanismus einer Minderheit gegenüber der muslimischen Mehrheit verstehen.[19]

Das Konzept des *al-wala' wa'l-bara'* ist vermutlich über Theoretisierungen Dschuhaiman al-'Utaibis im dschihadistischen Denken präsenter geworden, der seinerseits an extreme Wahhabiten des 19. Jahrhunderts anknüpfen konnte (s. o.). Abu Muhammad al-Makdisi hat dieses Konzept weiterentwickelt, das inzwischen zentral für das dschihadistische *imaginaire* geworden ist. Unter muslimischen Minderheiten kann dies zu Abgrenzungen führen, die jegliche Ausbildung in Institutionen der Mehrheitsgesellschaft als Gefährdung islamischer Identität konstruieren (Lohlker 2002).

Prägnant hat Jarrett Brachman (2008: 47) den Gehalt der dschihadistischen Konzeption des *al-wala' wa'l-bara'* zusammengefasst: „Lieben und Hassen um Gottes willen“. Der erste Teil des Begriffes, *al-wala'*, bezieht sich nicht nur auf die Glaubenslehren und Lebenspraxis; die Personen, mit denen ein Muslim im dschihadistischen Sinne Umgang haben kann, sind gemeint. Sind sie ‚wahre‘ Muslime in diesem Sinne, ist es verpflichtend, ihnen gegenüber loyal zu sein, sie zu lieben und mit ihnen Umgang zu pflegen.

Der zweite Teil des Begriffes, *al-bara'*, bezieht sich wiederum insbesondere auf Personen, mit denen ein ‚wahrer‘ Muslim nicht Umgang pflegen oder gar Freundschaft schließen sollte. Alle Nichtgläubigen, die nicht an die dschihadistische Lesart des Islam glauben, anderen Religionen oder säkularen Ideologien zuneigen, sind zu meiden. Von ihnen gilt es, sich zu dissoziieren. Auch Muslime, die sich durch nichtmuslimische

Sitten ‚infiziert' zeigen, zählen zu der Gruppe, von der man sich dissoziieren muss. Es gibt eine ganze Reihe von Indikatoren, die für Dschihadisten anzeigen, dass dies auf einen Muslim zutrifft:

a) Nichtmuslime im Essen, in der Kleidung, in der Sprache oder im moralischen Verhalten zu imitieren, heißt etwas zu lieben, das nicht islamisch ist, und ist damit gegen Gott gerichtet.
b) In nichtmuslimischen Gebieten zu leben und nicht sobald als möglich in muslimische Länder zurückzukehren, macht einen Muslim potenziell verwundbar und ist damit abzulehnen.
c) Nichtmuslimen in irgendeiner Weise zu helfen, die Muslime beeinträchtigt. Dazu reicht es schon, in Worten die Ehre von Ungläubigen zu verteidigen.
d) Hilfe oder Zuneigung bei Nichtmuslimen zu suchen.
e) Die Feiertage oder Feste der Nichtmuslime zu beachten, ihnen zu gratulieren.
f) Um Vergebung für Nichtmuslime zu bitten, für sie zu beten oder Mitgefühl zu haben (Brachman 2008: 48).

Deutlich wird, dass es um eine Minimierung des Kontaktes zu Einflüssen geht, die die mühsam gefundene dschihadistische Identität gefährden.

Das Konzept des *al-walāʾ wa ʿl-barāʾ* ist auch in der aktuellen dschihadistischen Propaganda immer präsent. Doku ʿUmarov[20], Anführer der Mudschahidin in Tschetschenien, bezeichnet so in einer Erklärung *al-walāʾ wa ʿl-barāʾ* als „eine der wichtigsten Pflichten im Islam, die Liebe (*ḥubb*) und die Abneigung (karh)". Im Anschluss an diese Aussage kritisiert er einige Personen, die „nicht der Meinung sind, dass die Ungläubigen (*kuffār*) schmutzig (*naǧas*) sind, ja, mehr noch, sie streben danach, ihre Freundschaft und Anerkennung zu erlangen".[21]

Al-walāʾ wa ʿl-barāʾ ist also ein wichtiges theoretisches Instrument, um die dschihadistische Strömung von anderen Strömungen der muslimischen und nicht muslimischen Welt abzuschließen.

Takfir

Takfir (*takfīr*) bedeutet zuerst einmal, jemanden zum Abtrünnigen vom Glauben zu erklären. Auch für diese Praxis finden wir historische Beispiele, die wir hier nicht weiter verfolgen können. Die Frage, wann ein zumindest nominell Gläubiger nicht mehr als Mitglied der islamischen Gemeinschaft angesehen werden kann, ist ein zentrales Thema bereits der frühen islamischen Theologie (Nagel 1994; Winter 2008). Der sunnitische Mainstream vermeidet es, einen Muslim zum Ungläubigen zu erklären. Aus diesem Grunde ist der *takfir* ein problematisches Konzept für die Dschihadis. Wenn die gesamte islamische Gemeinschaft für ungläubig erklärt wird, wie es in Anschluss an Saijid Kutbs Konzept der *dschahilija* geschieht, zieht dies notwendigerweise nach sich, dass auch die Individuen für ungläubig erklärt werden, die ihr angehören. Dies findet seinen Ausdruck in Selbstbezeichnungen von dschihadistischen Gruppen wie der ägyptischen Gruppe *at-Takfir wa 'l-hidschra*: „das für ungläubig erklären und der Rückzug [aus der ungläubigen Gesellschaft]".

Dschihadistische Theoretiker versuchen, feine Unterscheidungen zu machen. Während es keine Probleme gibt, Anhänger anderer Religionen für ungläubig zu erklären, ja dies sogar als Pflicht gesehen wird, wird bei Gläubigen, die den Vorschriften der Religion im dschihadistischen Sinne nicht zu gehorchen scheinen, differenzierter argumentiert. So kann zwischen einzelnen Handlungen, die als ungläubig angesehen werden, und der Person unterschieden werden, die erst nach genauer Prüfung dem *takfir* unterliegen kann. Es wird auch befürwortet, statt des Aussprechens des *takfir* die *bara'a* (s. o.) zu üben, also sich zu dissoziieren.

Zwölferschiiten werden viel schneller für ungläubig erklärt als Sunniten; dies haben fatale Folgen im Irak gezeigt.

Allerdings ist die exzessive Praxis des *takfir* nicht unkritisiert geblieben. Diese Kritik hat bewirkt, dass Dschihadisten sich gezwungen fühlen, ihre Praxis des *takfir* zu verteidigen. In einem Artikel der Zeitschrift *Dschannat* (*Ǧannāt*) wird argumentiert, dass die Bezeichnung *takfiri* ein Instrument der „Feinde des Islam" sei, um den Einfluss der Dschihadisten in der muslimischen Gemeinschaft zu schmälern. Dagegen führt der Autor eine Reihe von Koranversen an, in denen vom *takfir* die Rede ist. Daraus wird konstruiert, dass die „Juden, Christen und diejenigen, die ihre Freundschaft suchen", eindeutig als Ungläubige zu klassifizieren seien. Auch werde die abwertende Benutzung des Begriffes *takfir* zum Guten für die Dschihadisten ausschlagen.[22]

Bai'a

Die Huldigung (*baiʿa*) ist ein altehrwürdiges Konzept, das auf die Frühzeit der islamischen Gemeinschaften zurückgeht. Bereits dem Propheten wurde von den späteren medinensischen ‚Helfern' bei ihrer Aufforderung an ihn, nach Medina überzusiedeln, gehuldigt. Dieses Ereignis ist als die *bai'at al-'Akaba* bekannt. Wohl nach diesem Muster finden wir durch die islamische Geschichte hindurch bis in die Gegenwart hinein Huldigungen an den Herrscher, die unter den Begriff der *bai'a* gefasst wurden. Nach prophetischem Vorbild wurde auch von Sufis ihrem Scheich, dem spirituellen Führer, gehuldigt (Chittick 2005: 28).

Für die dschihadistischen Bewegungen bedeutet *bai'a* die Unterwerfung unter den Befehl eines Anführers, meistens *amir* (Emir) genannt. Es kann diese Funktion immer nur von einer Person wahrgenommen werden, was z. B. im algerischen Falle zu Spaltungen innerhalb der GIA geführt hat. Der Emir dient der fragmentierten Identität der Dschihadis als Vereinigungs- und Ankerpunkt, ohne den die Bruchlosigkeit des dschihadistischen Körperpanzers (s. u.) sich als Fiktion erweist und zerbrechen kann. Der Dschihadi droht, ohne einen Emir in ein ‚schwarzes Loch' zu fallen und sich aufzulösen. „Ein *mujahid*, sei er Kommandeur oder ein einfaches Mitglied [...] ist von Gott gesegnet und himmlische Hilfe ist bei ihm. Durch seinen Gehorsam dem *amir* gegenüber gewährt Gott ihm den Aufstieg zu den Ebenen der Existenz, die weit jenseits jeder Vorstellungskraft sind. Sobald sein Gehorsam dem Amir gegenüber aber schwach wird, beginnt sofort der Absturz des *mujahids*, der nicht für ihn selber vernichtend ist, sondern auch für die ganze islamische Gemeinschaft und die Welt insgesamt." (Lohlker 2002: 520) Der Kern der Dschihadis in Afghanistan verpflichtete sich durch eine schriftliche Huldigung Usama bin Ladin als Anführer.

Tauhid

Die Einheit, ja: Einsheit Gottes ist eines der wichtigen Probleme des islamischen Denkens. Es hat eine Vielfalt von Lösungsmöglichkeiten gegeben, die wir nicht verfolgen können (s. Nagel 1994; Winter 2008). Die dschihadistische Vorstellung des *tauhid* umfasst mehrere Sphären. Als ‚Einheit der Gläubigen' bedeutet es die Transzendierung der innermuslimischen Unterschiede zur Herstellung einer Einheit gegen die Feinde. Als ‚Einheit im Glauben' bedeutet es, sogenannte Neuerungen zu vermeiden und zu den Grundlagen des Glaubens zurückzukehren – im dschihadistischen Sinne. Die ‚Einheit der Verehrung' bedeutet, dass ein wirklich islamisches Leben nur in vollständiger Übereinstimmung mit der Scharia zu führen sei, deren Bestimmungen es einzuhalten gelte (Brachman 2008: 44f.). Hier finden wir deutlich die ethische Komponente der dschihadistischen Bewegungen. Ein Leben in demokratischen Staaten ist somit nicht akzeptabel.

Der *tauhid* ist vielleicht *das* zentrale Konzept der dschihadistischen Strömung, um das sich die Einheitlichkeit der Bewegung und der Individuen konstruiert.

Westen

Der Westen wird im dschihadistischen Denken zum Inbegriff des Bösen. Als Quelle moralischer Verkommenheit wie als Ursache für die Unterdrückung und Rückständigkeit der muslimischen Welt kann er nur den Gegenpol zur ideal gedachten *umma* bilden. Er ist aber nicht nur eine Kraft des Bösen; der Westen ist zugleich verführerisch und bedroht die Einheit der *umma* und die durch diese Einheit der Gemeinschaft garantierte psychische Einheit des Dschihadis.

Wie haben wir diese Beschreibung „des Westens" zu verstehen? Handelt es sich um simple Feinderklärungen, die sich nicht unbedingt auf eine reale Wahrnehmung Europas oder der USA stützen müssen? Oder haben wir es generell mit der Identitätsbildung in der Moderne zu tun, die auch ethnische, nationale, rassistische oder andere Formen annehmen kann?

Wenn wir von der Unmöglichkeit ausgehen, eine eigene Identität positiv zu formulieren, ohne sich zugleich negativ auf einen Andern zu beziehen, was sich nicht im Feld der Differenzen, sondern nur als radikaler Antagonismus in Form des Phantasmas manifestieren kann, können wir in Anlehnung an Žižek (und Lacan) davon sprechen, dass als Realisierung des traumatischen Kerns der Unmöglichkeit voller Identität agiert. „Der Westen" ist ein inneres Szenario, dass die innere Selbst-Blockierung des – dschihadistischen – Subjektes versucht aufzulösen. „Der Westen" fungiert also als eine Art phantasmatisches Objekt, „als notfallartige Symbolisierung eines traumatischen Realen durch Bilder, die dieses Reale erträglich machen, indem sie zum Beispiel diese Erfahrung der inneren Unmöglichkeit nach außen verlagern, auf einen Andern projizieren." (Sarasin 2001: 40)

Der Dschihadist „empfindet seinen eigenen ‚Mangel an Sein', die Brüchigkeit seiner eigenen ‚Identität'[23] aus jeweils individuellen Gründen schärfer als andere, und er lebt im Umfeld von Diskursen, die dieses spezifische Phantasma als ‚Lösung', als Symbolisierung des Antagonismus anbieten." (Sarasin 2001: 41) Dieses Phantasma ist wirkmächtig, konkret in der Praxis und ohne diese nicht zu denken, also kein Phantasiegebilde. Einige der Elemente dieser Diskurse haben wir bereits kennen gelernt, wichtig sind aber weitere Diskursstränge.

Reinheit

Reinheit, die Idee der Konstruktion einer reinen Gemeinschaft, ist im dschihadistischen Kontext nicht etwas, das dschihadistischer Gewalt vorausgeht, ihr Ursprung ist. Die Idee der Reinheit spielt in der Konstruktion der Rechtfertigung sich bereits vollziehender gewaltsamer Aktionen eine wichtige Rolle. Die Idee der Reinheit kondensiert sich in diesen Aktionen (vgl. Verkaaik 2004: 193ff.). Die Reinheit der Absichten der kämpfenden Gemeinschaften wird im Kampf spürbar, der nicht immer gewaltsam sein muss, auch Propaganda und andere Aktivitäten umfassen kann.

Die Anschlussmöglichkeiten zum Konzept der rituellen Reinheit (*ṭahāra*) zur männlichen Angst um die eigene, brüchige Identität (s. o.) und den modernen Phantasmen reiner ethnischer oder nationaler Gemeinschaften (s. u.) machen die Reinheit zu einem zentralen Element der dschihadistischen Gedankenwelt.

Träume

Eine wichtige Rolle in der Vorstellungswelt von Dschihadis spielen Träume. Vor der bereits erwähnten Besetzung der Großen Moschee in Mekka hatte eine große Anzahl von Mitgliedern der Organisation um Dschuhaiman al-'Utaibi einen nahezu identischen Traum, der eine wichtige Rolle dabei spielen sollte, die Operation in Mekka zu legitimieren. In diesem Traum erschien Muhammad 'Abdallah, der proklamierte Mahdi. Er stand neben der Kaaba in der Großen Moschee von Mekka unter einer großen Menge von Gläubigen und nahm die Huldigung als gesegneter Mahdi entgegen. Selbst Militante aus dem Libanon, die Muhammad 'Abdallah nie gesehen hatten, behaupteten, dies geträumt zu haben (Trofimov 2008: 50).

Auch im Vorfeld der Ereignisse vom 11. September 2001 spielen Träume eine Rolle. In einem Video über diese Ereignisse erzählt Usama bin Ladin, Abu al-Hassan al-Masri „erzählte mir vor einem Jahr: ‚Ich sah in einem Traum uns Fußball gegen die Amerikaner spielen. Als unsere Mannschaft auf das Feld lief, waren es alle Piloten.' Er sagte: ‚Ich fragte mich, ob es ein Fußball oder ein Pilotenspiel ist? Unsere Spieler waren ja Piloten.' Er wusste nichts über die Operation, bis er davon im Radio hörte. Er erzählte, dass das Spiel weiterging und wir gewannen. Das war ein gutes Omen für uns."[24] In einem anderen Traum, auch von Usama bin Ladin erzählt, geht es ebenfalls um diese Ereignisse: „Wir waren im

Lager der Wachen eines der Brüder in Kandahar. [...] Er kam näher und erzählte mir, dass er – in einem Traum – ein großes Gebäude in Amerika sah [...] Da war ich besorgt, dass das Geheimnis bekannt würde, wenn es alle in ihren Träumen sehen. So schnitt ich die Sache ab. Ich sagte ihm, wenn er einen anderen Traum habe, solle er es niemandem erzählen [...]"[25]

Träume sind auch immer ein Thema in dschihadistischen Online-Foren. Haben wir es bei diesen Träumen mit einem Beweis für die Irrationalität der Dschihadis zu tun? Einen Beleg für eine Irrationalität, die vormodernen Vorlieben für Traumgesichte geschuldet ist? Oder eine Unfähigkeit, Realität und Fiktion zu trennen? Angemessener scheint es, darin einen Ausdruck dafür zu sehen, dass unter den Bedingungen einer sich globalisierenden Welt die Zukunft nicht erkennbar ist – auch nicht für Dschihadis. Zudem entpuppt sich die Vorstellungswelt der Dschihadis in diesen Träumen als ein vom Medienspektakel bestimmtes Imaginäres. Dieses Imaginäre bringt kein politisches Projekt hervor, keine „Wahl zwischen konfligierenden Alternativen" (Mouffe 2007: 17); imaginiert wird ein Wettkampf, in dem letztlich um die Vorherrschaft auf dem Gebiet des Spektakels gerungen wird – ein Vergleich, der auch bei direkter Rezeption der Ereignisse vom 11. September einem Dschihadi in den Sinn kommt (Zuschauer jubeln wie bei einem Fußballspiel)

Ein Beispiel für die dschihadistische Bilderwelt. Screenshot. 2008

(Devji 2005: 107f.). Der Dschihadismus zeigt sich in diesen Traumsequenzen wiederum als ethisches – nicht als politisches – Unternehmen (Devji 2005).

Wunder

Wundertaten und Wunder (*karāmāt* bzw. *muʿǧizāt*) (Gramlich 1987) von vielerlei Art sind eigentlich die Domäne von Sufischeichs, also Lehrern der islamischen mystischen Wege, bzw. herausragender spiritueller Gestalten. Diese Personengruppen sind als „Gottesfreunde"(*aulija'*) bekannt (Lohlker 2008: 156f.). Wir haben bereits gesehen, dass höchst bereitwillig auch sufische Elemente in die dschihadistische Praxis integriert werden.

'Abdallah 'Assam, der führende Dschihadtheoretiker, hat sogar eine eigene Abhandlung den Wundern gewidmet, die Mudschahidin widerfahren seien: Die Leichname toter Mudschahidin veränderten sich nicht, die Vögel sind mit den Mudschahidin, ein Mudschahidin wird von einem Panzer überrollt, überlebt aber, Kugeln dringen nicht in ihren Körper ein etc. Als Einleitung zu diesem Teil gibt 'Assam Hadithe wieder, die von Wundergeschichten handeln, die den Prophetengenossen, -nachkommen[26] u. a. widerfahren sind.

Eingeleitet wird die englischsprachige Fassung dieser Abhandlung mit Hinweisen auf die Gottesfreunde und die ihnen widerfahrenen Wunder; der Verfasser des englischen Vorwortes nimmt Bezug auf Autoren aus dem indischen Raum, insbesondere aus dem Kontext der Deobandis.

Wenn wir lesen, dass ein getöteter Mudschahid aus dem Grab heraus Wunder vollbracht hat (s. u.), sind wir mitten im Volksglauben islamisch geprägter Kulturen.

Umma

Im Gegensatz zu älteren Vorstellungen über die *umma* als islamische Glaubensgemeinschaft können wir in der Gegenwart Verschiebungen in der Bedeutung des Begriffes feststellen. Vielleicht unter Einfluss der Vorstellung al-Maududis, der den Islam als idealen Staat denkt, der allein unter der Oberherrschaft (*ḥākimīya*) Gottes steht, findet eine solche Veränderung statt. Die Idee der Oberherrschaft Gottes wird von Saijid Kutb übernommen und dadurch popularisiert. Auch in Diskussionen des Mainstreams sunnitischer Gelehrsamkeit wird seit den 1960er Jahren – zum Teil von staatlicher Seite (Ägypten, Saudi-Arabien) forciert – die Idee der *umma* als supranationaler Staat, der einer schari'arechtlichen Begründung bedarf, erkennbar (Schulze 1995).

In diesem Kontext wird die *umma* zur Idealgemeinschaft der dschihadistischen Strömung, die es wie einen Nationalstaat zu verteidigen gilt. Diese *umma* wird zunehmend virtualisiert (Khosrokhavar 2003), in Form der Medienberichterstattung wahrgenommen, der nur Informationen entnommen werden, die als negativ für diese muslimische Gemeinschaft gewertet werden können. Das Endziel dieser dschihadistischen *umma* ist ein allgemeines Kalifat.

Das Entstehen dieses Kalifats wird – zumindest für Teile der dschihadistischen Bewegungen – zudem zur Voraussetzung für den Jüngsten Tag (s. u.).

Die zunehmende Virtualisierung der *umma* geht einher mit der Verschiebung von der immer noch politisch fundierten Zielvorstellung eines al-Maududi hin zu einer ethisch geprägten transnationalen Bewegung, die durch eine ethisch angemessene Lebensführung eine ideal gedachte Vergangenheit reaktualisieren muss. Der Bezug auf eine idealisierte Vergangenheit ist nun mitnichten als rückwärtsgewandter Traditionalismus zu fassen, vielmehr ist es ein Ausweis der Modernität. Die frühislamische Gemeinschaft, in die sich die Dschihadis imaginieren, entspricht den seit dem 18. Jahrhundert weltweit entstehenden Kollektivsubjekten (Lohoff 2008) in Form mehr oder weniger gelingender Nationalstaaten, wie sie auch z. B. in Fichtes Idee einer durch den „deutschen Mann“ Luther hergestellten „Gesamtheit der Nation“ deutscher Art aufscheint. Ein neueres Beispiel ist die Umdeutung der Niederlage auf dem Amselfeld in den Gründungsmoment einer serbischen Nation. All dies impliziert die Suche nach Ursprungsmythen.[27]

Fremdheit

Die Ablehnung des diesseitigen Lebens scheint immer wieder in dschihadistischen Texten auf. Die Ablehnung des Diesseits „impliziert auch eine ‚Fremdheit‘ der Welt gegenüber. In einem Text, der sich auf Schriften des Hanbaliten“ Ibn Kaijim al-Dschausija „stützt, werden diejenigen, die ‚fremd‘ den Verirrungen der anderen Menschen sind, als lobenswert bezeichnet: / ‚Diese lobenswerten Leute werden Fremde genannt, denn sie sind eine kleine Minderheit unter den Menschen. So sind die Muslime Fremde unter den Menschen, die wahren Gläubigen

Fremde unter den Muslimen und die Gelehrten Fremde unter den wahren Gläubigen.‘ / Hier wird auf einen altehrwürdigen islamischen Topos Bezug genommen. Schon der Prophet hat davon gesprochen, dass der Islam als Fremder begonnen habe und wieder zum Fremden werde (Bauer 2001: 99ff.). ‚Fremdsein‘ bezeichnet – daraus abgeleitet – in der islamischen Geschichte einen Zustand der spirituellen ‚Entfremdung‘, der durchaus zu politischem Aktivismus führen kann und eschatologisch aufgeladen ist (Fierro 2002; Nagel 2002).“ (Lohlker 2002)

Die Fremdheit spielt auch in der europäischen Migration eine Rolle. Ein zentraler Begriff, um das Lebensgefühl der ersten Generation muslimischer Migranten aus der Türkei zu verstehen, ist *gurbet*, eben die Fremde (s. Schiffauer 2007: 107ff.).

Zu dieser Fremdheit kommen in der sogenannten zweiten Generation und den ihr nachfolgenden Generationen die Erfahrungen des Alltagsrassismus in europäischen Gesellschaften, die eine erneute Entfremdung bedeuten. Dazu kommt ein häufig medial vermitteltes Bewusstsein dafür, dass die europäischen Staaten international nicht entsprechend den eigenen Maßstäben handeln, woraus dann die Konstruktion einer besonderen Benachteiligung der Muslime resultieren kann. Genauer wird dies im Kapitel über Biographien erörtert.

Klassisches Erbe

Wichtige Faktoren, die den Anspruch der Dschihadis unterstützen, den wahren Islam zu verkörpern, sind Beiträge zu den Fächern des älteren islamischen Wissens wie islamisches Recht, Hadithkunde, Koranauslegung oder sprachwissenschaftliche Überlegungen. Wichtig sind auch Gedichte klassischer Art, die eine Beherrschung des älteren Hocharabisch demonstrieren helfen. Solche Formen der Produktion islamischen Wissens, die älteren Beispielen verpflichtet ist, dienen der Akkumulation eines symbolischen Kapitals, das wiederum auf dem Feld der Auseinandersetzung um islamische Legitimität eingesetzt wird. Gerade die Beschäftigung mit den Feinheiten der islamrechtlichen Betrachtung des Verhaltens der Gläubigen verweist auf den eminent ethischen Charakter der dschihadistischen Strömung.

Durch den Anspruch der dschihadistische Strömung, legitimerweise das Erbe der älteren Tradition anzutreten, wird es auch möglich zu behaupten, dass die eigene Deutung traditionell vorhandener Begriffe die einzig wahre sei – obwohl diese völlig umgedeutet und in ihrem Bedeutungsspektrum verengt werden. Wir haben dies am Beispiel des Dschihad gesehen. Auch ein scheinbar so klarer Begriff wie ‚Paradiesjungfrauen' kann so reformuliert werden (s. u.).

Der Wahrheitsanspruch der Dschihadisten wird auch explizit zur Diskreditierung anderer islamischer Positionen eingesetzt, weil diese *per se* unglaubwürdig sind, da ihre Vertreter nicht an der Praxis im Sinne des Dschihad teilnehmen, die der einzig akzeptable Weg ist, seine Gläubigkeit zu beweisen.

Apokalyptische Vorstellungen

Wir haben bereits darauf hingewiesen, dass bei der Besetzung der Großen Moschee in Mekka die Vorstellung eine wichtige Rolle spielte, der Mahdi, die Erlösergestalt der islamischen Tradition (Cook 2002b und 1996), werde erscheinen. Solch apokalyptische Vorstellungen sind weiterhin in dschihadistischen Zirkeln präsent. Die Bedingungen, unter denen der Mahdi erscheinen wird, werden weiterhin intensiv diskutiert (s. u.). Symbolisiert wird dies u. a. in den häufig zu findenden schwarzen Bannern mit dem Glaubensbekenntnis, das zu den wichtigsten Zeichen dschihadistischer Gruppen zählt (The Combating Terrorism Center 2006: 108).

Auf das Emirat der Taliban setzten dschihadistische Autoren die messianische Hoffnung, dass von dort das weltweite Kalifat begründet werde (s. die Literatur bei Cook 2005: 175f.). In einem kurzen Schauspiel wird Usama bin Ladin zu einer Erlöserfigur, die nach dem Vorbild Abrahams den Götzen Amerika vernichtet und die Muslime von Unterdrückung befreit habe (Cook 2005: 182). Die Niederlage der Taliban wurde so auch zum Zeichen, dass die Rückkehr des Mahdi bevorstehe.

Paradiesjungfrauen

In der von den Attentätern des 11. September hinterlassenen ‚Geistlichen Anleitung' (Kippenberg / Seidensticker 2004) werden die Paradiesjungfrauen, die Huris, mehrfach erwähnt (s. Lohlker 2008: 149ff.). Moez Khalfaoui (2006), dem ich hier zum großen Teil in seinen Beobachtungen folge, hat diesen Umdeutungsprozess sehr gut beschrieben. Der Verfasser der ‚Geistlichen Anleitung' sagt zum Beispiel: „Danach wird der Tag kommen, den du mit Gottes Erlaubnis mit den Paradiesjungfrauen (Huris) im Paradies verbringen wirst." (Kippenberg / Seidensticker 2004: 22) An weiteren Stellen des Textes bezieht der Autor sich indirekt auf die Huris mit ihrem paradiesischen Kontext. Er sagt: „Sei heiter, denn zwischen dir und deiner Hochzeit liegen nur wenige Augenblicke, mit ihnen beginnt das glückselige, gottgefällige Leben!“ (Kippenberg / Seidensticker 2004: 18); „Reinige dein Herz und säubere es von Makeln und vergiss oder ignoriere etwas, dessen Name Welt ist!“ (Kippenberg / Seidensticker 2004: 18)

Grundsätzlich bezieht sich die Art und Weise, in der in der ‚Geistlichen Anleitung‘ von Huris gesprochen wird, auf ältere Vorstellungen über die Paradiesjungfrauen. Das Konzept der Paradiesjungfrauen ist ein fester Bestandteil des islamischen Paradiesbildes. Das Bild der Huris und des Paradieses wird nicht nur im Koran umrissen, insbesondere in der Hadithliteratur und verschiedenen Werken der gelehrten Literatur werden dieser und andere Aspekte des Paradieses weiter ausgemalt (Lohlker / Nowak 2009).

Die Huris sind eine der herausragenden Belohnungen, die die Gläubigen im Paradies erwartet. Sie sind Wesen, die die Männer – ungeduldig – im Paradies erwarten, zugleich aber zurückhaltend sind und einen „züchtigen Blick“ haben: „[...] die Augen (sittsam) niedergeschlagen.“ (Sure 38, *ṣād*, 52) Die Paradiesjungfrauen sagen nichts, außer dem Ausruf „Heil! Heil!“ (Sure 56, *al-waqīʿa*, 26) Khalfaoui fasst es treffend zusammen: „Das Paradies hat sich gleichsam in eine Jungfrau verwandelt.“ (Khalfaoui 2006: 11)

Lesen wir aber die ‚Geistliche Anleitung‘, entdecken wir ein anderes Bild. Im ersten Teil kommt das neue Bild noch nicht vor. Es sind die traditionellen Vorstellungen von Hochzeit und Zusammentreffen, die erwähnt werden. Die Attentäter sollen so „das überflüssige Körperhaar abrasieren und Parfüm anlegen“. (Kippenberg / Seidensticker 2004: 17) Dieses Ritual führt man im Allgemeinen vor der Hochzeit durch, ist aber mit der Idee der Gleichsetzung von Zeugentod und Hochzeit in das Repertoire der Dschihadisten übergegangen.

Lesen wir weiter, finden wir auch noch Folgendes: „[...] Danach wird der Tag kommen, den du mit Gottes Erlaubnis mit den Paradiesjungfrauen im Paradiese verbringen wirst.“ (Kippenberg / Seidensticker 2004: 22) Hier dienen die Paradiesjungfrauen als Belohnung für den Mudschahid; es geht also um die Motivation der Attentäter.

Dann wird aber ein neues Bild der Huris entworfen, in dem sie nicht mehr nur passiv sind. Wir lesen: „Und wisst, dass sich die Paradiesjungfrauen für euch bereits mit ihrem schönsten Schmuck geschmückt haben, und die Paradiesjungfrauen nach euch rufen: ‚O komm herbei, du Freund Gottes. Dabei tragen sie ihre schönste Kleidung.‘“ (Kippenberg / Seidensticker 2004: 24)

Die Verschiebung, die wir hier finden, betrifft die Frauenrolle: Die Paradiesjungfrauen sind jetzt keine Frauen, die schüchtern in Zelten auf ihren Gatten warten. Sie rufen nach Männern. Vergleichen wir dies mit den Jungfrauen, die ein bedeutender sunnitischer Gelehrter wie Abu Hamid al-Ghazali (gest. 1111) imaginiert, wird die Besonderheit deutlich. Bei al-Ghazali verlassen die Huris ihre Wohnungen und Zelte nicht. Ihre Gatten kennen sie nur dem Namen nach. Die Huris der ‚Geistlichen Anleitung' wissen von ihren Männern schon, bevor sie ins Paradies eintreten. Deshalb können sie sie anrufen: „O komm herbei, du Freund Gottes." (Kippenberg / Seidensticker 2004: 24)

„Um diese Männer zu rufen und zu locken, benutzen die Huris ihre Schönheit offensiv, sie verführen aktiv. Verführung ist das genaue Gegenteil von Zurückhaltung. Diese Jungfrauen warten nicht mehr auf ihren Gatten, sie sehen sehr weit nach außen über das Paradies hinaus. Sie sind nicht mehr auf das Paradies beschränkt. Sie sehen, was auf der Erde passiert. Sie suchen diese Männer und motivieren sie, zu ihnen zu kommen. [...] / Die Provokation und Unverschämtheit der aktuellen Version von Paradiesjungfrauen kommt nicht nur durch ihre körperliche Schönheit und ihren Schmuck zum Ausdruck, mit denen sie Männer verführen, sondern vor allem durch die direkte Aufforderung an die [Attentäter] des 11. September, zu ihnen zu kommen. [...] / Die ‚moderne Paradiesjungfrau' aus der ‚Geistlichen Anleitung' ist immer noch das Idealmodell von Schönheit, aber wie moderne Frauen sucht sie ihren Gatten selbst aus und wartet nicht mehr darauf, von anderen verheiratet zu werden. Dies reflektiert einen grundsätzlichen Wandel in heutigen islamischen Gesellschaften. [...] Moderne Attentäter werden demzufolge mit ‚modernen Frauen' geködert, die auch in der Verführung aktiv sind. Solche Frauen sind ihnen aber laut traditioneller Auffassung auf der Erde verboten. Ein Dilemma, das sich nur durch die Projektion dieser Traumfrau in das Paradies hinein auflösen lässt." (Khalfaoui 2006: 13f.)

Betrachten wir aber noch eine andere Phase der dschihadistischen Bewegung! Eine der bekannteren Schriften ‘Assams ist die Abhandlung über „die Liebhaber der Paradiesjungfrauen" (*ʿuššāq al-ḥūr*)[28], in der er biographische Anmerkungen zu getöteten Mudschahidin sammelt. Der Titel der Sammlung verweist auf die zentrale Stellung des Konzeptes der Paradiesjungfrauen im *imaginaire* der neuen salafistisch-jihadistischen Bewegungen. Dieses Konzept der Erzählungen über diese Glaubenszeugen (*šuhadāʾ*) gilt es genauer zu betrachten. In dieser Sammlung heißt es von einem der Mudschahidin, er habe, bevor er fiel, im Traume eine Huri (*ḥūrīya*) gesehen. Er, der von sich selber sagt: „Ich habe noch nie in meinem Leben eine Frau im Traume gesehen!!" Dann schwärmt er weiter von den Schönheiten der Paradiesjungfrau in seinem Traume.

Die Vorstellung der Paradiesjungfrauen (*al-ḥūr al-ʿain*), der Huris, wurzelt in der altarabischen Dichtung, in den dort geschilderten Gastmählern in Weinschenken, die in paradiesische Wunschbilder transformiert wurden (s. Lohlker / Nowak 2009). Die Sinnlichkeit des Paradieses ist nicht nur als rein genitalzentriert zu denken. Sie erfasst alle Sinne (al-Azmeh 1995: 217). Die Diskurse über das Paradies (und auch die über die Hölle) werden durch zwei Prinzipien strukturiert: Genuss, der niemals unerreichbar ist und immer erfüllt wird, und der Ausdruck dieses Genusses in bestimmten Maßeinheiten (umgekehrt die Dauer und Intensität der Qualen der Hölle) (al-Azmeh 1995: 221).

Mit seinen Überlegungen nimmt ʻAssam die in späteren Sammlungen von biographischen Narrativen zu findenden Erzählungen über die Huris vorweg. Wir können dies sehr gut anhand einer Sammlung biographischer Narrative (al-Qaṭarī / al-Madanī 2002) über getötete Afghanistan- bzw. Bosnien- oder Tschetschenien-Mudschahidin entnehmen:

So heißt es über einen Mudschahid, dass er jedesmal, wenn er daran dachte, er könne zu seiner Familie zurückkehren, sagte: „Ich bin nur hier, um zu sterben und von hier ins Paradies (*ǧanna*) einzugehen." (al-Qaṭarī / al-Madanī 2004: 38)[29] Von einem anderen Kämpfer, dessen Name auf eine bahrainische Herkunft verweist, heißt es, als er gestorben sei, sei „das letzte Wort, das er aussprach, gewesen: Es gibt keinen Gott außer Gott und Muḥammad ist sein Prophet. Dann entsprang von ihm einer der Paradiesdüfte [...], der Geruch des Moschus[30], den jeder roch, der bei ihm stand [...]" Von einem dritten Kämpfer wird gesagt, er ziehe „das Jenseits dem Diesseits und dessen Zierat vor [...] und seiner Ehefrau und ihrer europäischen Koketterie [...] erstrebte [...] das Paradies (*ǧanna*) und die Paradiesjungfrauen (*ḥūr*) [...]" (al-Qaṭarī / al-Madanī 2004: 88)

Eine andere Biographie sagt über die Mudschahidin (al-Qaṭarī / al-Madanī 2004: 137): „Sie fanden den schönsten Genuss und die größte Gnade [...] auf dem Wege Gottes; [der Prophet] [...] sagte: ‚Der Dschihad ist eines der Tore des Paradieses. Gott lässt dadurch Kummer und Sorge verfliegen.' Wie er auch im *Sahih*[31] sagte: ‚Wisset, dass das Paradies in dem Schatten der Schwerter liegt.'" An anderer Stelle werden auch Koranverse mit Bezug auf das Paradies (z. B. 2,214 oder 47,4–6) zitiert (al-Qaṭarī / al-Madanī 2004: 149 und 160). Später heißt es über einen Mudschahid: „Als ich fragte, wann wir uns treffen, sagte er: Im Paradies (*ǧanna*), so Gott will.“ Eine weitere Stelle sei noch zitiert: „[...] Gott erbarme sich seiner, erhöhe seinen Rang und lasse ihn wohnen im höchsten Paradiese (*firdaus aʿlā*) [...]“

Kommen wir zu einem anderen, aus Saudi-Arabien stammenden Mudschahid. Nach seinem Aufenthalt in Afghanistan und dem Tode seines Bruders ebenda sei er zu seiner Mutter zurückgekehrt und habe seine Universitätsstudien in der Ostprovinz Saudi-Arabiens bis zu deren Tode fortgesetzt. Seine Mutter lehnte seinen Wunsch, nach Bosnien zu gehen, wiederholt ab. Er war inzwischen verlobt, der Hochzeitstermin bereits festgelegt, „aber Gott lehnte es ab, ihn an jemand anderes als die Paradiesjungfrauen (*al-ḥūr al-ʿain*) zu verheiraten.“ (al-Qaṭarī / al-Madanī 2004: 27; vgl. ebd.: 38)

Ähnliche Fälle sind zu nennen. So heißt es von einem anderen saudischen Mudschahid, auch er habe zuerst in Afghanistan gekämpft. Als er zurückkehrte, erfreute dies die ganze Familie und insbesondere seine Mutter. Auch für ihn wurde eine Hochzeit in die Wege geleitet mit „einer der frommen Töchter Medinas“. Das eheliche Haus war schon bereitet: „Aber Gott wünschte für ihn etwas anderes: Gott wünschte für ihn, dass seine Ehefrau eine der Paradiesjungfrauen (*al-ḥūr al-ʿain*) sei und er einer der Glaubenszeugen beim Herren der Welt [...]“ (al-Qaṭarī / al-Madanī 2004: 64)

Mit dem nächsten Kämpfer kommen wir nach Tschetschenien: „Der Krieg ging zu Ende!!! Er blieb in Tschetschenien, um zu studieren, zu lehren und seinen tschetschenischen Brüdern zu dienen. Er war äußerst begierig, etwas über die Weise der Paradiesjungfrauen (*al-ḥūr al-ʿain*) zu erfahren. Ständig fragte er: O Abu ..., wie ist es mit den Paradiesjungfrauen (*al-ḥūr*) [...] wie ist es mit dem Paradies (*ǧanna*) [...] Nach einem Jahr kehrte er in seine Heimat in der Türkei zurück [...] Er setzte sich dann mit einem seiner Mitmudschahidin in Verbindung und sagte weinend: Was hat mich nur aus Tschetschenien herausgeführt [...] Bei Gott! Das Leben ist nach dem Dschihad nicht mehr zu ertragen. ... und die Front (*ribāṭ*) ... und ... und ... Und er kehrte wieder nach Tschetschenien zurück.“ (al-Qaṭarī / al-Madanī 2004: 78)

Zahlreich sind Gedichte über die einzelnen Personen in der von uns herangezogenen Biographiensammlung.[32] In einem Gedicht in einer Biographie finden wir die Zeile: „verlobt mit den wunderschönen Paradiesjungfrauen (*al-ḥūr al-ḥisān*)“. (al-Qaṭarī / al-Madanī 2004: 205) Die Beispiele ließen sich beliebig vermehren.

Zugrunde liegt den Narrativen der hier gezeigten Paradiesvorstellungen, dass sie im Wesentlichen durch die Paradiesjungfrauen in der oben beschriebenen Form bezeichnet werden. Diese gelten als

Index für ein jenseits der realen Welt befindliches Imaginäres, das von den Unreinheiten und Unklarheiten des Diesseits frei ist. Wir sehen außerdem, dass sich die Dschihadis von realen Frauen – seien sie auch noch so fromm – abwenden und damit vom Diesseits, von der ‚europäischen Koketterie' der realen Ehefrau fliehen.

An diesem Punkt wird die ‚fremde' Gedankenwelt weniger fremd. Ganz parallele Abwendungen, ja ein Verstoßen realer Frauen finden wir in der deutschen Freikorpsliteratur nach dem 1. Weltkrieg: Auch dort finden wir – neben anderen Erscheinungen wie der Bildung von sich immer wieder fragmentierenden Körperpanzern – die Flucht vor der Familie, der Ehe, der Ehefrau (vgl. Theweleit 2000, Bd. 1: 59f.; kritisch Pohl 2004). Daneben können wir in beiden Fällen ein Streben nach relativer Sicherheit im Kontext der Gemeinschaft der Mudschahidin sehen, der imaginierten *umma*, die von einem Emir geführt wird (s. o.), die dem Mudschahid hilft, das Leiden am kaum zu ertragenden normalen Leben zu überwinden und eine einigermaßen gefestigte Ganzheit (Theweleit 2000, Bd. 2: 206) zu erreichen.

Wir können das Verhältnis der Mudschahidin zu Frauen, realen Frauen, mit Theweleit (2000, Bd. 1: 44) so formulieren: „In dem Maße, wie die Frau verschwindet, gewinnt der Mann Kontur." Die Paradiesjungfrauen sind ein Zeichen für ein Paradies, das für den durchschnittlichen Dschihadi nicht wirklich erkennbar wird, ein Zeichen für ein Jenseits, das nichts Genaues bezeichnet.

Text 1: Die dschihadistischen Grundlagen (al-Uṣūl al-ǧihādīya)

Erschienen im Juli 2008; Verfasser: Abu al-Harith al-Ansari; zugänglich über verschiedene Foren; Quelle: Abu 'l-Ḥāriṯ al-Anṣārī (2008a); Uṣūl al-ǧihādīya, o. O. (http://www.tawhed.ws) (CD-Version). Der Text widmet sich drei Fragen: Warum kämpfen wir? Wen bekämpfen wir? Wie kämpfen wir?

Gott, Er ist erhaben, sagt: „Kämpfe nun um Allahs willen! Du hast (dereinst) nur die Last für deine eigenen Handlungen zu tragen. Und feure die Gläubigen (zum Kampf) an! Vielleicht wird Allah die Gewalt derer, die ungläubig sind, (vor euch) zurückhalten (sodass Sie euch nichts anhaben können). Allah verfügt über mehr Gewalt und kann schrecklicher bestrafen (als irgendwer auf der Welt)." (Sure 4, *an-nisā'*, 84)

Widmung

Preis sei Gott,
für die Autoritäten der Religion (*dīn*)[33] und die Anführer des Dschihad ...
für die Ritter der Schlachtfelder, für die Löwen der Wildnis (*luyūṯ al-waġy*)[34] ...
für die, die heiße Kohlen mit Händen greifen (*qābiḍīn ʿalā al-ǧamr*)[35] in der Zeit der Fremdheit (*ġurba*)[36] ...
für die Gefährten des wahren Banners ...
für jeden, der nach der Wahrheit strebt, der das Gute begehrt, der den Befehl Gottes aufrecht hält ...
für die Söhne der siegreichen Gruppe (*aṭ-ṭāʾifa an-nāǧīya*)[37] ...
für den Ritter der dschihadistischen Propaganda Saifaddīn al-Kinānī, Gott, Er ist erhaben, erbarme sich seiner ...
für 'al-Madschd' und seine Gefährten und die ihm vorangingen, der seinen Eid erfüllte in der Karawane des Dschihad und des Strebens nach dem Zeugentod ...
für diejenigen, die die [gesetzte] Zeit erwarten im „Heer des Islam" (*ǧaiš al-islām*) und [es] für nichts eintauschen ... [...]

Warum kämpfen wir?

Zu jeder Handlung gehört notwendigerweise eine Absicht, die ihr vorangeht, und ein Ziel, das man durch sie erreichen will.

Die Leute, die am Kampf beteiligt sind, sind von zweierlei Art:

1) Die Anhänger der diesseitigen Welt und diejenigen, die nach Besitz streben: Sie kämpfen mit aller Hinterhältigkeit und Gier, um ihre Herrschaft zu erhalten und ihren Thron zu bewahren. Sie machen den Kampf (*qitāl*) zum Mittel, um das zu erreichen, was sie wünschen. Gott, Er ist erhaben, sagt zur Beschreibung der Herrscher der Welt: „Sie sagte: Wenn Könige in eine (fremde) Stadt einziehen, geben sie sie dem Verderben preis und versetzen diejenigen von ihren Bewohnern, die mächtig sind, in den Zustand der Unterwürfigkeit. So machen sie es (in der Tat).
Ibn ʿAbbas hat gesagt: ‚Gott hat gesagt: und so handeln sie.' (Sure 27, *an-naml*, 34)[38] [...] Gott, Er ist erhaben und groß, sagt zum Schluss seines Wortes: ‚und so handeln sie.' Man sagt: Das ist die Zusammenfassung seiner Aussage [...]."[39]
2) Diejenigen, die das Jenseits anstreben und nach dem Paradies verlangen. Ihr Streben ist das nach dem Wohlgefallen Gottes. Sie ziehen aufgrund des Befehls Gottes aus in ein Licht Gottes; sie wünschen die Belohnung durch

Gott und fürchten die Bestrafung durch Gott. Das höchste ihrer Ziele ist das Aufpflanzen des Banners des Einheitsbekenntnisses. [...] Sie haben [sich] verkauft für ihren Herrn und er hat ihr Veräußerungsgeschäft Gewinn tragen lassen:

Er, Er ist erhaben, sagt: „Allah hat den Gläubigen ihre Person und ihr Vermögen dafür abgekauft, dass sie das Paradies haben sollen. Nun müssen sie um Allahs willen kämpfen und dabei töten oder (selber) den Tod erleiden. (Dies ist) ein Versprechen, das (einzulösen) ihm obliegt, und (als solches) Wahrheit (so wie es) in der Thora, im Evangelium und im Koran (verzeichnet ist). Und wer würde seine Verpflichtung eher halten als Allah? Freut euch über (diesen) euren Handel, den ihr mit ihm abgeschlossen habt (indem ihr eure Person und euer Vermögen gegen das Paradies eingetauscht habt)! Das ist dann der gewaltige Gewinn." (Sure 9, *at-tauba*, 111) [...]

Deshalb und damit der Mudschahid nicht in die Irre geleitet wird in der Wüste des Verstandes und der Ratio, hat er, Er sei gepriesen, einen Führer für die Gläubigen zum Wohlgefallen Gottes herabgesandt. Er hat sie nicht den Satanen der Menschen und Dschinnen überlassen, dass sie hinweggerissen werden. Er sagt, Er ist erhaben in seiner Größe: „Diejenigen aber, die sich um unseretwillen abmühen, werden wir unsere Wege führen. Allah ist mit denen, die fromm sind." (Sure 29, *al-ʿankabūt*, 69) Ibn Kathir[40] sagte: „Diejenigen, die sich um unseretwillen abmühen", heißt: Der Gottesgesandte, die Segnungen Gottes und sein Heil über ihn, seine Gefährten und die ihm nachfolgende Generation[41] bis zum Jüngsten Tag (*jaum ad-din*). „Werden wir unsere Wege führen" heißt: werden wir unsere Wege leiten, d. h., unsere Pfade im Diesseits und im Jenseits.

Ibn Abi Hatim[42] sagt ...: Es berichtete uns 'Abbas al-Hamadani über das Wort Gottes: „Diejenigen aber, die sich um unseretwillen abmühen, werden wir unsere Wege führen. Allah ist mit denen, die fromm sind.": Er sagte: Diejenigen, die wissen, was sie bereits wissen, rechtleitet er zu dem, was sie nicht wissen. [...]

1) Wir kämpfen, damit das Wort Gottes das Höchste ist

In beiden Sahih-Werken[43] nach Abu Musa, Gott habe Wohlgefallen an ihm. Dieser sagte: „Ein Mann kam zum Propheten, Gott segne ihn und spende ihm Heil, und sagte: Jemand kämpft für Beute, jemand kämpft für den Ruhm, jemand kämpft dafür, dass sein Rang anerkannt wird. [...] Welches davon ist der Weg Gottes?" Der Prophet sagte: „Wer dafür kämpft, dass das Wort Gottes das Höchste ist, der befindet sich auf dem Weg Gottes." [...]

Der Scheich al-Islam[44] Ibn Taimija hat gesagt: „Wenn der Grundsatz für den schari'agemäßen Kampf ist, dass es sich dabei um den Dschihad handelt,

und sein Ziel ist, dass die Religion insgesamt Gottes ist und das Wort Gottes das höchste ist, dann wird derjenige, der das verhindert, bekämpft, nach übereinstimmender Meinung der Muslime."
Ibn 'Uthaimin sagt: „Wisse, dass der Dschihad auf dem Wege Gottes nicht allein der Kampf gegen die Ungläubigen ist. Vielmehr ist der Dschihad auf dem Wege Gottes, Er ist erhaben, der, bei dem der Mensch dafür kämpft, dass nur das Wort Gottes das Höchste ist [...] Wenn jemand zur Verteidigung des Vaterlandes kämpft, nur weil es ein Vaterland ist, dann bewegt er sich nicht auf dem Wege Gottes. Wenn jemand den Dschihad für sein Vaterland führt, weil es ein islamisches Vaterland ist, das dadurch gegen die Ungläubigen geschützt wird, der befindet sich auf dem Wege Gottes [...]"
As-San'ani[45] hat gesagt: „Der Hadith ist ein Zeichen dafür, dass für den Kampf auf dem Wege Gottes die Belohnung dem zusteht, der dafür kämpft, dass das Wort Gottes, das Höchste ist. D. h., dass derjenige, der diese Eigenschaft nicht hat, sich nicht auf dem Wege Gottes befindet." [...]
As-Surkani sagt [...]: „Er kämpft zur Verteidigung des Glaubens Gottes, zur Erhöhung des Wortes Gottes und zum Beistand für die Freunde Gottes[46] oder für den Sieg des Glaubens Gottes, damit die Scharia seines Gesandten und damit das Wort Gottes das Höchste ist."

Es gibt keinen Unterschied zwischen einem christlichen Säkularisten und einem arabischen – nur in der Unmoral. [...]

Wisse, dass das Schwert nur herabgesandt wurde, um mit dem Koran zu herrschen, zwei Brüder, die sich nicht voneinander trennen. Zwischen ihnen trennt nur jemand, der sich in Schariaangelegenheiten nicht auskennt. Ibn Taimija hat gesagt: Gemeint ist, dass der Glaube in seiner Gesamtheit nur Gottes ist und dass das Wort Gottes das Höchste ist. „Wort Gottes" heißt: Alle Seine Aussagen, die Sein Buch enthält. So sagt Gott, Er ist erhaben: (Sure 57, *al-ḥadīd*, 25) ... Dann sagt Gott, Er ist erhaben: (Sure 57, *al-ḥadīd*, 25) ... Wer von seinem Buch abweicht, wird mit Eisen auf den richtigen Weg geleitet. Deshalb findet die Rechtleitung zum Glauben durch den Koran (*muṣḥaf*) und das Schwert statt. Es wird nach Dschabir ibn 'Abdallah, Gott habe Wohlgefallen an ihnen beiden, überliefert, dass er sagte: Der Gesandte Gottes, Gott segne ihn und spende ihm Heil, befahl uns, damit – d. h. mit dem Schwert – denjenigen zu schlagen, der sich davon – d. h. vom Koran – abwendet.
Ibn al-Kaijim[47] hat gesagt: Seine Sendung – d. h. die des Propheten, Gott segne ihn und spende ihm Heil – mit dem rechtleitenden Buch und dem siegreichen Schwert vor der letzten Stunde, sodass nur Er, Er sei gepriesen, allein angebetet wird und ihm niemand beigesellt wird und ihm sein Auskom-

men bereitgestellt wird im Schatten seines Schwertes und Speeres ... Wahrlich, Gott hat seine Religion aufgerichtet mit Argument und Beweis, mit Schwert und Speerspitze. [...]

Text 2: Zusammenfassung meines Zeugnisses über den Dschihad in Algerien (Muḫtaṣar šahādatī ʿala ʾl-ǧihād fi ʾl-ǧazāʾir)

Vollendet: 1. 6. 2004; Verfasser: 'Umar 'Abdalhakim (Abu Mus'ab as-Suri); Quelle: ʿUmar ʿAbdalḥakīm (Abū Muṣʿab as-Sūrī), *Muḫtaṣar šahādatī ʿala ʾl-ǧihād fi ʾl-ǧazāʾir*, o. O. 2004 (Silsilat Qaḍāyā aẓ-ẓāhirīn ʿalā al-ḥaqq 6) (http://www.megaupload.com/?d=VWGOR51H) (Zugriff 20. 10. 2008).

Die Landkarte der islamischen Kräfte in jener Zeit stellte sich wie folgt dar:
1) Islamische Heilsfront:
Ihr Anführer ist Scheich 'Abbas Madani, an seiner Seite trat 'Ali Belhadsch hervor, einer der Prediger der salafistischen Strömung. Die Front bildete sich aus einer Mischung von Schulen des islamischen Erwachens, deren Führung, islamischen Organisationen und unabhängigen Predigern ... Zusätzlich zu breiten Kreisen der muslimischen Masse, die an die allgemeinen Grundlagen des Projektes des politischen Islam glaubten, einer allgemeinen Ideologie, die das Projekt des politischen Islam trägt, und den Ideen einer allgemeinen Reform auf unterschiedlichsten Gebieten zustimmten. Die wichtigsten Bestandteile der Front waren:
a) Gemeinschaft der Studenten (*ǧamāʿat aṭ-ṭalaba*): Ihr Vorsitzender war Muhammad as-Sa'id, Gott habe Wohlgefallen an ihm. Ihre Gründung ging auf eine Gruppe von islamistischen Studenten an der Universität Algier zurück, die die Lehren des berühmten muslimischen Denkers Malik Bennabi[48] befolgten. In den allgemeinen Grundsätzen ihres Denkens stützten sie sich neben den Ideen von Malik Bennabi, Gott habe Wohlgefallen an ihm, auf eine Mischung aus den Ideen der Muslimbrüder mit Teilen des Erbes der islamischen Erweckungsbewegung in Algerien aus dem Erbe der Liga der muslimischen Gelehrten.
b) Eine Gruppe von Anhängern der salafistischen Da'wa: Ihr Anführer und Repräsentant in der Front war deren zweiter Mann und berühmter Prediger Scheich 'Ali Belhadsch, Gott beschütze ihn.
c) Bewegung des islamischen Staates (*ḥarakat ad-daula al-islāmīya*): Es handelt sich um eine Gruppe, die von der Bewegung des Glaubenszeugen Mustafa Bu Ya'la, Gott habe Wohlgefallen an ihm, übrig geblieben ist. Ihr Anführer und Repräsentant in der Rettungsfront ist Scheich Sa'id Machlufi, Gott

habe Wohlgefallen an ihm. Es handelt sich um eine Gruppe, die den Gedanken der dschihadistisch-salafistischen Bewegung weiterträgt.
d) Eine Anzahl herausragender unabhängiger Mitglieder der islamischen da'wa.
e) Eine breite Masse von einfachen Muslimen, die mit dem islamischen Projekt sympathisierten, denen das Tor zur Mitgliedschaft in der Front geöffnet wurde und die sich ihr anschlossen, hunderttausende Mitglieder in kurzer Zeit. [...]
2) Die Muslimbrüder - der Zweig der internationalen Organisation in Algerien:
Ihr Leiter war Mahfus an-Nahnah, der seiner Partei den Namen „Bewegung für die Gesellschaft des Friedens" (*ḥarakat al-muǧtama' as-silm*) gab. An-Nahnah lehnte den Beitritt zur Rettungsfront ab, blieb ihr fern während seines restlichen Lebens, trotz der Prüfungen, denen sie unterworfen wurde. Er führte scharfe Angriffe gegen die Rettungsfront und die gegen die Regierung kämpfenden Mudschahidin. Bei dieser Linie blieb er, heuchlerisch auf Seiten des Staates, feindselig gegen die Mehrheit der Islamisten und besonders gegen die Dschihadis, bis er seinen Herrn nach jenem Jahr 2002 traf.
3) Die einheimischen Muslimbrüder, also die Partei der islamischen Wiedergeburt (*al-ḥizb an-nahḍa al-islāmīya*): An ihrer Spitze stand 'Abdallah Dschaballah ... Ihre Ideologie war eine Mischung aus dem Denken der Muslimbrüder und dem der einheimischen algerischen islamischen Erweckungsbewegung. Mit der Zeit bewegte sie sich unter Druck hin zu einer Mischung aus islamischem, nationalistischem und liberaldemokratischem Denken.
4) Die traditionellen Salafisten (*as-salafiyūn at-taqlīdīyūn*), von denen sich eine große Gruppe an den Gedanken von al-Dschami al-Madchali orientierte, der seine abweichenden Ideen (*inḥirāfāt*) von den offiziellen saudischen Gelehrten herleitete. Ihre Mehrheit unterstützte die offizielle algerische Staatsmacht gegen die Dschihadis, die Anhänger der Rettungsfront und die übrigen Strömungen der islamischen Erweckungsbewegung. [...]

Kapitel 6

Zusammenfassung der wichtigsten Studien über die zeitgenössische dschihadistische Erfahrung in Algerien

Unter dem, was ich gelesen habe an Büchern, die sich mit Guerillakriegen und ihren verschiedenen theoretischen Schulen beschäftigen und ebenfalls mit der Bekämpfung von Guerillagruppen und ihren verschiedenen Schulen, befinden sich solche über die Methoden, die der deutsche Geheimdienst der

Gestapo gegen die Widerstandsgruppen benutzte, die gegen die deutschen Besatzer kämpften, als die Heere Hitlers eine ganze Anzahl von Staaten Europas besetzten. Zusammengefasst bedeutet diese Methode, eine Pseudoführung zu schaffen und Oppositionsgruppen, deren Führung die deutschen Geheimdienste dirigieren, sowie die Kontrolle über Propaganda und Information zu übernehmen, bis sie bekannt werden. Sollte es notwendig sein, das auf sich zu nehmen, würde die deutsche Armee sogar einige Verluste auf sich nehmen, um den Ruhm jener künstlich geschaffenen Oppositionsgruppen zu erhöhen. Als nun die Zahl dieser Gruppen sich erhöhte und ihre künstlich geschaffenen Führungsgruppen und Helden bekannt wurden, begannen die Geheimdienste, sie den wirklichen Oppositionsgruppen zu oktroyieren; sie erneuerten ihre Reihen oder löschten sie aus durch die künstlich geschaffenen Führungsgruppen unter dem Vorwand der Schließung der Reihen, der Koordination der Aktionen und der Zusammenarbeit dabei. Wie sie sie auch benutzten in den internen Kämpfen unter den Oppositionsgruppen. Ich habe über die Pläne zu solchen geheimdienstlichen Aktivitäten gelesen, die die Deutschen gegen den französischen Widerstand kurz vor Ende des 2. Weltkrieges unternommen haben.

So las ich auch, soweit ich mich erinnere, wie die französischen Geheimdienste solche Methoden gegen oppositionelle Untergrundgruppen in ihrem Kampf gegen die Dschihadaktivitäten und die algerischen Widerstandsbewegungen entwickelten. Dies ist, was die Franzosen die Methode der Konterrevolution (*la revolution contraire*) nannten. Zusammengefasst bedeutet dies ebenfalls die Schaffung von Führungsgruppen, denen Frankreich half, Popularität zu gewinnen, dann diese den Massen zu oktroyieren, um letztlich zum Wohle Frankreichs tätig zu werden, sei es durch Säuberung der wirklichen Opposition und Ermordung ihrer Mitglieder oder die Übertragung der Macht im Lande und das Abschließen von Abkommen über die Unabhängigkeit, die jene Kolonien an das binden, was zum Nutzen Frankreichs ist und sie in die Phase des Neokolonialismus überführen. Das ist es, was letztendlich nach der Revolution der Millionen Blutzeugen in Algerien und der Übergabe der Herrschaft an die Nationale Befreiungsfront durch die berühmten Abkommen von Evian im Jahre 1963 passierte. Ich habe einige Abkommen aufbewahrt, da doch in ihnen die Grundlagen für die Bindung Algeriens an Frankreich in der Phase des Neokolonialismus zu finden sind. Dann übernahm es die Regierung, den Islam und die Islamisten[49] in Algerien zu säubern und Algerien unter die Oberherrschaft Frankreichs und heute Amerikas zurückzuführen. So geschah es auch in anderen Fällen der Machtübergabe in Ländern nach Dschihad-Revolutionen an die Säkularisten, Festmähler des Kolonialismus [...] in den meisten oder allen Ländern der islamischen Welt, vielleicht sogar der Dritten Welt.

Als nun die letzte dschihadistische Revolution, über die ich dieses Zeugnis verfasst habe, ausbrach, erkannte ich Elemente der Konterrevolution und der französischen Theorien über die Bekämpfung von Guerillagruppen. [...] Ohne auf die Details einzugehen, ist es mir möglich, die Lehren dessen, was in Algerien geschehen ist, in folgenden Thesen zusammenzufassen:
1) Die Erfahrung mit der Demokratie in Algerien und zahlreiche andere Erfahrungen in arabischen und islamischen Staaten bestätigen ohne den geringsten Zweifel, dass die arabischen und islamischen Völker das politische Projekt der Islamisten gewählt haben und wählen werden, wenn ihnen die Freiheit gegeben wird zu wählen [...] Das ist es, was zuletzt der ägyptische Präsident Husni Mubarak zu Präsident Bush über die Unmöglichkeit gesagt hat, demokratische Reformen durchzuführen, nachdem Amerika Anfang 2004 Projekte zur Reform im größeren Mittleren Osten[50] aufgelegt hatte. Da sagte er zu ihm, dass die Demokratie die Islamisten bringen werde und dies nicht im gemeinsamen Interesse sei.
2) Die aufeinanderfolgenden Erfahrungen – in erster Linie die harten Erfahrungen wie u. a. die in Algerien, in der Türkei, in Tunesien – belegen auch, dass die tyrannischen Regierungen in der arabischen und islamischen Welt der Mehrzahl der islamischen Gruppen keinen fairen Zugang zur Macht und Herrschaft gewähren werden und dass der heuchlerische Westen, der unterschiedliches Maß verwendet, diktatorische Regime unterstützt und unterstützen wird, damit gerade das nicht geschieht. Er ist auch bereit, Militärputsche zu unterstützen, ja sogar die direkte Besetzung, wenn anders der Islam nicht daran gehindert werden kann, die Macht zu erringen. Die Islamisten müssen, wenn sie innerlich ernsthaft sind, in ihrer Absicht zuversichtlich sich Gott anvertrauen, wenn sie sich um die Herrschaft des Islam bemühen, wissen, dass jener Weg allein der bewaffnete Dschihad sein kann. Das ist ein Erfordernis unserer hanifischen[51] Religion, das Zeugnis der Geschichte und der Erfahrungen der Menschheit.
3) Die Erfahrung des Dschihad in Algerien und anderswo bestätigt auch die goldene Regel aus den Kriegen der Unterdrückten, aus jeder Konfrontation mit herrschenden Unterdrückern oder aggressiven Kräften. Sie besagt, dass die enge Verbindung der Mudschahidin mit ihrem Volk und ihrer Gemeinschaft die wichtigste Grundlage in diesen Konfrontationen ist – nachdem Gott den Erfolg gewährt.
4) Die algerische Erfahrung und einige der ihr folgenden Erfahrungen belegen auch, dass die Feinde des Islam, tyrannische Herrscher und aggressive Besatzungsmächte, diese entscheidende Wahrheit begriffen haben. Sie ist ihre wichtigste Grundlage bei der Bereinigung der Probleme des Dschihad und des Widerstandes in der arabischen und islamischen Welt geworden. Sie haben in Algerien einen brillanten Sieg eingefahren, für den sie beneidet

werden. Sie entwickeln ihn weiter, um jede Anstrengung des Widerstandes und des Dschihad im Kindbett zu ersticken.
5) Es ist leider so, dass die Feinde sich in der Produktion dieser Spaltung zwischen den Mudschahidin, ihren Verbündeten und Unterstützern in den Reihen des Volkes und der Gemeinschaft (*umma*) auf die tatsächlich vorhandenen ideologischen Brüche im Denken der Bewegung der islamischen Wiedererweckung (*ṣaḥwa*) im Allgemeinen, vieler ihrer Prediger und Gelehrten, und der dschihadistischen Kreise im Besonderen stützen können. Sie stützen sich auch auf abweichlerische Elemente, die sich insbesondere unter die Dschihadisten (*ǧihādīyūn*) gemischt haben als Folge der historischen Krisen in der Gegenwart. Sie nutzen ihr Unwissen, ihren Extremismus, ihr ideologisches und praktisches Eiferertum – obwohl es sich nur um zahlenmäßige begrenzte und isolierte Elemente unter den Dschihadisten handelt –, um jene Verdächtigungen und Zuschreibungen zu bestärken, die die Spaltung zwischen den Dschihadisten und ihrer Gemeinschaft vertiefen. Das ist eine Lehre, die die Bewegung der Wiedererweckung und die Dschihadisten begreifen müssen und das einzige Heilmittel für diese schwärende Wunde.
6) Sicher ist, dass die herrschenden Regime in ihrem Krieg gegen die Dschihadisten vor keiner Handlung zurückschrecken, die den einfachsten moralischen Grundsätzen, der Ehre oder Prinzipien aller Religionen widersprechen. Es ist auch sicher, dass sie bereit sind, ihre Völker zu töten und die Söhne ihrer Länder durch das Feuern auf Demonstranten oder durch das kollektive Abschlachten von Zivilisten auszulöschen. [Dies geschieht auch] durch offene Kriegsführung, während der die Truppen dieser Regierungen ganze Städte bombardieren und die Stadtviertel unter Trümmern begraben ...[52] In dieser Hinsicht ging das algerische Regime bis zum äußersten Extrem. Es massakrierte die Menschen in Massen mit den abscheulichsten Mitteln, um offen ein strategisches sicherheitspolitisches Ziel zu erreichen. Dieses Ziel war, den Mudschahidin diese Gräueltaten unterzuschieben und ihnen die Unterstützung durch das Volk zu entziehen.
7) Die Ereignisse belegen, dass das, was der Westen in seinen Massenmedien und auf seinen Sicherheitskonferenzen verkündet hat und Präsident Mitterand kurz und deutlich zusammengefasst hat, als er sagte: „Wir werden den extremistischen Islam durch den gemäßigten Islam schlagen“, ins Stadium der praktischen Umsetzung eingetreten ist. Dies findet in voller Schärfe statt, seit Rumsfeld das Banner des „Krieges der Ideen“ erhoben hat.[53] Die inneren Widersprüche zwischen den Dschihadisten und anderen Kreisen innerhalb der islamischen Bewegung der Wiedererweckung spielen eine wichtige Rolle, die sich zugunsten unserer aller Feinde auswirkt; letztlich bilden alle Islamisten eine Partei in der Auseinandersetzung mit den Angriffen

der Feinde und der pharaonischen[54] Tyrannen. Dies wird deutlich in der algerischen Erfahrung. [...]
8) Die algerische und andere Erfahrungen zeigen mir, dass der große Bruch ausnahmslos in allen dschihadistischen Erfahrungen - wobei die algerische Erfahrung die einflussreichste und schlimmste ist - die Abwesenheit der Gelehrten und einflussreichen Prediger in der Leitung der dschihadistischen Erfahrungen ist, dass sie diese nicht unterstützen und sich ihnen nicht anschließen. Und das, obwohl das Phänomen des Dschihad in Wirklichkeit das Ergebnis ihrer Predigten, Lehren, Werke und Fatwas ist [...]
Dieser Verzicht der Verständigen - die Wissen, Erfahrung und Kenntnis haben, die Erfahrungen zu analysieren - führt zu einer Schwäche in der Erziehung der Jugend und einem ständigem Schwanken in ihren Entscheidungen und zum Begehen von Fehlern, die viele dieser Gelehrten und Prediger zum Anlass nehmen, sie zu kritisieren, und als Vorwand zu benutzen, um sich selber nicht zu engagieren (*quʿūd*)[55] und um die Leute davon abzuhalten, sich nicht in dieser Pflicht (*farīḍa*) zu engagieren!! [...]
9) Die algerische Erfahrung belegt für mich auch die Erkenntnis, zu der ich seit dem zweiten Golfkrieg (Desert Storm) Anfang der neunziger Jahre gekommen bin. Die Zeit der lokalen, nationalen Erfahrungen ist zu Ende gegangen, und die Regierungen in ihrem Kampf gegen die Dschihadisten auf das Niveau der internationalen und regionalen Koordination, als die Welt der Globalisierung begann. Die Dschihadisten haben in ihren Kämpfen Niederlagen erlitten, weil sich die Gelehrten der Macht (*ʿulamāʾ as-sulṭān*) und die Verderbten in der Führung der Bewegung der islamischen Erweckung verbündet haben. Der sehr weite Weg zum Sturz der Regime führt über die Vernichtung der konstitutiven Elemente der Oberhoheit Amerikas und seiner Verbündeten über unsere Länder.

Text 3: Der Vorzug des Dschihad auf dem Wege Gottes (Faḍl al-ǧihād fī sabī allāh)

Verfasser: Abu Mustafa Ibrahim, Emir der GPSC. Eine sechsspaltige Flugschrift (o. O, o. J), die kurze Ausführungen zum militärischen Dschihad enthält, gespickt mit Koranversen und Hadithen.

Im Namen Gottes des Barmherzigen, des Allerbarmers.

Preis sei Gott. Wir lobpreisen ihn, suchen bei ihm um Hilfe und Verzeihung nach. Wir nehmen Zuflucht zu Gott vor den üblen Neigungen unserer Seelen und dem Schlechten in unseren Taten. Wen Gott rechtleitet, den wird keiner irreleiten; wer in die Irre geht, für den gibt es keinen, der ihn rechtleitet. Ich bezeuge, dass es keinen Gott gibt außer Gott allein, er hat keinen Teilhaber. Er hat seinen Knecht zum Erfolg geführt, seine Heere geehrt[56], er allein. Er hat keinen Teilhaber; es gibt keinen Gott außer ihm. Ich bezeuge, dass Muhammad sein Knecht und sein Gesandter ist [...]

O Brüder Mudschahidin an allen Orten ...
Helfer des Glaubens und Bewahrer der Glaubenslehren (*ʿaqīda*). O ihr, die ihr ausgezogen seid auf dem Wege Gottes, die ihr denjenigen bekämpft, der nicht an Gott glaubt und sich von seinem Wege abwendet, denjenigen, der die Religion durch die Gesetze des Unglaubens ersetzt, ihnen die Nacken der Gläubigen unterwirft, sich abwendet von Gott und seinem Gott, der die Saat und die Nachkommenschaft der Herden zerstört[57], die Länder und Gottesknechte verdirbt, die Regeln der Scharia zerstört, bis vom Islam nur noch der Name bekannt ist.[58]
Ihr bekämpft diese Tyrannen, um das Wort Gottes zu erhöhen, bis die Religion nur allein Gottes ist, sodass niemand außer ihm angebetet wird und niemand außer ihm über das Wenige und das Viele herrscht. Wahrlich, ihr kämpft auf dem Wege Gottes, eure Feinde kämpfen auf dem Wege des Tyrannen. „Diejenigen, die gläubig sind, kämpfen um Allahs willen, diejenigen, die ungläubig sind, um der Götzen (*aṭ-ṭāġūt*) willen. Kämpft nun gegen die Freunde des Satans! Die List des Satans ist schwach." (Sure 4, *an-nisāʾ*, 76)
Wisset, dass im Dschihad das Beste für diese Welt und für die andere Welt liegt; ihn zu verlassen, bedeutet ein Übel für diese und für die andere Welt. Gott, Er ist erhaben, hat gesagt: „Sag: Erwartet ihr für uns (vielleicht) etwas anderes als eine der beiden besten (Möglichkeiten, die in Betracht kommen, nämlich Sieg oder das Paradies)?" (Sure 9, *at-tauba*, 52)
Was nun den Sieg und den Triumph, das Zeugentum und das Paradies betrifft: Wer von den Mudschahidin lebt ist ehrenvoll, ihm gebührt der Lohn des Diesseits und der schöne Lohn des Jenseits; wer von ihnen stirbt oder getötet wird, gelangt ins Paradies.
Der Dschihad und der Kampf (*qitāl*) sind ein gewinnbringender Handel, den derjenige, der ihn durchführt, mit seinem Herrn [...] abschließt ohne Kapital und den Sieg davonträgt. [...]

Text 4: Die Freisprechung. Sendschreiben über die Freisprechung der Gemeinschaft des Schreibrohrs[59] *und des Schwertes von der Herabwürdigung durch den Verdacht der Ermüdung und der Schwäche (at-Tabri'a. Risāla fī tabri'a ummat al-qalam wa's-saif min munaqaṣṣa tuhmat al-ḫawar wa'ḍ-ḍ u'f)*

Verfasser: Aiman as-Sawahiri; Quelle: Aiman aẓ-Ẓawāhirī, *at-Tabri'a. Risāla fī tabri'a ummat al-qalam wa's-saif min munaqaṣṣa tuhmat al-ḫawar wa'ḍ-ḍ u'f* (http://ahmedes2005.googlegroups.com/web/pdf?hl=ar&gda=SmR9o2YAAABKv-yjLqQG3k1cvuPil0ezNKvJa4V58eVparwGaNYPUEg8bQNIqJSr3gKqDPxopVZDFC7KQL7v1j7yWct1d-TTHMtKNZfnyToBBVuGx54nZLirOZHLDukRFhsghtNVVAgT4RrsbFgy3S3qdjS5XkUh) (Zugriff 1. 10. 2008).

Kapitel 13

[...] 1 - Der Autor schreibt in der *Wathiqa*[60]: „Ein letztes Wort in diesem Abschnitt: Es betrifft die Muslime, die sich in fremden Ländern[61] aufhalten und vorbringen, dass ihnen von diesen Ländern oder deren Einwohnern Ungerechtigkeiten widerfahren sind. [...] Ich sage: Es liegt keine Mannesehre (*murū'a*) darin, dass du dich bei einem Volk niederlässt - selbst wenn es sich um Ungläubige handelt, die in keinem Vertragsverhältnis[62] stehen -, das dir erlaubt, in ihr Land einzureisen und sich dort aufzuhalten, dir Sicherheit gewährt für dich selbst und dein Eigentum und dir Gelegenheit bietet, bei ihnen zu arbeiten oder zu unterrichten, oder dir den Status eines politischen Flüchtlings und ein ehrenvolles Leben unter ihnen gewährt u. a. m. an bekannten Dingen und dann mit Tod und Zerstörung über sie herzufallen."
Ich[63] frage: Liegt denn Mannesehre darin, dass ein Muslim seine muslimischen Brüder getötet, in Angst versetzt, gequält und ihrer Reichtümer beraubt sieht oder ihre Länder durch verderbte Herrscher regiert sieht, und sich dann bei den feindseligen Kriminellen einschmeichelt, weil sie seine Zustimmung mit Krümeln weltlicher Art erkauft haben?
Es sagt der Gerechte, Er ist segensvoll und erhaben: „Gott verbietet euch nicht, gegen diejenigen pietätvoll und gerecht zu sein, die nicht der Religion wegen gegen euch gekämpft und die euch nicht aus euren Wohnungen vertrieben haben. Allah liebt die, die gerecht handeln. Er verbietet euch nur, euch denen anzuschließen, die der Religion wegen gegen euch gekämpft und die euch aus euren Wohnungen vertrieben oder bei eurer Vertreibung mitgeholfen haben. Diejenigen, die sich ihnen anschließen, sind die (wahren) Frevler." (Sure 60, *al-mumtaḥana*, 8f.) Es sagt der Gerechte, Er ist segensvoll und erhaben: „Du wirst nicht finden, dass Leute, die an Allah und den Jüngsten Tag glauben, mit denen Freundschaft halten, die Allah und seinem Gesandten zuwiderhandeln, auch wenn es ihre Väter, ihre Söhne, ihre Brü-

der oder ihre Sippenangehörigen wären." (Sure 55, *al-muǧādala*, 22) Es sagt der Gerechte, Er ist segensvoll und erhaben: „Warum wollt ihr (denn) nicht um Allahs willen und (um) der Unterdrückten (willen) kämpfen, (jener) Männer, Frauen und Kinder, die (in Mekka zurückbleiben mussten und) sagen: ‚Herr! Bring uns aus dieser Stadt hinaus, deren Einwohner frevlerisch sind, und schaff uns deinerseits einen Beschützer und einen Helfer?' Diejenigen, die gläubig sind, kämpfen um Allahs willen, diejenigen, die ungläubig sind, um der Götzen willen. Kämpft nun gegen die Freunde des Satans! Die List des Satans ist schwach." (Sure 4, *an-nisā'*, 75f.)[64]

Der Imam al-Buchari, Gott erbarme sich seiner, verzeichnet [folgenden Hadith]: „Nach Abu Huraira[65], nach dem Propheten, Gott segne ihn und spende ihm Heil: Dieser sagte: Zugrunde geht der Knecht des Dinars und der Knecht des Dirhams und der Knecht kostbarer Stoffe. Wenn ihm [diese] gegeben werden, ist er zufrieden. Wenn sie nicht gegeben werden, ist er unzufrieden, es ergeht ihm übel und er fällt nieder [...]"

2 - Dann schreibt der Autor über die Schia und das Töten von Schiiten. Ich möchte eine Sache klarstellen: Der Glaubenszeuge Abu Mus'ab as-Sarqawi, Gott erbarme sich seiner, hat nach den Ereignissen von Tal 'Afar[66], in denen schiitische Milizen sich gegen den guten Ruf der Muslime[67] vergingen, eine Erklärung über das Töten aller Schiiten im Irak herausgegeben. Dieser Erklärung widmeten die Informationsmedien große Aufmerksamkeit. Nach zwei Tagen verbreitete die Schariakommission der al-Qa'ida im Zweistromland eine andere Erklärung, in der sie unklare Stellen der ersten Erklärung erläuterten und klarstellten, die als Reaktion auf die üblen Schandtaten herausgegeben wurde, die die schiitischen Milizen in Tal 'Afar begangen hatten. Die Kommission verdeutlichte, dass die Organisation der al-Qa'ida im Zweistromland nicht alle Schiiten zum Ziel erklärte, sondern lediglich die Marionettenmilizen wie das Badr-Korps[68]. Dies ist die Erklärung, die von den Informationsmedien verschwiegen wird.[69] [...]

Text 5: Die Berge von Afghanistan[70]: Dies ist es, was ich heute im Schlaf gesehen habe, insbesondere den Kommandanten Muhannad, Abu al-Walid al-Ghamidi und das Forum al-Ichlas[71]

Beitrag im Forum al-Ichlas; Quelle: http://www.al-ekhlaas.net/forum/showthread.php?t=146572 (Zugriff 10. 8. 2008).

Im Namen Gottes des Barmherzigen, des Allerbarmers.
Friede sei mit euch, die Gnade Gottes und seine Segnungen.
Dies ist es, was ich heute im Schlaf gesehen habe, insbesondere den Kommandanten Muhannad, Abu al-Walid al-Ghamidi und das Forum al-Ichlas.

Ich habe das Mittagsgebet verrichtet. Ich habe die *sunna*-Gebete[72] vollzogen. Dann begab ich mich zu meinem Schlaflager.
Ich sah unter den Dingen, die ein Schlafender sieht, dass ich in Tschetschenien war. Der Schnee fiel sehr heftig und äußerst dicht, während ich neben dem Kommandanten Abu al-Walid al-Ghamidi stand.
Der Kommandant Abu al-Walid leuchtete auf ein Auto [...]. Ich fragte den Kommandanten Abu al-Walid: Ist das eine Selbstmordoperation? Er antwortete: Ja! Dann fuhr der Bruder mit seinem Fahrzeug los.
Ich wandte mich dann nach hinten um. Ich sah dann den Kommandanten Muhannad auf der Erde sitzen etwas höher als die Stelle, auf der wir standen.
Dann ging ich mit dem Kommandanten Abu al-Walid los und fragte ihn, ob der Kommandant Muhannad ein Treffen mit dem Forum al-Ichlas arrangieren und in einer Audioaufnahme auf einige Fragen antworten würde. Er antwortete: Ja! Ich stellte ihm einige Fragen, aber leider habe ich sie vergessen.[73]

Einige Kommentare zu diesem Traum von anderen Teilnehmern an der Diskussion in diesem Forum: das Bild eines brüllenden Löwen und darunter das Glaubensbekenntnis „Es gibt keinen Gott außer Gott und Muhammad ist der Gesandte Gottes“; „Gott stehe den Mudschahidin in Tschetschenien bei!“

Ebenfalls von „Die Berge von Afghanistan“: die Wiederholung des Textes mit Hervorhebung eines falsch geschriebenen Wortes; darunter die Korrektur und „Mitteilung: Vor dem Mittagsgebet erhielt ich die Nachricht, dass Scheich Abu Sulaiman al-‘Utaibi den Zeugentod gefunden hat. Ich verfiel darüber in große Trauer, sodass ich weinte; dann betete ich das Mittagsgebet und schlief danach.“

Text 6: Zeichen des Barmherzigen im Dschihad in Afghanistan (āyāt ar-raḥmān fī ǧihād al-afġān)

Verfasser: ‘Abdallah ‘Assam; Quelle: ʿAbdallāh ʿAzzām, *Āyāt ar-raḥmān fī ǧihād al-afġān* (http://ia360607.us.archive.org/0/items/islam_130/Ayaturrahman.pdf) (Zugriff 12. 10. 2008); englischsprachige Übersetzung: Shaykh Abdullah Azaam, *The Signs of ar-Rahmaan in the Jihad of Afghanistan* (http://www.hoor-al-ayn.com/Books/Signs_of_ar-Rahman.pdf) (Zugriff 11. 10. 2008); ebenfalls unter http://8ooksOf1slam.wordpress.com/category/by-topic/jihad/ (Zugriff 12.10. 2008) und http://www.islamicawakening.com/print.php?articleID=877 (Zugriff 12. 10. 2008).

[...] Maulawi Arsalan berichtete mir: Ein 'Abdalbasir genannter Student erlangte den Zeugentod, während er bei uns war. Fathallah, ein anderer Mudschahid, und ich gingen seinen Körper suchen. Er sagte zu mir: „Ist der *schahid* nahe? Ich nehme einen Duft wahr." Ich nahm die Geruchsspur auf und dadurch, dass wir dem Duft folgten, gelangten wir zum Körper. Im Dunkeln konnte ich ein Licht im Blut sehen, das aus seiner Wunde floss.

Ein Mantel auf Sajjid Schah

'Umar Hanif berichtete mir: Einer der Mudschahidin, der bei uns war, war ein *hafis*[74]. Sein Name war Sajjid Schah. Er verrichtete weit mehr als die gewöhnlichen gottesdienstlichen Handlungen[75] und würde dies bis zur Erschöpfung tun. Er erlebte Träume, die wahr wurden. Er wirkte viele Wunder. Wir besuchten sein Grab, zweieinhalb Jahre nachdem er den Zeugentod gefunden hatte. [...] Wir öffneten das Grab von Sajjid Schah und fanden ihn so vor, wie er gewesen war, nur sein Bart war länger geworden. Ich hatte ihn mit eigenen Händen begraben.
Verblüffender als dies war, dass ich auf ihm einen Mantel aus schwarzer Seide fand; etwas Ähnliches hatte ich nie zuvor gesehen. Ich berührte und fand seinen Geruch angenehmer als den von Moschus und Ambra.

Das Bittgebet der Mudschahidin

Maulawi Arsalan war einer der berühmtesten Mudschahidin in ganz Afghanistan. Er säte solch eine Furcht in den Herzen der Russen, dass sie eigene Briefings über ihn abhielten. Sie erzählten den Soldaten sogar, er esse Menschenfleisch.
Er erzählte mir: „In einer bestimmten Schlacht hatte wir nur eine Rakete dabei. Wir verrichteten das rituelle Gebet und baten Gott, dass er diese eine Rakete veranlassen sollte, den Feind zu treffen. Wir standen zweihundert Panzern und einem Regiment gegenüber. Wir feuerten die Rakete ab, sie traf das Fahrzeug, das Vorräte und Explosivkörper transportierte. Es ging in die Luft und zerstörte 85 Panzer und einen Truppentransporter. Der Feind war zerschmettert, und wir machten viel Beute."
Ich [der Autor 'Abdallah 'Assam] traf selber den jungen Mann, der die Rakete abgefeuert hatte.

Die Vögel stehen den Mudschahidin bei

Maulana Arsalan berichtete mir: „Zu Zeiten – schon bevor die russische Luftwaffe uns erreichte – erfuhren wir von dem unmittelbar bevorstehenden An-

griff. Vögel würden herankommen und über unseren Truppen kreisen, bevor die Flugzeuge eintrafen. Wo immer wir sie kreisen sahen, bereiteten wir uns auf den Angriff der Flugzeuge vor."
Maulana 'Abdaldschalil Hakkam war ohne jeden Zweifel der berühmteste Mudschahid in Afghanistan. Er berichtete mir: „Bei verschiedenen Gelegenheiten sah ich Vögel unterhalb der Flugzeuge fliegen, so beschützten sie die Mudschahidin vor den Bomben der Bomber."
'Abdaldschabbar Nyasi erzählte mir: „Bei zwei Gelegenheiten sah ich Vögel unter den Flugzeugen fliegen." [...]
Arsalan [...] berichtete mir auch: „Die Panzer griffen uns an, mehr als 120 an der Zahl. Sie wurden von einem Mörser und vielen Flugzeugen unterstützt. Unsere Vorräte waren erschöpft. Wir waren überzeugt, dass wir gefangen genommen würden. Wir nahmen Zuflucht zu Gott durch Bittgebete. Plötzlich regneten Kugeln und Bomben von allen Seiten auf die Kommunisten nieder. Sie wurden geschlagen. Außer uns war aber niemand auf dem Schlachtfeld."
Er sagte: „Es waren die Engel."[76] [...]
Scheich Ahmad Scharif berichtete mir: „Mein Sohn kam vom Schlachtfeld mit durchlöchertem Gewand zurück, hatte aber keine Wunden." [...]

Schlaf

Gott, Er ist mächtig und erhaben, sagt: „(Damals,) als er (erquickende) Schläfrigkeit über euch kommen ließ, um euch seinerseits (das Gefühl der) Sicherheit zu geben." (Sure 8, *al-anfāl*, 11) [...]
'Abdallah ibn Sa'ud sagte: „Der Schlaf im Kampf ist eine Quelle der Sicherheit von Gott gesandt, im Gebet vom Satan."

Der Schlaf überwältigt Arsalan

Maulawi Arsalan berichtete mir, dass er im Gefecht von Schahi Ku zehn Minuten geschlafen habe, während die Granaten aus allen Richtungen auf uns trafen.

Text 7: O ... ihr Leute der Stämme (Yā ... ahl al-qabā'il)

Quelle: *Millat Ibrahim*[77]*. Monatszeitschrift, hg. vom as-Sarqawi*[78] *– Zentrum für Studien und Forschungen am Horn von Afrika – Ramadan 1429 d. H.* (http://ia311230.us.archive.org/3/items/Tabib-Almojahdeen8/Melat-Ibrahim-1.pdf) (Zugriff 5. 10. 2008).

Preis sei Gott und Heil und Segen auf dem Gesandten Gottes, Muhammad ibn 'Abdallah, auf seine Familie, seine Gefährten und wer ihm nahesteht ...
Zur Sache: Jedem, der verfolgt, was in Somalia geschieht, ist bekannt, dass das Hauptproblem, unter dem das somalische Volk leidet und das der Hauptgrund für den Ruin des Landes und der Gottesknechte ist, die Stammeskriege sind. Dies führte so weit, dass manchmal Dinge, die Gott verboten hat, in unrechten Gebrauch genommen[79] und Frauen vergewaltigt wurden. Wären doch diese Verbrechen vom kreuzfahrerischen ausländischen Feind [begangen], der keine Religion, keine Moral und keine verbotenen Dinge kennt! Leider sind diese Dinge durch die Hand von Leuten, die zu den Muslimen zählen, begangen worden. Sie trieb der Hochmut der Unwissenheit (*dschahilija*)[80] und des Tribalismus zum Töten, zum Vergießen von Blut, Wegelagerei und zum Verzehren des Eigentums der Menschen ohne rechtfertigenden Grund.[81] Es ist so weit gekommen, dass ein Mann getötet wird, ohne zu wissen, warum er getötet wird. Ja, sogar derjenige, der tötet, weiß nicht, warum er tötet. Man tötet um des Stammes willen und wird getötet um des Stammes willen.
Das wirklich große Problem und die große Schwierigkeit ist aber, dass der kreuzfahrerische Feind in das Land der Muslime eingedrungen ist und es keinen Widerstand seitens dieser muslimischen Stämme gegeben hat, die sich untereinander seit mehr als 15 Jahren bekämpfen.[82] Sie besitzen aber die Macht und die Ausrüstung. Es sind jedoch diese Gewehre vor Gott, Er ist erhaben und mächtig, beschämt, die Tausende von Muslimen getötet haben. Einer tötet mit seinem Gewehr Dutzende Muslime und gibt sich leicht als Opfer für seinen Stamm hin, wendet seine Waffe aber nicht als Mudschahid auf dem Wege Gottes gegen den Feind. Er bringt sich selber nicht leicht als Opfer für Gott dar, sei es auch nur ein einziges Mal in seinem Leben. Was den Schmerz noch verstärkt, ist, dass Stämme selbst nach der Okkupation sich weiterhin untereinander bekämpfen.
Das Schlimmste ist, dass einige der Mitglieder der muslimischen Stämme sich mit dem Feind verbünden und ihm hilfreich die Hand reichen. Und die Stämme rühren sich nicht, um ihre Söhne zu verstoßen, die sich von ihrer Religion dadurch getrennt haben, dass sie sich unter den Schirm dieser Christen und derjenigen, die ihnen von den Glaubensabtrünnigen folgen, begeben haben. Haben sie nicht das Wort Gottes, Er ist erhaben und mächtig, gehört, als er seinen Gesandten Noah ansprach, als dieser ihn rief: „Und Noah rief seinen Herrn an und sagte: Herr! Mein Sohn gehört (doch) zu meiner Familie. Und dein Versprechen (meine Familie zu retten) ist wahr. Du bist der, der am besten entscheidet." Gott, Er ist erhaben und mächtig, antwortete: „Allah sagte: Noah! (Nein!) Er gehört nicht zu deiner Familie. Das ist nicht recht gehandelt. Bitte mich nicht um etwas, worüber du kein Wissen hast! Ich er-

mahne dich, damit du nicht ein Tor wirst!“ (Sure 11, *hūd*, 45f.) Wie das?! Versteht er, dass der Sohn nicht zu seiner Familie gehört? Ja, denn der Islam zerschneidet das Band jeder Beziehung, die nicht auf dem Bekenntnis zur Einheit Gottes beruht. War es nicht so, dass der Prophet, Gott segne ihn und spende ihm Heil, die Kuraisch[83] bekämpft hat und war er nicht einer von den Kuraisch? Waren unter ihnen nicht die Brüder seiner Väter und die Söhne der Brüder seiner Väter? Ja ... Sie waren es, sie glaubten aber nicht an Gott und seinen Gesandten. Sie bekämpften die unterdrückten Muslime in Mekka und so bekämpfte sie der Prophet, Gott segne ihn und spende ihm Heil.

O, ihr Leute der Stämme ... Was ist der Seele des Gläubigen lieber: Einen Muslim zu töten, der die Einsheit Gottes, Er ist erhaben und mächtig, bekennt, oder einen Ungläubigen, der gegen Gott und seinen Gesandten Krieg führt? Hört das Wort des Propheten, Gott segne ihn und spende ihm Heil, wie es sich bei al-Buchari[84] findet: „Wenn zwei Muslime mit ihren Schwertern aufeinandertreffen, dann ist derjenige, der tötet, und der, der getötet wird, im Höllenfeuer.“ Es überlieferte der Imam[85] Muslim in seiner Hadithsammlung nach Abu Huraira[86], dass der Gesandte Gottes, Gott segne ihn und spende ihm Heil, gesagt hat: „Ein Ungläubiger und der, der ihn getötet hat, treffen niemals im Höllenfeuer zusammen.“ Wählt gut, o Machthaber!

Ich sage – in Erinnerung an meine Brüder aus den muslimischen Stämmen, die in diesen Kriegen aktiv waren – nach dem Vorbild des Wortes Gottes, Er ist erhaben: „Und mahne (mit dem Koran)! Die Mahnung nützt den Gläubigen.“: Hört dem Wort Gottes, Er ist erhaben, in der Sure 9, *at-tauba*, zu, wo er die Gläubigen anspricht, zu denen ihr euch ja zählt: „Ihr Gläubigen! Nehmt euch nicht eure Väter und eure Brüder zu Freunden, wenn diese den Unglauben dem Glauben vorziehen! Diejenigen von euch, die sich ihnen anschließen, sind die (wahren) Frevler. Sag: Wenn eure Väter, eure Söhne, eure Brüder, eure Gattinnen und eure Sippe, Herdenbesitz, den ihr gewonnen habt, Handel, dessen Niedergang ihr fürchtet, und Wohnungen, die euch gefallen, euch lieber sind als Gott und sein Gesandter und der Dschihad um Gottes willen, dann wartet (nur) ab, bis Gott mit seiner Entscheidung kommt! Gott leitet das Volk der Frevler nicht recht.“ (Sure 9, *at-tauba*, 23f.)

Im ersten Vers warnt Gott, er ist mächtig und erhaben, jene unter den Verwandten zu Freunden zu nehmen, die den Unglauben dem Glauben vorziehen. Solange sie dies bevorzugen, sind sie im Graben der Ungläubigen gegen ihre Brüder, die Muslime. Schaut, was Gott, er ist mächtig und erhaben, im zweiten Vers sagt: „Sag: Wenn eure Väter, eure Söhne, eure Brüder, eure Gattinnen und eure Sippe, Herdenbesitz, den ihr gewonnen habt, Handel, dessen Niedergang ihr fürchtet, und Wohnungen, die euch gefallen“: Es ist nicht nur der Vater, nicht der Sohn, nicht der Bruder, nicht die Ehefrau, nicht die Sippe, sogar der Besitz, den ihr erworben habt, der Handel, den ihr fürch-

tet zu verlieren, die Häuser, die ihr gebaut habt und die euch gefallen, ist „euch lieber als Gott und sein Gesandter". Der Vers endet hier aber nicht, Gott, der Erhabene, sagt: „und der Dschihad um Gottes willen". Wenn die Liebe [zu Gott] nicht ausreicht, muss der Dschihad auf dem Wege Gottes sein. Wenn nicht: „dann wartet (nur) ab, bis Gott mit seiner Entscheidung kommt! Gott leitet das Volk der Frevler nicht recht." Wahrlich, das ist eine gefährliche Sache. Seid euch dessen bewusst, ihr Leute der Stämme!
Gott, er ist mächtig und erhaben, weist den Glauben derjenigen ab, die die Ungläubigen ihren Leuten vorziehen. Gott, Er ist erhaben, sagt in der Sure 58, *al-muǧādala*: „Du wirst nicht finden, dass Leute, die an Gott und den Jüngsten Tag glauben, mit denen Freundschaft halten, die Gott und seinem Gesandten zuwiderhandeln, auch wenn es ihre Väter, ihre Söhne, ihre Brüder oder ihre Sippenangehörigen wären." (Sure 58, *al-muǧādala*, 22)[87]
Aber, wie wäre es, wenn der Stamm übereinkommt, der Wahrheit zu dienen, wäre das ein Fall von Tribalismus der Zeit der Unwissenheit (*dschahilija*)? Scheich Abu Basir at-Tartusi[88], Gott schütze ihn, hat gesagt: „Der Stamm und die Sippe, die unter sich ein Abkommen schließen, der Wahrheit beizustehen, wo immer es sei, selbst wenn es in einem anderen Stamm wäre, und sich gegen unrechtes Handeln wendet, selbst wenn es von den Söhnen des Stammes ausgeht. Oder auch, dass er einen Gläubigen zum Freund nimmt, selbst wenn er aus einem anderen Stamm kommt und sich gegen die tyrannischen Ungläubigen wendet, selbst wenn es von den Söhnen seines Stammes ausgeht, und dass das Rechtsurteil, auf das sich alle Streitigkeiten und Zwistigkeiten beziehen, das Buch und die Sunna[89] sind ... Dies ist ein Stamm, lobenswert in seinem Zugehörigkeitsgefühl und lobenswert in seiner Ordnung, und seine Söhne gehören zu denen, die unter Sein Wort, Er ist erhaben, gehören: ‚Und die gläubigen Männer und Frauen sind untereinander Freunde (und bilden eine Gruppe für sich). Sie gebieten, was recht ist, und verbieten, was verwerflich ist.'" (Sure 9, *at-tauba*, 71)
Zum Abschluss: O, ihr Leute der Stämme ... Schließt Freundschaft mit dem Gläubigen.
Wisst, dass Gott, er ist mächtig und erhaben, mit jedem einzelnen der Menschen am Tag der Auferstehung abrechnet, am Tag der Auferstehung wird kein Stamm und keine Sippe berücksichtigt: „Und sie alle werden am Tag der Auferstehung einzeln zu ihm kommen." (Sure 19, *maryam*, 95); „am Tag, da der Mann vor seinem Bruder flieht, seiner Mutter und seinem Vater, seiner Ehegefährtin und seinen Söhnen." (Sure 80, *ʿabas*, 34ff.) „Sie haben die Möglichkeit, die Menschen (mit denen sie seinerzeit zusammengelebt haben) zu sehen. (Und) der Sünder möchte sich dann gern von der Strafe jenes Tages mit seinen Söhnen loskaufen, mit seiner Ehegenossin, seinem Bruder, (mit) seiner Sippe, bei der er Aufnahme fand (wenn immer er in Not war), und (mit

überhaupt) allen (Menschen), die es auf der Erde gibt. Das würde dann seine Rettung sein." (Sure 70, *al-maʿāriǧ*, 11)
Preis sei deinem Herrn, dem Herrn der Größe über alles, was sie beschreiben. Heil den Gesandten. Preis sei Gott, dem Herrn der Welten.

Text 8: Die erlesenen Früchte aus den Problemen des Rechts des Dschihad (aṯ-ṯamarāt al-ǧiyād fī masāʾil fiqh al-ǧihād)

Verfasser: Abu Ibrahim al-Masri; Quelle: Abū Ibrāhīm al-Maṣrī Aḥmad b. Naṣrallāh al-Maṣrī, *aṯ-Ṯamarāt al-ǧiyād fī masāʾil fiqh al-ǧihād* (http://ia360612.us.archive.org/2/items/islam_680/ThamratJiad.pdf) (Zugriff 12. 10. 2008).

Das zweite Problem: Über die Erklärung des Sinnes des Wortes Dschihad

Lexikalisch bedeutet *dschahada*: das Aufwenden von Kraft und Energie oder es ist die Anstrengung [...][90]
In der Scharia: Ein Mann fragte: „O Gesandter Gottes, was ist der Dschihad?" Der antwortete: „Die Ungläubigen zu bekämpfen, wo immer ihr sie trefft." [...][91] Dies ist ein Teil eines gültigen Hadith, den Ahmad [ibn Hanbal] über seine Überlieferer, alles vollgültige Überlieferer, tradierte. Die Mehrheit der Rechtsgelehrten stimmt darin überein, dass wenn der Begriff Dschihad angewendet wird, damit der Kampf (*qitāl*) gemeint ist, das Aufwenden von Energie auf diesem Wege, um das Wort Gottes, Er ist erhaben, zu erhöhen. Die genaueste und umfassendste Definition ist die, die sich bei den Hanafiten findet[92]: „Das Aufwenden von Energie und Kraft für den Kampf auf dem Wege Gottes, Er ist mächtig und groß, mittels Seele, Eigentum, Zunge u. Ä."[93]
Der Ausdruck „auf dem Wege Gottes": Mit ihm ist, wenn er auf eine Tätigkeit angewendet wird, der Dschihad gemeint, der wiederum „Kampf" bedeutet. [...]
Zwischenbemerkung[94]: Wisse, dass die Wichtigkeit der Definition der schariagemäßen Bedeutung des Ausdruckes „Dschihad" darin liegt, dass dieser zu einer besonderen religiösen Pflicht geworden ist, zu einer unabhängigen gottesdienstlichen Handlung wie die Handlungen des rituellen Gebets und des Fastens. Sie hat ihre Prinzipien, Regeln und Traditionen. [...][95]
Es steht fest, dass Dschihad ein schariatechnischer Fachbegriff ist, wenn er benutzt wird. Es gibt für ihn spezifische und genau definierte sprachliche Hinweise in autoritativen Quellen[96], die zeigen, dass er legitim ist. Er wird nicht auf anderes angewandt, es sei denn in einem kontextabhängigen Vergleich.

Bedenke wirklich, „dass der [Ausdruck] ‚Dschihad auf dem Wege Gottes', wenn er angewendet wird, sich nur auf die Anstrengung gegen die Ungläubigen mit dem Schwert bezieht, sodass sie den Islam annehmen oder kleinlaut aus der Hand Tribut entrichten."[97] [...]
Ohne diese schariabezogene Abwägung werden die Glaubenspflichten austauschbar und nicht genau bestimmt, der sprachliche Ausdruck wird aus seinem Kontext gerissen und die Umsetzung vieler Teile der Scharia wird aufgeschoben.[98] Wir bitten Gott um Heil und Segen im Glauben, in dieser Welt und in jener Welt [...][99]

Text 9: Der Standpunkt des Korans gegenüber seinen Feinden

Verfasser: 'Umar 'Abdarrahman; Quelle: ʿUmar ʿAbdarraḥmān (2005: 772f.).

Das Verstehen[100] ist das Kind der Bewegung (*ḥaraka*), nicht des Verharrens (*quʿūd*)[101]

Die Bewegung ist die tragende Säule dieser Religion. Deshalb können nur diejenigen zu einem Verständnis gelangen, die dadurch bewegt werden, die sich mühen, ihn in der Realität der Menschen zu verankern und durch praktische Aktion die Oberhand über die Unwissenheit (*ǧāhilīya*)[102] gewinnen zu lassen.
Die Erfahrungen lehren, dass nur, wer sich nicht in die Bewegung einfügt durch diesen Glauben, ihn auch nicht versteht, so viel er sich auch seinem Studium in den Büchern widmet - ein steriles Studium. Die die Wahrheit enthüllenden Einsichten in diesen Glauben werden nur dem zuteil, der sich in Form der dschihadistischen Bewegung in Bewegung setzt, um ihn im Leben der Menschen zu verankern. Er wird nicht denen zuteil, die sich in Bücher vertiefen und über Buchseiten beugen![103]
Das Verständnis dieses Glaubens entspringt nur dem Boden der Bewegung. Ein Rechtsgelehrter, verharrend, wenn die Bewegung notwendig ist, erlangt es nicht ... Diejenigen, die sich heute über Bücher und Buchseiten beugen, um aus ihnen Rechtsbestimmungen abzuleiten, durch die sie das islamische Recht erneuern oder entwickeln - wie die Orientalisten[104] unter den Kreuzfahrern sagen -, sind weit entfernt von der Bewegung, die die Befreiung der Menschen von der Knechtschaft (*ʿubūdīya*) durch die Gottesknechte[105] zum Ziele hat und ihre Rückführung in die Knechtschaft gegenüber Gott allein durch die Einsetzung der Scharia Gottes allein als Gesetz[106] und die Verwerfung der Gesetze der Tyrannen[107] ... Diese Leute verstehen die Natur dieser

Religion nicht. Deshalb gelingt es ihnen auch nicht, das Verständnis dieser Religion in Worte zu fassen.[108]

Das islamische Recht ist die Frucht der islamischen Bewegung ... Zuerst findet man den Glauben, dann findet man das Recht. Der umgekehrte Weg ist nicht richtig ... Es zeigt sich, dass das letzte Urteil allein Gott zusteht und dass die Gesellschaft sich dafür entscheidet, dass das letzte Urteil in ihr allein Gott zusteht ...

Wer die Gesetze der Zeit der Unwissenheit, ihre Sitten und Gebräuche verwirft, wer es ablehnt, dass die Gesetze der Menschen welchen Aspekt des Lebens auch immer bestimmen, [ist verantwortlich dafür, dass] dann in dieser Gesellschaft tatsächlich das Leben den umfassenden Prinzipien der Scharia und ihrer Einzelbestimmungen, die sich in den Grundlagen der Scharia finden, entspricht. [...] Für diese Menschen werden die Einzelbestimmungen des [islamischen] Rechts überhaupt erst durch die Wiederbelebung der wirklichen[109] Zustände in ihrem Leben bedeutsam. Nur hier beginnt die Ableitung der Bestimmungen des Rechts; es beginnt die wahre Entwicklung des *islamischen* Rechts ... Die Bewegung um dieses Glaubens willen bringt dieses Recht hervor. Die Bewegung um dieses Glaubens willen ist es, die seine Entwicklung verwirklicht. Es ist niemals ein Recht, das nur aus sterilen Buchseiten abgeleitet wird, weit entfernt vom Gebrodel des realen Lebens! Darum versuchen die Rechtsgelehrten, den Glauben zu verstehen. Ihr Verständnis des Glaubens entspringt dem, dass sie durch ihn bewegt werden. Aus ihrem Bewegtsein zusammen mit dem realen Leben einer muslimischen Gesellschaft[110] lebt sie um dieses Glaubens willen, bemüht sie sich auf seinem Wege, praktiziert dieses Recht, entstanden aufgrund der Bewegung des realen Lebens.[111]

Text 10: Die Säule in der Vorbereitung der Rüstung

Verfasser: ʻAbdalkadir ibn ʻAbdal'asis (= Dr. Fadl)[112]; Quelle: ʿAbdalqādir b. ʿAbdalʿazīz, *Risālat al-ʿUmda fī iʿdād al-ʿudda li'-ǧihād fī sabīl allāh* (Silsila Daʿwa at-tauḥīd 3) (http://www.3llm.com/main/download.php?action=view&id=649) (Zugriff 10. 7. 2008).

Das Emirat ist eine Pflicht

A) Wegen Seines Wortes, Er ist erhaben: „Ihr Gläubigen! Gehorcht Gott und dem Gesandten und denen unter euch, die zu befehlen haben!" (Sure 4, *an-nisāʾ*, 59)

B) und Seines Wortes, Er ist erhaben: „Und wenn ihnen etwas zu Ohren kommt (wenn etwas zu ihnen kommt), was Sicherheit oder Furcht (vor einem

feindlichen Überfall) betrifft, machen sie es (in der Öffentlichkeit) bekannt. Wenn sie es jedoch (für sich behalten und) und vor den Gesandten und vor diejenigen von ihnen bringen würden, die zu befehlen haben, würden diejenigen von ihnen es wissen, die der Sache wirklich nachgehen können." (Sure 4, *an-nisāʾ*, 83) Beide Verse weisen darauf hin, dass die Leute jemanden haben müssen, der zu befehlen hat, sich um ihre Sachen kümmert und ihre Angelegenheiten regelt. Dies gilt auf Grund eines Beweises aus dem Hinweis des autoritativen Textes (*naṣṣ*).
C) Der Gesandte Gottes, Gott segne ihn und spende ihm Heil, hat gesagt: „Drei Personen ist es nicht erlaubt, an einem Flecken Erde zu sein, ohne dass einer von ihnen Emir ist."[113] Der Gesandte Gottes, Gott segne ihn und spende ihm Heil, hat gesagt: „Wenn sich drei auf die Reise machen, so muss einer von ihnen der Emir sein."[114]

Es folgen drei ausführliche Zitate von renommierten Gelehrten des 11. bis 19. Jahrhunderts, die alle die Notwendigkeit des Vorhandenseins eines Emirs bestätigen.

Hören und Gehorchen gegenüber dem Emir [i. e. Anführer] ohne Widersetzlichkeit [...]

Den Befehlshabern zu gehorchen ist eine religiöse Pflicht, denn der Gehorsam ihnen gegenüber zählt zum Gehorsam gegenüber Gott. Das Hören und Gehorchen zählt zu den wichtigsten Gründen für die Sammlung der Muslime und ihre Einheit. In ihrem Gehorsam liegt eine Lösung für den Meinungsstreit unter den Muslimen, der zu Streitigkeiten, Spaltung und Schwinden der Kraft führte.
Auch aus diesem Grunde trat der schariatische Imperativ ein, einen einzigen Imam für die Muslime einzusetzen als Lösung für den Streit unter den Muslimen, ihre Auseinandersetzungen und ihre Zersplitterung. Ich habe bereits im viertel Kapitel über die Frage die Bewahrung der Einheit der Gruppe gesprochen.
Jede Sache kann nur mit einem Kopf bestehen, gleich ob es sich um das oberste Imamat oder eine andere Tätigkeit handelt. Gott, Er ist erhaben, hat gesagt: „Wenn es im Himmel und auf der Erde (in ihnen beiden) außer Gott (noch andere) Götter geben würde, wären beide (d. h. der Himmel und die Erde) dem Unheil verfallen." Der Imam al-Mawardi[115] u. a. haben diesen Vers benutzt, um zu argumentieren, dass nicht zwei Imame für die Muslime eingesetzt werden können, da dies zum Unheil führt. [...][116]

Text 11: Die Rolle der Frauen im Dschihad gegen die Feinde

Verfasser: Jusuf ibn Salih al-'Ujairi; Quelle: Yūsuf b. Ṣāliḥ al-ʿUyairī, *Daur an-nisāʾ fiʾl-ǧihād al-aʿdāʾ* (Silsilat al-buḥūṯ wa'd-dirāsāt aš-šarʿīya 7); Quelle: http://www.megaupload.com/?d=N9UNVX46 (Zugriff 16. 8. 2008).

Zusammenfassung dessen, was wir von dir wollen, edle Schwester [...]
Wir haben dir an mehreren Stellen berichtet, was man über die Frauen der Altvorderen (*salaf*) wissen muss. Dabei haben wir deutlich die Rolle der Frau im Kampf für den Sieg des Islam dargelegt. Wir verlangen von dir nicht, dass du das Schlachtfeld betrittst mit all dem, was es dort an Anstrengungen und Zwietracht gibt. Aber wir verlangen von dir, dass du dir die Frauen der Altvorderen zum Vorbild nimmst, wie sie zum Dschihad anspornen, sich für ihn vorbereiten, wie sie auf diesem Weg geduldig sind und danach streben, mit allem daran teilzunehmen, um dem Islam beizustehen.
Wenn du Gefallen findest an niedrigen Dingen in deinem Glauben, an dem, was für dich und deine Umma schändlich und verächtlich ist, dann werden wir dir nichts von Gott anvertrauen. Wir warnen dich aber zur Vorsicht vor dem Zorn und dem Ärger Gottes und sagen: Sei gottesfürchtig! Sei kein Hindernis auf dem Weg der Männer zum Dschihad. [...] Wisse, wenn du die Männer vom Dschihad ablenkst, gleich ob es sich um Söhne, Ehemänner, Brüder oder andere handelt, so ist dies eine Behinderung auf dem Wege Gottes, die Gott niemals gutheißen wird. Wenn du gar ihr Losziehen vereiteln willst, so hast du keinen Anspruch aus der Scharia, um sie vom Dschihad abzuhalten [...]
Antwortet mir, ihr Mütter. Dieses Palästina, besetzt vom Feind. Niemand, weder nah noch fern, kann den Feind daraus vertreiben. Ist der Dschihad heute nur eine Pflicht für die ausreichende Anzahl? Dieses al-Andalus[117], vom Feinde seit Jahrhunderten besetzt, auch Tschetschenien, Kaschmir, die Philippinen, Burma, Eritrea und die vielen anderen muslimischen Gebiete, alle vom Feind besetzt. [...] Nach all dem sagen wir dann, der Dschihad ist nur eine Pflicht für eine ausreichende Anzahl, und deshalb liegt die Erfüllung eurer Gehorsamspflicht darin, dass ihr zuhause bleibt? [...] Wir aber wiederholen und bekräftigen hier, dass es dir auf keinen Fall erlaubt ist, die Männer vom Dschihad abzuhalten, es sei denn, darin, dass sie losziehen, liegt völlige Vernichtung für dich und deine Kinder [...]

Text 12: al-wala' wa'l-bara'

Verfasser: Aiman as-Sawahiri; Quelle: Aiman aẓ-Ẓawāhirī, *al-Walāʾ wa ʾl-barāʾ, ʿaqīda manqūla wa-wāqiʿ mafqūd* (http://www.al-ula.com/vb/showthread.php?t=4326) (Zugriff 16. 8. 2008).

Diese Epoche der Geschichte der muslimischen Umma ist Zeuge eines wütenden Kampfes zwischen den Kräften des Unglaubens, der Tyrannei und der Überheblichkeit und der muslimischen Umma und ihrer den Dschihad führenden Avantgarde. Dieser Kampf erreichte seinen Höhepunkt mit den beiden gesegneten Angriffen auf New York und Washington und danach mit der Erklärung von Bush über den neuen kreuzfahrerischen Angriff gegen den Islam oder das, was sie Krieg gegen den Terror nennen.

Während der Ereignisse dieses Krieges wurde deutlich, wie dringlich es ist zu verstehen, welche Gefahr für den Glaubensgrundsatz des *wala'* und *bara'* besteht und welches Ausmaß die Unachtsamkeit und die Nachlässigkeit bei der Aufrechterhaltung dieser wichtigen Säule der islamischen Glaubenslehre angenommen haben. [...]

Wir warnen unsere Umma vor einer passiven und nachlässigen Haltung gegenüber der drohenden Gefahr, die über unseren Köpfen schwebt. Der kreuzfahrerisch-jüdische Militärapparat hat das edle Jerusalem besetzt, sitzt ungefähr 90 Kilometer vom heiligen Bezirk Mekkas entfernt und belagert die islamische Welt mit einer Kette von Stützpunkten, Armee- und Flottenverbänden. Der Feind der Umma bewegt sich über ein Netz von Vasallenherrschern.

Wir wollen nicht auf einem anderen Stern leben und so tun, als ob die Gefahr noch 1000 Jahre weg sei. Wir öffnen unsere Augen – jeden Morgen –, um die jüdischen Panzer zu sehen, die die Häuser in Gaza und Dschenin[118] zerstören, wie sie unsere Wohnstätten belagern.[119]

Der Angriff auf den Irak: Er hatte zur Folge, was jetzt geschieht. Wenn Abu 'Ali al-Harithi[120] durch amerikanische Raketen im Jemen getötet wird, ist es eine Warnung für uns, dass die israelische Methode beim Töten der Mudschahidin in Palästina[121] auf die arabische Welt übertragen wurde. Wir alle sind morgen ein Ziel für eine amerikanische Rakete. Dem amerikanischen Finger, der ihn verdächtigend auf ihn zeigt, wird kein aufrichtiger Prediger und edler Autor entgehen.

Wir müssen uns also schnell bewegen. Genug Zeit ist verloren gegangen.

Die muslimische Jugend darf von niemandem eine Entschuldigung erwarten. Der Dschihad gegen die Amerikaner, die Juden und ihre Verbündeten unter den Heuchlern und Abtrünnigen ist zu einer individuellen Pflicht geworden, wie wir dargelegt haben. Jeder Teil der Jugend muss seine Umma voranbringen und Antworten auf den Feind zu ihrer Verteidigung planen. Wir müssen unsere Erde mit einem Feuer unter den Füßen der Angreifer entflammen, sodass sie ohne es[122] nicht davonkommen.[123]

Text 13: Sendschreiben über das Emirat, die bai'a und den Gehorsam

Verfasser: Dschuhaiman al-'Utaibi; Quelle: Ǧuhaimān b. Saif al-ʿUtaibī, *Risāla al-imāra wa'l-baiʿa wa'ṭ-ṭāʿa wa-ḥukm talbīs al-ḥukkām ʿalā ṭalaba al-ʿilm wa'l-ʿāmma* (http://newarabia.org/vb/showthread.php?t=8167) (Zugriff 19. 7. 2008).

Heute regiert tyrannische Herrschaft die Muslime, die nicht auf der Huldigung beruht und in zahlreichen Fällen gegen die Schari'a Gottes handelt. Dazu zählen:
1) Unter den Herrschern gibt es keinen von den Kuraisch.
2) Sie erhalten nicht den Glauben aufrecht, bekämpfen ihn vielmehr und führen Krieg gegen seine Anhänger.
3) Sie nehmen nicht die *bai'a* von ihren Untertanen mit Handschlag[124] entgegen, nicht mit Beistand des Herzens, seinem Gehorsam und seiner Wahl, sondern durch Zwang und Gewalt.
Dadurch kannst du erkennen, dass die Huldigung und der Gehorsam ihnen gegenüber nicht notwendig sind. Was den Gehorsam in Fällen betrifft, die keine Widersetzlichkeit [gegen die Scharia] beinhalten, so ist dies erlaubt, denn es gibt keinen Hinweis, dass es in Fällen, die keine Widersetzlichkeit [gegen die Scharia] beinhalten, verboten ist, denn der Befehl eines Gewaltherrschers ist der Scharia zufolge nicht verboten, wenn es auch besser ist – und darauf weist die Scharia hin –, sie abzusetzen, weil ihre Existenz verderblich für die Religion ist, das Recht zerstört, Neuerungen[125] wiederbelebt und die Sunna auslöscht. Der Prophet, Gott segne ihn und spende ihm Heil, gab eine Rechtleitung zur Absetzung [ungerechter Herrscher], als er [den Hadith von den] Gierigen aus den Kuraisch erwähnte, der zum Verderben der Menschen wird. Er, Gott segne ihn und spende ihm Heil, sagte: „Das Verderben meiner Umma liegt in den Händen Gieriger aus den Kuraisch." Sie fragten: „Was befiehlst du uns?" Er sagte: „Würden die Leute sie doch absetzen." Al-Buchari und Muslim überlieferten diesen Hadith.
Wisse, dass in der Scharia steht, dass die Muslime nur einen Kalifen haben dürfen. Wenn einem anderen gehuldigt wird, tötet er den anderen (d. h. den ersten) wie in seiner Aussage, Gott segne ihn und spende ihm Heil: „Wenn zwei Kalifen gehuldigt wird, dann tötet zwei von ihnen." Muslim überlieferte diesen Hadith. Heute aber sind die Muslime nicht unter einem Imam vereint.

[...] wenn die Muslime alle einem Imam huldigen, stirbt derjenige, der sich von ihrer Gemeinschaft trennt, den Tod eines Ungläubigen [...]

Text 14: Die Wichtigkeit des Tauhid für alle Gläubigen

Verfasser: ʻAbdallah al-ʻAmiri; Quelle: ʿAbdallāh al-ʿĀmirī, „Ahammīyat at-tauḥīd li-kāffat al-ʿabīd", in: *Qaḍāyā ǧihādīya* 1, *scha'ban* 1429 d. H., S. 4f.

Wir hören viel über die Wichtigkeit des *tauhid* und die Wichtigkeit dessen, die Einheitsbekenner dazu zu mahnen. Vielleicht gelangen viele Leute in das Innere ihres Selbst, selbst wenn sie sich das nicht klar machen, und sagen: Wir sind, Gott sei Dank, Muslime und bekennen die Einsheit Gottes, Er ist groß und erhaben. [Wir sind] weit entfernt davon, Gott etwas hinzuzufügen, und von den Leuten, die dies tun. Pflicht ist es, solche Ermahnungen in den Versammlungen derjenigen durchzuführen, die Gräber verehren[126], und anderer, die etwas tun, das Gott etwas hinzufügt.

Was auch immer die Entschuldigung ist, die der Mensch seiner Seele erzählt, das ist völlig falsch, und zwar aus folgenden Gründen:

1) Der *tauhid* ist das Ziel, um dessentwillen die Menschen geschaffen wurden. Wie Er, Er ist erhaben, gesagt hat: „Und ich habe die Dschinn und Menschen nur dazu geschaffen, dass sie mir dienen." (Sure 51, *aḏ-ḏarayāt*, 56) Der Dumme ist das Ziel der Dummheit, derjenige, der nicht alles weiß, was mit dem Ziel seiner Reise zusammenhängt. Er (der Kenntnisreiche) strebt zielgerichtet nach dem Zweck seines Strebens, für das er geschaffen wurde.

2) Sich der Bedeutungsdimensionen des *tauhid* zu vergewissern und die Menschen daran zu mahnen, ist eine Forderung der Scharia. Im Koran werden einige Geschichten und Inhalte in dieser Hinsicht wiederholt berichtet. Ibn al-Kaijim[127], Gott erbarme sich seiner, sagt: Jede einzelne Sure des Korans enthält den *tauhid*, zeugt von ihm und ruft zu ihm auf.

Und du siehst in deiner Realität, dass du nach der Sache strebst und dir ihrer bewusst wirst, die ihr Herr dir anvertraut hat [...]

3) Dass der Einheitsbekenner, obwohl er über den *tauhid* und seine Probleme weiß, eine Handlung sieht, die Gott etwas hinzufügt, und nicht sicher ist darüber, ob diese Handlung tatsächlich etwas ist, das Gott etwas hinzufügt, was ihn dazu treiben würde, sie zu verwerfen und [den, der sie begeht,] zu lehren. Er wird vielmehr schwankend und konfus und fragt sich selber: Ist dieses wirklich eine Handlung, die Gott etwas hinzufügt, schwerwiegender oder nicht so schwerwiegender Art, oder ist es nur eine Zuwiderhandlung[128] oder ... und andere Neigungen zum Satan, die ihn [d. h. den Gläubigen] abhalten, das Böse zu untersagen![129] Dies geschieht deshalb, weil er das religiöse Wissen

studiert hat.[130] Wie die Gelehrten sagen: die Wiederbelebung des Wissens durch die Beschäftigung und das Studium. Wer nun weit davon ist, wie kann es sein, dass ich ihn veranlasse, einen entsprechenden Beweis und eine schariagemäße Beurteilung dieser oder jener Handlung beizubringen?
4) Viele Muslime verfallen, ohne davon zu wissen, in die minder schwere Form des Gott-etwas-Hinzufügens. Deshalb ist die Heuchelei, die zu den kleineren Formen der Hinzufügung gehört, was der Prophet – Gott segne ihn und spende ihm Heil – am meisten für seine Umma fürchtete. [...]
Dieses Wissen ist ein sehr edles Wissen vom Herrn ... Jedes Mal, wenn das Herz des Gottesknechtes rein ist von diesen Bindungen[131], jedes Mal, wenn Gott, Er ist groß und erhaben, ihm etwas von diesem Wissen im Maße der Unbeflecktheit seines Herzens eröffnet – und jeder, der über dieses Wissen spricht, in diesem Maß an Berührtheit davon –, dann nähert sich ihm jemand, durch den ihre Herzen mit Begierden und Zweifeln befleckt werden, zahlreich über sie die Bindungen an die Hinzufügung zu Gott kommen, die Neuerungen und widersetzlichen Handlungen, die Behinderungen durch Lüste und die Nichtigkeiten der Welt [...]

Text 15: Die Verwaltung der Barbarei. Die gefährlichste Phase, die die Umma durchlebt[132]

Verfasser: Abu Bakr Nadschi; Quelle: Abū Bakr Nāǧī, *Idārat at-tawaḥḥuš* (http://www.mnbr2.net/mktbh/book/b1.zip) (Zugriff 26. 7. 2008).

Der Gebrauch der Gewalt

Diejenigen, die den theoretischen Dschihad pflegen, also nur den Dschihad auf dem Papier, werden diesen Punkt nicht sehr gut verstehen. Leider ist die Jugend in unserer Umma seit langer Zeit von den Waffen entwöhnt und kennt nicht länger mehr die Natur des Krieges. Wer den Dschihad im Wissen übt, dass der Dschihad nur Gewalt, Rauheit, Terror, Vertreibung und Erschöpfung ist – ich spreche über Dschihad und den Kampf, nicht über den Islam, bringe das nicht durcheinander –, dem ist es nicht möglich, den Kampf fortzusetzen und von einer Stufe zur anderen zu entwickeln, außer wenn die Anfangsstufe eine Stufe der Erschöpfung durch den Feind und der Vertreibung durch ihn ist, ja sogar dieser Gewalt bedarf er auf den anderen Stufen, jedenfalls in den meisten Fällen, und kann den Dschihad im Schatten der Erschlaffung nicht fortführen. Gleich ob die Erschlaffung in der Methode des Aufrufes zum Dschihad, der Einnahme von Positionen oder in praktischen Maßnahmen liegt. Wobei das Element der Schlaffheit doch einer der Faktoren ist, die zum Scheitern jeglicher dschihadistischer Aktivitäten beitragen.

Wer immer die Absicht hat, eine dschihadistische Aktivität zu beginnen, und jene Schwachheit zeigt, für den ist es am besten, zuhause zu bleiben, wenn nicht, wird das Scheitern sein Schicksal sein. Die nach ihm folgen, werden Schrecken begegnen. Wer sichergehen will und verstehen, was zielführender ist, soll die biographischen, historischen und theoretischen Bücher über das, was in der modernen dschihadistischen Bewegung geschehen ist, lesen. Gleich ob sie Gewalt oder Sanftheit anwenden, werden sie ihren Feinden gegenüber kein Erbarmen zeigen. Das Beste ist, wenn wir sie tausendmal nachdenken machen, bevor sie uns angreifen.
Die Rolle von Gewalt und Härte gegen die Ungläubigen auf dem Feld der Schlacht oder der Propaganda verstehen viele von denen nicht, die in ihrem Leben nicht die Erfahrung von Kriegen gemacht haben [...]

Text 16: Die Religion Abrahams und der Aufruf der Propheten und Gesandten

Verfasser: Abu Muhammad al-Makdisi; Quelle: Abū Muḥammad al-Maqdisī, *Milla Ibrāhīm wa-daʿwat al-anbiyāʾ wa'l-mursalīn* (http://tawhed.ws) (CD-Version).

Über die Darlegung [des Konzeptes] der Religion Abrahams (*milla ibrāhīm*)

Er, Er ist erhaben, sagt über die Religion Abrahams: „Wer anders könnte die Religion Abrahams verschmähen als einer, der selber töricht ist?“ (Sure 2, *al-baqara*, 130)
Er sagt auch, wobei er seinen Propheten, Gott segne ihn und spende ihm Heil, anspricht: „Daraufhin haben wir dir (die Weisung) eingegeben: Folge der Religion Abrahams, eines Hanifen – er war kein Heide.“ (Sure 16, *an-naḥl*, 123)
Mit dieser Deutlichkeit und Klarheit legt uns Gott, Er ist erhaben, den Pfad und den Weg dar ... den richtigen Weg und den geraden Pfad. Dies ist die Religion Abrahams. Keine Obskurität und keine Dunkelheit gibt es darin. Wer von diesem Weg abweicht mit dem Argument, es sei zum Nutzen des Aufrufes zum Islam (*daʿwa*) oder dass sein Befolgen Zwietracht oder Leiden über die Muslime bringe oder andere hohle Behauptungen, die der Satan in die Seelen der Glaubensschwachen senkt, dieser ist töricht, in die Irre gegangen, meint, er wisse mehr über den Aufruf zum Islam als Abraham, über ihn sei Segen und Heil, den Gott rein gemacht hat. Er hat gesagt: „Und (schon) früher haben wir doch dem Abraham seine richtige Einsicht gegeben.“ (Sure 21, *al-anbiyāʾ*, 51); und: „Wir haben ihn doch im Diesseits auserwählt. Und im Jenseits gehört er zu den Rechtschaffenen.“ (Sure 2, *al-baqara*, 130) Er

machte seinen Aufruf für uns rein, befahl dem Siegel der Propheten und Gesandten[133], ihm zu folgen, und machte die Torheit zum Merkmal all derer, die von seinem Weg und Pfad abweichen. Die Religion Abrahams ist:
a) Aufrichtige Anbetung Gottes allein im vollen Sinne des Wortes Anbetung.
b) Abstehen (*barā'a*) von der Hinzufügung zu Gott (*širk*) und ihren Anhängern.
Der Imam, Scheich Muhammad ibn 'Abdalwahhab, Gott, Er ist erhaben, erbarme sich seiner, sagt: „Die Grundlage des Glaubens des Islam und seine Basis sind zwei Dinge:
1) Der Befehl, Gott allein, Er hat keinen Teilhaber, zu verehren, das Streben danach, Loyalität darin und denjenigen, der ihn verlässt, für ungläubig zu erklären.
2) Vor der Beifügung in der Verehrung Gottes zu warnen, darin energisch zu sein [...] und denjenigen, der es tut, für ungläubig zu erklären."
Dies ist der *tauhid*, zu dem die Propheten, Gottes Segen und Heil über ihnen allen, aufgerufen haben. Dies ist die Bedeutung von: Es gibt keinen Gott außer Gott. Die Aufrichtung, der *tauhid* und die Alleinstellung für Gott, Er ist groß und erhaben, in der Verehrung, die Loyalität zu seiner Religion und seinen Freunden, das für ungläubig erklären und Fernhalten von jedem, der etwas außer ihm verehrt, sowie die Feindschaft gegen seine Feinde.
Das ist ein *tauhid* in der Überzeugung und in der Praxis zugleich. Die Sure 112 ist ein Beweis für seinen Überzeugungsaspekt, die Sure 119 für seinen praktischen Aspekt. Der Prophet, Gottes Segen und Heil über ihn, hat diese beiden Suren häufig rezitiert [...] wegen ihrer überragenden Wichtigkeit.
Notwendige Anmerkung: Jemand mag denken, dass die Religion Abrahams in dieser unserer Zeit durch das Studium des *tauhid* realisiert werden kann, die Kenntnis seiner Unterteilungen, seiner Kategorien, eine theoretische Kenntnis und sonst nichts. [Dies könne] mit einem Schweigen über diejenigen, die sich nichtigem Handeln widmen, verbunden werden und damit, dass man sich nicht offen von ihrem nichtigen Handeln dissoziiert (*barā'*) und dies zeigt.
Diesen und ihresgleichen sagen wir: Wäre die Religion Abrahams so gewesen, hätte ihn sein Volk deswegen ins Feuer geworfen. Ja vielleicht hätten sie ihn sogar akzeptiert, wenn er ihnen geschmeichelt hätte, über einige ihrer nichtigen Handlungen geschwiegen und ihre Götter nicht nichtig genannt, keine Feindschaft gegen sie proklamiert und sich mit einem theoretischen *tauhid* begnügt hätte, den er mit seinen Anhängern studiert hätte, und sich *nicht* in die praktische Realität begeben hätte als Vorbild in der Assoziation und Dissoziation (*al-walā' wa 'l-barā'*), in Liebe und Hass, in Feindschaft und Trennung um Gottes willen. Wenn er das vielleicht getan hätte, hätten sie ihm alle Tore geöffnet. Sie hätten ihm vielleicht sogar Schulen und Institute gegründet wie in unserer Zeit, um diesen theoretischen *tauhid* zu studieren.

Sie hätten vielleicht sogar großartige Inschriften angebracht und sie genannt: Schule oder Institut des *tauhid* und Fakultät für den Aufruf zum Islam und die Grundlagen der Religion und was sonst noch dazu kommt. Das alles hätte ihnen nicht geschadet und keinen Einfluss auf sie gehabt, solange es in die Realität und zur Anwendung gelangt. Würden für sie aus diesen Universitäten, Schulen oder Fakultäten Tausende von Diplom-, Master- oder Doktorarbeiten über Aufrichtigkeit, *tauhid* oder Aufruf zum Islam hervorgehen, würde das nicht auf ihre Ablehnung stoßen. Sie würden ihren Segen dazu geben, ihren Verfassern Diplome, Zeugnisse und großartige Titel verleihen, solange sie sich nicht gegen ihre Nichtigkeit, ihre Position und ihre Realität wenden und solange es in diesem hässlichen Zustand bleibt.
Scheich 'Abdallatif ibn Abdarrahman sagt in [seinem Buch] *ad-Durar as-sanija*: Es ist nicht vorstellbar, dass jemand den *tauhid* kennt und ihm entsprechend handelt und nicht die Polytheisten als Feinde behandelt. Von ihm kann man nicht sagen, er kenne den *tauhid* und handele ihm entsprechend.

Text 17: The Rise of Jihad, Revenge of Gujarat

Publiziert von den Indian Mujahideen in the Land of Hind; Erklärung zu den Anschlägen von Jaipur; Quelle: The Rise of Jihad, Revenge of Gujarat (http://www.hindtoday.com/Blogs/Docs/The_Rise_of_Jihad.pdf) (Zugriff 28. 11. 2008).

Friede und Gebete für Seinen Diener und Seinen Gesandten Muhammad (Friede sei über ihm), der sagte: „Ich bin angewiesen, die Leute so lange zu bekämpfen, bis sie eingestehen, dass niemand verehrt werden soll außer Allah und Muhammad (Friede sei über ihm), der Gesandter Gottes ist, und die Gebete einführen, die Zakati[134] bezahlen. So sie dieses tun, haben sie ihr Blut und ihren Reichtum vor mir gerettet, außer den Ansprüchen, die der Islam stellt und ihrer Verantwortlichkeit vor Gott." (Von Buchari und Muslim überlieferter Hadith.)
Wir sind wieder zurück – die Indischen Mujahideen – diejenigen, die die Ungläubigen terrorisieren – die Radikalen des Islam – nach unserem triumphalen und erfolgreichen Angriff auf Jaipur. Noch einmal rufen wir alle, die nicht an Allah und seinen Gesandten Muhammad (Friede sei über ihm) glauben, auf, den Islam anzunehmen und zu bezeugen, dass niemand verehrt werden soll außer Allah und dass Muhammad (Friede sei über ihm) der Gesandte Allahs ist. Nehmt den Islam an und rettet euch selber.[135]
O Hindus! O ungläubige, glaubenslose Inder! Habt ihr immer noch nicht die Falschheit eurer 330 Millionen Götzen aus dreckigem Schlamm und die

Blasphemie eurer tauben, stummen, schweigenden und nackten Götzen des Ram, Krishna oder Hanuman[136] begriffen, [die] eure Hälse, so Gott will, nicht davor retten werden, durch unsere Hände durchschnitten zu werden? Noch wird euer falsche Glaube an Affen, Schweine und nackte Standbilder euch vor dem Zorn Allahs und Seiner demütigenden[137] Bestrafung retten. [...]
Jetzt beginenn wir auf eure Tyrannei und Unterdrückung zu antworten, das erhabene Banner des Dschihad gegen die Hindus und all die, die uns bekämpfen und sich uns widersetzen, zu erheben. Jetzt beginnen wir unsere Rache mit der Hilfe und der Erlaubnis Gottes - eine schreckliche Rache an eurem Blut, eurem Leben und eurer Ehre, die, so Gott will, euer Überleben in diesem Land beenden wird.
Erinnert euch, o ihr Hindus von Gujarat! O ihr dreckigen, schamlosen und verkommenen Kreaturen!

Internetforen

Ein wichtiger Teil der dschihadistischen Internetpräsenz sind Foren, die zumeist arabischsprachige Diskussionen vorstellen. Wenn wir uns ein Bild machen wollen, können wir das von Yassin Musharbash (2006: 108f.) übernehmen, der die dschihadistische Region als eine Stadt beschreibt: eine mittelalterliche arabische Stadt, in der die arabische Sprache als Stadtmauer funktioniert und prominente islamische Diskussionsforen als Stadttore fungieren, die man passieren muss, um ins Innere vorzudringen. Man kann in dieser Stadt umziehen, indem man seine Adresse ändert; man kann sich in schwer zu entdeckenden Winkeln verstecken; und man kann sich darin verlaufen.

„Einige der großen [...] Diskussionsforen werden täglich von mehreren zehntausend Menschen besucht. Die meisten dienen im Prinzip als Schwarze Bretter, wo jeder einen Hinweis oder eine Nachricht hinterlassen kann. Auf manchen gibt es mehr Austausch, und auf Fragen werden von den anderen Nutzern postwendend Antworten geliefert."

Um einen Eindruck vom Umfang der Diskussionen in diesen Foren zu geben, sei eine neuere Untersuchung zitiert, die sich auf zwei sehr populäre Foren bezieht: „1.549.966 einzelne Postings sind bei dem einen, 1.088.548 Postings im zweiten Forum abrufbar, das sind 960 beziehungsweise 684 täglich. Die beiden Foren haben übrigens 11.353 beziehungsweise 53.502 angemeldete Mitglieder. Fuad rechnet vor: Wenn man auf jedes Posting im Durchschnitt eine Minute verwendet, käme man auf 27 Stunden reine Lesezeit am Tag." (Musharbash 2008) Damit wir ein realistisches Bild des Einflusses solcher Foren im Internet gewinnen, seien einige allgemeine Daten genannt[1]:

Nach einem Maßstab, der aus einer Kombination von Seitenaufrufen und Usern berechnet wird, nimmt das in jüngerer Zeit bedeutende

Forum *al-Ichlas*, nach der englischen Transkription meistens al-Ichlas genannt, im Internetverkehr 2008 im Dreimonatsdurchschnitt Rang 95.356 ein, in der Woche vor der Erhebung dieser Daten Rang 394.533. Bezüglich der weltweiten Internetuser haben in der Woche vor der Erhebung der Daten 0,00035 % diese Seite besucht, im Dreimonatsdurchschnitt 0,00088 %.

Betrachten wir die lokale Verteilung, sehen wir, dass *al-Ichlas*-User hauptsächlich aus folgenden Ländern kommen:

Algerien	20,1 %
Jemen	17,1 %
Georgien	11,8 %
Saudi-Arabien	10,0 %
Ägypten	7,5 %
Vereinigte Arabische Emirate	5,0 %
Oman	3,1 %
Katar	2,3 %
Jordanien	2,3 %
Kuwait	2,3 %
Bahrain	1,1 %
Malaysia	1,1 %
Marokko	1,0 %
Palästinensische Gebiete	1,0 %
Israel	0,7 %
Andere	13,8 %

Es handelt sich nur um eine einzige der Internetadressen, unter denen dieses Forum betrieben wird. Es kann also nur ein ungefährer Eindruck der geographischen Streuung gegeben werden.

Diese Foren sind ein wichtiges Tor, durch das u. a. nach Informationen über dschihadistische Diskussionen gesucht werden kann, die neuesten Videos zu orten sind, Erklärungen unterschiedlichster Art verbreitet werden, neue Publikationen angekündigt werden, zentrale Erklärungen der dschihadistischen Strömung immer wieder publiziert werden, um ihnen Resonanz zu verschaffen.

Allerdings sind die Foren durch ihren Umfang auch eine äußerst schwer zu bearbeitende Quellengattung, die auch eine Vielzahl verzichtbarer Daten enthält, aus denen die brauchbaren erst zu filtern sind. Ein zusätzliches Problem ist die kommerzielle Verwertung der Informationen aus dschihadistischen Internetforen, die zum Teil mit dem Gestus des aus geheimnisvoller Quelle geschöpften Wissens einem interessierten Publikum verkauft werden. Die Auswahl der weitergegebenen Informationen ist schwer nachzuprüfen und eine interessengeleitete Informationspolitik der Anbieter scheint manchmal nahe zu liegen. Der Blick in das Original ist immer vorzuziehen.

Dieser Blick fällt allerdings – wie oben erwähnt – immer wieder auf arabische Schriftzeichen. Dies macht die Rezeption dschihadistischer Originalquellen häufig schwierig. Diesem Problem sahen sich auch die Propagandisten des Dschihad gegenüber. Die Lösung ist die Übersetzung oder Publikation in anderen Sprachen. Englischsprachige dschihadistische Webpräsenzen sind häufig, aber auch französischsprachige (z. B. „Al Mourabitoune"), deutschsprachige (z. B. die „Globale Islamische Medienfront") sind zu nennen. Russische (z. B. „al-Badil") und indonesische Seiten können genannt werden.

Manchmal sind die Ergebnisse professioneller Dschihadbeobachter mehr als skurril. So gibt ein Blog mit dem Titel „Tracking Al Queda" (!) in seinem Titel offen zu, dass die Qualität der automatischen Übersetzungen aus dem Arabischen zu wünschen übrig lässt. Trotzdem könnten Einblicke „in die Welt des islamischen Fanatismus" gewonnen werden.[2] Unkenntnis schützt vor schlechten Übersetzungen nicht ...

Das zunehmende Sicherheitsbewusstsein von Dschihadis hat dafür gesorgt, dass solche Foren durch Passwörter und Anmeldeverfahren geschützt werden. Ein äußerst nachgefragtes Forum mit dem Titel „al-Hisba" hat im Bewusstsein, dass neben Sicherheitsdiensten auch Medien mitlesen, eine Art Akkreditierung für Medien eingeführt. Die betreffenden Medien werden dann auf der Eingangsseite präsentiert. Einige Beispiele: Reuters, al-Jazeera, MSNBC, al-Arabiya, ZDF, Vakit, Associated Press, Radio Netherlands, ABC, CNN, Novosti ...

Versuche, die Foren durch Angriffe zu schließen, haben nach jüngsten Attacken zu Diskussionen unter Dschihadisten geführt, auf welche Weise die Kommunikation gesichert werden kann, sollten alle Foren angegriffen und geschlossen werden. Ein Teilnehmer in einem noch offenen Forum schlägt eine Strategie für eine Internetguerilla vor. Aktivisten, die nicht an militärischen Operationen teilnehmen, sollen über E-Mail-Netzwerke Informationen, Videos u. Ä. verbreiten. Dazu kämen Messenger-Gruppen. Dschihadistische Aktivisten sollten auch versuchen, in bestehende Foren und E-Mail-Gruppen zu infiltrieren, um dort die salafistisch-dschihadistische Ideologie zu verbreiten. Würden sie deswegen ausgeschlossen, sollten sie schließlich durch koordinierte Angriffe solche Internetpräsenzen schließen.

Ein besonderes Problem stellt die Rolle von Frauen dar, die der Autor eigentlich wegen ihres Engagements als Speerspitze solcher dschi-

Bildcollage aus dem Diskussionsforum. Screenshot. 2008

Der fünfte Kommentator, „Der Tikriter“ (*at-tikrītī*), schreibt am 28. 6. 2008: Gott segne dich!

Der sechste Kommentar kommt von „Der Falke der Araber“ (*ṣaqr al-ʿarab*). Er schreibt am 29. 6. 2008: Daaaaaaaaaaaaaaaanke, mein Bruder, für den Beitrag!

„Der Falke der Araber“ schreibt im siebten Kommentar noch am 29. 6. 2008: Wir warten auf mehr!

„Gott möge seine Familie erlösen“ gibt im achten Beitrag am 4. 7. 2008 als Antwort: Der Friede sei mit euch, die Barmherzigkeit Gottes und seine Segnungen! Gott segne euch und der Dank Gottes für euch!

Text 2: Al-Ichlas I

Quelle: Šabakat al-Iḫlāṣ al-islāmīya (http://www.al-ekhlaas.net/forum/showthread.php?t=150019) (Zugriff 20. 8. 2008). Es handelt sich um eines der zentralen Foren für dschihadistische Online-Diskussionen. Der Name des Forums *Al-Ichlas*, in etwa: Reinheit des Vertrauens, bezieht sich auf die Sure 112, in der Grundsätze des Eingottglaubens (*tauḥīd*) angesprochen werden. Damit bezieht sich der Name des Forums auf zwei zentrale dschihadistische Konzepte: auf die Reinheit und auf den *tauhid*.

Auch dieses Forum ist vielfach aufgegliedert. Da wir schon oben eine Gliederung vorgestellt haben, werden wir hier nicht noch einmal eine ähnliche Gliederung beschreiben. Der Thread, der jetzt wiedergegeben wird, beginnt am 25. 5. 2008. Er stammt vom User „šāmil al-Baġdādī[13]:

Titel des Diskussionsforums. Screenshot. 2008

Programm zum Aufbau der Persönlichkeit eines terroristischen Mudschahid (*muǧāhid irhābī*), Teil 1

Im Namen Gottes, Preis sei Gott und Segen und Heil über dem Gesandten Gottes! Friede sei mit euch, meine Brüder in Gott!
Gott, Er sei gepriesen und Er ist erhaben, hat gesagt: „Und rüstet für sie, so viel ihr an Kriegsmacht und Schlachtrossen (aufzubringen) vermögt, um damit Allahs und eure Feinde einzuschüchtern, und andere außer ihnen, von denen ihr keine Kenntnis habt, (wohl) aber Allah! Und wenn ihr etwas um Allahs willen spendet, wird es euch (bei der Abrechnung im Jenseits) voll heimgezahlt. Und euch wird (dabei) nicht Unrecht getan." (Sure 8, *al-anfāl*, 60)
Dies, meine Brüder in Gott, ist eine einfache und simple Methode, um das zu erreichen, was jeder einzelne von euch will, um eine dschihadistische Persönlichkeit für den aufzubauen, der danach strebt.
Erstens: Wie wählt man denjenigen aus, von dem du willst, dass er der ist, den du für das Projekt wirbst, ein Mudschahid zu sein?
Damit derjenige bereit ist, das Höchste zu opfern, was er besitzt, muss er wenigstens im Kern großzügige Hingabe besitzen. Wie soll derjenige etwas opfern, der geizig ist, gierig und hinter den Dingen der Welt hinterherrennt, selbst wenn er eine dschihadistische Ideologie verfolgt und Liebe zu den Scheichs bekundet und die Schariagemäßheit des Dschihad. So jemand möchte das Diesseits und das Jenseits erwerben [...] Diese aber sind zwei Frauen, die nicht in einem Herzen zusammentreffen können.
Deshalb, lieber Bruder, wenn du einen Bruder, einen Freund oder einen Verwandten werben willst, dann studiere ihn, bevor du ihn ansprichst, wenn du ihn ernsthaft findest. Und wenn nicht, dann wende deinen Blick von ihm ab, vielleicht leitet ja Gott ihn recht. Nachdem du den ausgewählt hast, an den sich die Werbung richtet – oder vielleicht kommt er sogar zu dir wegen dessen, was er von deinen Überzeugungen weiß –, dann spürt er vielleicht um seine Mängel und sieht in dir den Nächsten, der ihn auf diesem Weg leiten kann.

Vor allem anderem, was du auf dem Weg der Größe und Erhabenheit verfolgen willst, liegt, dass du gut lernst, was der Gottesknecht lernt. Und das ist die Einsheit Gottes (*tauḥīd*). [...]
Die Vorbereitung auf den Dschihad gliedert sich in drei Teile: die Vorbereitung in der Scharia, die körperliche Vorbereitung und die technische Vorbereitung.
Darauf folgt die Spezialisierung entsprechend dem, was die Umstände erfordern, und dem, was der Mudschahid an besonderen Fähigkeiten zeigt.
Wir beginnen heute mit der Vorbereitung in der Scharia und dem, was der Muslim über die Dinge seines Glaubens wissen muss und den Büchern, die zu lesen sind.
Zuerst aber, bevor ich dir die Bücher vorschlage, musst du in der arabischen Sprache sicher sein. Die schariatische Wissenschaft wird nicht in der Umgangssprache zusammengestellt. [...][14]
Dann muss er an einer der Kurse für Rezitation teilnehmen, damit er lernt, den Koran vorzutragen [...][15]
Er beginnt mit der Lektüre und dem Verstehen des ausführlichen Buches *Millat Ibrahim.* Der Mudschahid beginnt dann mit dem Lesen eines einfachen Buches über das islamische Recht. Ich rate zu *al-Wadschis fi fikh as-sunna wa'l-kitab al-'asis*[16]. Dann folgt die Lektüre des *Scharh al-akida al-wasitija* von Scheich Muhammad Harras.[17] Wer das vertiefen möchte, muss den Kommentar dazu von Ibn 'Uthaimin[18] lesen, ein wertvoller Kommentar. Dann liest er das Buch *Fath al-madschid Scharh Kitab at-tauhid.*[19] Dann folgt die Lektüre des Buches *al-'Umda fi i'dad al-'udda* (s. o.) von 'Abdalkadir b. 'Abdal'asis. Dann folgt die Lektüre des Buches *al-Haka'ik fi 't-tauhid* von Scheich 'Ali ibn Chudair al-Chudair[20], Gott möge seine Familie erlösen. Es handelt sich um ein wertvolles Buch über die Gottesnamen und die Rechtsbestimmungen. Dann folgt die Lektüre des Buches *Scharh al-Warakat* (*Šarḥ al-waraqāt*) von Ibn 'Uthaimin über die Grundlagen der Rechtswissenschaft. Dann folgt die Lektüre eines Buches über Hadithwissenschaft [...][21] Dann folgt die Lektüre von *Makalat baina minhadschain* (*Maqālāt baina minhağain*) von Abu Katada[22] und das Buch *al-Dscharh wa't-ta'dil* (*al-Ğarḥ wa'ta'dīl*) des selben Autors. [...] Dann folgt die Lektüre des Buches *ad-Dimukratija din* von Abu Muhammad al-Makdisi (s. o.). Dann folgt die Lektüre des Buches *Mawani' at-takfir* (*Mawāniʿ at-takfīr*) von Abu Basir at-Tartusi[23].
Nach diesem ersten Studienabschnitt beginnen wir mit Audioaufnahmen [...][24]
Das Anhören von Vorträgen von Abu Katada und al-Fisasi; sie sind alle nützlich. Nachdem der Mudschahid – mit Erlaubnis Gottes – diese Stufe abgeschlossen hat, beginnt er mit der Lektüre der strategischen Bücher und derjenigen, die sich mit der Formung der Persönlichkeit [...] beschäftigen. [...]

Diese Lektüre bearbeitet drei Felder. [...]
Im ersten Feld muss der umfangreiche Band, ja das System der Zukunft, von Abu Mus'ab as-Suri gelesen werden: *Da'wa al-mukawama al-islamija al-'alamija*, Teil 1. Wer weitere Erfahrungen hinzufügen möchte, lese *at-Tadschriba al-dschihadija fi Surija*[25], *Pakistan Muscharraf*[26] vom selben Autoren und *Taliban fi 'l-misan* von Scheich Jusuf al-'Ujairi, Gott möge ihn wohlgefällig aufnehmen.
Im zweiten Feld – es handelt sich um die gegenwärtigen Erfahrungen – soll er lesen die *Taudschihat minhadschija* von Scheich Usama bin Ladin, Gott bewahre ihn, und *Fursan taht raja ar-rasul, salla allah 'alaihi wa-sallam*, von Scheich Aiman as-Sawihiri [s. Kepel 2004b)] (dieses Buch habe ich noch nicht gelesen, habe aber gehört, es soll sehr gut sein) und *Silsilat al-hurub as-salibija* von Scheich Jusuf al-'Ujairi, Gott möge ihn wohlgefällig aufnehmen.
Im dritten Feld soll er das Buch *Idarat at-tawahhuschsch* von Scheich Abu Bakr Nadschi (s. o.) lesen, Gott bewahre ihn, wenn es ihn gibt. [...]
Durch diese Worte wollen wir zur Schaffung eines einheitlichen Systems für alle Brüder beitragen und zur Bereitung kurzer und einfacher Wege. [...]

Der erste Kommentar folgt schon am 25. 5. 2008. In den anschließenden Kommentaren werden die üblichen Lobeshymnen geäußert. Dann folgen Hinweise auf weitere Bücher und Vorträge und Möglichkeiten zum Download genannter Werke. Einer der Kommentatoren schreibt, er sei selber gerade bei der Zusammenstellung eines ähnlichen Programms gewesen.

Text 3: Al-Ichlas II

Quelle: Šabakat al-Iḫlāṣ al-islāmīya (http://www.ek-ls.org/forum/showthread.php?t=156672). Auch hier handelt es sich um einen Thread aus dem Forum *al-Ichlas*. Der Thread, er stammt vom 25. 6. 2008 und wird innerhalb zweier Tage durchdiskutiert, wird von dem User „al-fatā al-ǧaurānī" gestartet:

Der erwartete Mahdi und die schwarzen Banner werden nicht in unserer Zeit erscheinen, vielmehr nach der Wiedererrichtung des Kalifats und dem Tod des Kalifen

Im Namen Gottes des Barmherzigen, des Allerbarmers.
Preis sei Gott und Segen und Heil über unseren Propheten, Muhammad, seine Familie[27], seine Gefährten und wer ihm folgt.

Zu dem, was man wissen muss und viele irrige Vorstellungen und Phantastereien zerstört, zählt, dass der erwartete Mahdi und die schwarzen Banner erst nach Eintreten von zwei Ereignissen erscheinen werden:
1) Dass das islamische Kalifat wieder errichtet wird, um über die Muslime zu herrschen, und dass der Kalif stirbt.
2) Dass diese entwickelte Zivilisation verschwindet und das Leben zu dem Zustand zurückkehrt, in dem es im Mittelalter war.

Die Beweise dafür

Der Beweis für das erste Ereignis

Nach Umm Salama[28], Gott habe Wohlgefallen an ihr, nach dem Propheten, Gott segne ihn und spende ihm Heil. Dieser sagte: „Es entsteht Streit beim Tod des Kalifen. Ein Mann von den Kuraisch von den Einwohnern Medinas wird nach Mekka ausziehen. Einwohner Mekkas werden zu ihm kommen. Sie werden ihn dann in die Öffentlichkeit bringen, er aber lehnt es ab. Dann huldigen sie ihm zwischen der Ecke[29] und dem Gebetsort Abrahams[30]. Sie werden zu ihm ein Heer aus Syrien[31] schicken. Wenn sie in al-Baida'[32] sind, wird die Erde sie verschlingen. Wenn dies den Menschen zu Ohren kommt, werden die Leute aus Syrien und Gruppen der Leute aus dem Irak zu ihm kommen und ihm huldigen. Ein Mann wird aus den Kuraisch kommen, seine Muttermale haben die Form eines Hundes. Sie[33] werden gegen sie[34] ein Heer schicken; sie werden sie aber besiegen und gegen sie die Oberhand behalten. Unter den Menschen wird ihre Beute verteilt. Unter ihnen wird die Sunna ihres Propheten gepflegt und der Islam auf Erden in die Tat umgesetzt. Er bleibt sieben Jahre."
Diesen Hadith überlieferte Ahmad ibn Hanbal und Abu Dawud. Ibn Qaijim sagte, dies ist ein guter Hadith. Es gibt andere Hadithe, von denen es erlaubt ist zu sagen, sie sind authentisch.
Dieser Mann ist der Mahdi. Der Hadith ist ein autoritativer Text darüber, dass er erst nach dem Tod eines Kalifen erscheinen und es einen Streit nach dem Tod dieses Kalifen geben wird.
Wo gibt es heute den Kalifen? Und wo das Kalifat?

Der Beweis für das zweite Ereignis

Nach Abu Huraira, Gott habe Wohlgefallen an ihm, nach dem Propheten, Gott segne ihn und spende ihm Heil. Dieser sagte: „Die letzte Stunde wird nicht eintreten, bis die Byzantiner bei al-A'mak oder bei Dabik ihr Lager aufschlagen. Gegen sie wird ein Heer aus Medina ausziehen, bestehend aus der Elite der Menschen jener Zeit. Wenn sie sich in Reihen zum Kampf aufgestellt

haben, werden die Byzantiner sagen: Macht Platz zwischen uns und denjenigen, die uns beleidigt haben, damit wir gegen sie kämpfen. Die Muslime aber geben zur Antwort: Nein, bei Gott, zwischen euch und unseren Brüdern werden wir keinen Platz machen. Dann kämpfen sie[35] gegen sie[36] und töten ein Drittel, von dem Gott niemals Reue verlangen wird. Dann wird ein Drittel getötet, das die bei Gott angesehensten Glaubenszeugen sein werden. Das [letzte] Drittel trägt den Sieg davon; sie werden niemals der Versuchung ausgesetzt sein. Sie erobern dann Konstantinopel. Während sie die Beute aufteilen, hängen sie ihre Schwerter an Olivenbäume. Da schreit unter ihnen der Satan[37] auf: Der Messias[38] ist euch unter euren Leuten gefolgt."
Diesen Hadith überlieferte der Imam Muslim, Gott erbarme sich seiner.
Im Hadith kommen Schlachtreihen vor. So etwas gibt es nicht in den Armeen unserer Zeit. Im Hadith steht, dass ihre Waffen Schwerter sind. Diese zählen nicht zu den Waffen unserer Zeit. Ebenso Gog und Magog.[39]
Was die schwarzen Banner betrifft, so findet sich in einigen Überlieferungen, dass sie dem Mahdi zur Hilfe kommen und ihm huldigen.
Die Überlieferungen über die schwarzen Banner zählen zu den authentischen. Darin gibt es aber doch einige größere Schwächen. Es gibt Gelehrte, die die Hadithe darüber für schwach erklären.
Das Ergebnis ist, dass die Hadithe über den erwarteten Mahdi beweisen, dass am Ende der Zeit der Messias, Sohn der Maria, über ihm sei Heil, erscheinen wird, gleich ihm der einäugige Dadschdschal und Gog und Magog. Er wird erscheinen in einer Zeit, in der die Waffen Lanzen und Pfeile sind. [In den Hadithen] steht auch, dass er erscheinen wird, wenn es ein islamisches Kalifat für einen Mann aus der Familie der Kuraisch gibt. Dieser stirbt, nachdem Auseinandersetzungen und Streit entstanden sind, wer nach ihm Kalif sein soll. Dann erscheint der Mahdi. All das oder die Aussage, dass die Mudschahidin der Taliban heute die schwarzen Banner sind. Gott aber weiß es am besten. Er segne und spende Heil unserem Propheten Muhammad, seiner Familie, seinen Gefährten, allesamt.

Der User „'ashik al-istischhad" gibt folgenden Kommentar: Frieden sei mit euch, das Erbarmen Gottes, Er ist erhaben, und seine Segnungen. Zuerst einmal: Gott segne dich für deine Anstrengung und den Gewinn, den du gebracht hast, mein Bruder in Gott. Ich möchte dir sagen, dass das Erscheinen des Mahdi ein Wissen ist, dass Gottes ist. Gott allein, ist derjenige, der weiß, wann er erscheinen wird. Ich habe einen Vortrag von Scheich Muhammad Hassan[40] über das Erscheinen des erwarteten Mahdi gehört.[41] Er hat gesagt, dass die Schwerter kein Beweis für etwas sind, was nach seinem Erscheinen geschieht. Du musst nur eine Sache wissen: Gott ist zu allem in der Lage. Wenn er etwas will, das eine Sache geschieht, sagt er zu ihr: Sei! Und dann ist sie. Wisse, mein Bruder, dass die kleinen Zeichen[42] alle bereits aufgetreten sind, nur die großen stehen noch aus. Wisse auch, dass die List Gottes groß ist. Wisse, dass, wer sich vor der List Gottes im Diesseits sicher fühlt, es nicht im Jenseits ist. Ich werde dir ein Beispiel geben. Stell dir vor, er entdeckt einen Schutzanzug gegen alle Arten von Kugeln, sogar gegen schwere Granaten, also gegen alles, was möglich ist.[43] Ich möchte dir nur einen einzigen einfachen Gedanken nahe bringen: Das Erscheinen des Mahdi und der anderen Zeichen liegt nicht in unserer Hand. Vielleicht ist es nahe. Gott aber weiß es.

„Abu 'Umar" schreibt ein Lob. „Abu Hadschir al-Kinani" schreibt: Gott allein weiß es. Die wichtige Sache bleibt aber, dass die Mudschahidin unter den Teilnehmern und den Mitgliedern von al-Qaida diejenigen sind, die das Kalifat wieder errichten werden, das der Mahdi beerben wird, wie du erzählt hast – mit Gottes, des Einen, des Allbesiegers, Erlaubnis. Was nun das Kalifat angeht, so hat seine Errichtung begonnen; seinen Erbauern gehören ihre Körper und ihr Blut. Wenn sie nicht die Generation der schwarzen Banner sind, dann wird sicherlich das Heer der schwarzen Banner aus ihren Nachkommen entstehen und aus den Schülern ihrer Schulen, die mit den Nachrichten über sie und ihr Heldentum aufgezogen werden. Löwen werden nur aus dem Schoß von Löwen geboren. Und so wie die Mudschahidin aus den Schößen des vorbildlichen Lebens der verehrungswürdigen Prophetengenossen geboren werden und aus dem Vorbild des Anführers der Elite der Glücklichen, unseres Gesandten, des Vertrauenswürdigen, Gott segne ihn und spende ihm Heil, so werden die Gefolgsleute der schwarzen Banner aus den Löwendickichten Afghanistans, des Irak und Tschetscheniens entspringen ...

„Fatima al-aslamija" schreibt: Mein Bruder! Speziell das Thema der Schwerter: In der Zeit des Propheten, Gott segne ihn und spende ihm Heil, waren ihre Waffen Schwerter, Lanzen und Dolche. Handelt es sich vielleicht um einen Fall des Vergleichs? Meinst du, dass er z. B. Gewehr sagt? Sie kennen kein Fernsehen, kein Gewehr, keinen Panzerwagen, kein Flugzeug ... Für den Rest stimme ich mit den Worten des Bruders Abu Hadschir überein.

„Amir al-'asab" schreibt: Mein werter Bruder! Entschuldige, aber es gibt keinen Textbeweis, dass der Mahdi zurzeit der Schlacht mit den Byzantinern in Dabiq[44] dort war oder ähnliche Dinge, auf die du im Hadith hinweist. Es handelt sich lediglich um einen *idschtihad*[45] von Gelehrten, dass unser Herr 'Isa[46], über ihm sei Segen und Heil, dem Mahdi im Imamat vorangehen wird. Der *idschtihad* der Gelehrten gründet in diesem Fall nicht auf irgendeinem Beweis ... Im ersten Fall hast du treffend argumentiert ... Aber für das Erscheinen des Mahdi gibt es keinen Beweis, dass seine Zeit in Verbindung mit Schwertern steht, auch wenn viele Gelehrte und Leute zu dieser Auffassung neigen.

„Abu Usama al-Jamani" schreibt nur zwei allgemeine Bemerkungen und Segenswünsche.

„al-Muhannad as-sarim“ schreibt: Ich denke, dass die Taliban und al-Qaida die schwarzen Banner sind. Was den Ausdruck Kalif im Hadith betrifft, so folgt daraus nicht notwendigerweise, dass jener Mann der Kalif für alle Muslime ist. Gemeint ist damit vielmehr das Oberhaupt eines Staates. Gott, Er ist erhaben, aber allein weiß es.

„al-Muhannad as-sarim“ schreibt: Im „Lisan al'arab“[47] steht: Kalif ist derjenige, der zum Nachfolger dessen, der vor ihm war, wird.

Im letzten Posting gibt der Urheber des Thread Antworten auf Bemerkungen der anderen TeilnehmerInnen:

Als Kommentar zu „'aschik al-istischhad“: Mein werter Bruder! Der Tag der Auferstehung zählt zum Wissen Gottes, des Einzigen, der um sein Eintreten weiß. Gott hat aber für ihn Zeichen geschaffen, die darauf hinweisen, dass er nahe ist und kommt wie das Zeichen, dass die Erde von Gewalt und Unterdrückung erfüllt ist und dass die Muslime ein Kalifat und einen Kalifen haben. Dann stirbt der Kalif und es gibt einen allgemeinen Kampf. Dann erscheint der Mahdi. Was nun das betrifft, was du nach Scheich al-Hassan tradierst, so findet der Kampf der Muslime mit dem Mahdi und dem Messias nicht mit Schwertern statt. Diese zählen aber heutzutage und vielleicht bis zum Ende der Tage nicht zu den Waffen der Leute und der Muslime. Gott allein weiß es. Er lässt vielleicht Dutzende von Jahren verstreichen. In dem, was ich gesagt habe, gibt es nichts, was die Macht Gottes verneint. Es gibt Zeichen. Wenn sie auftreten, kommt der Mahdi. Wenn sie erst nach langer Zeit auftreten, dann kommt der Mahdi erst nach langer Zeit.

Als Kommentar zu „Fatima al-aslamija“: Meine werte Schwester! Der Gesandte Gottes drückt sich nicht fehlerhaft aus. Er ist der beredteste unter den Arabern, unter ihnen der rhetorisch Geschickteste. Es wäre ihm nicht der Fehler unterlaufen, statt: „Sie hängen ihre Schwerter an Olivenbäume“ zu sagen: „Sie hängen ihre Waffen an Olivenbäume“.[48] Was mit diesem Ausdruck gemeint ist, umfasst alle Arten von Waffen, sogar die heutigen Waffen wie Gewehre, Kanonen u. Ä. Ich hoffe, dass die Information angekommen ist.

Als Kommentar zu „Amir al-'asab“: Mein werter Bruder! Es handelt sich um keinen *idschtihad* einiger Gelehrter. Die Überlieferungen dieses Hadithes u. a. befinden sich in den vier *Sunan*-Werken und im *Musnad* von Ahmad [ibn Hanbal]. Noch andere besagen, dass dieser Mann der Mahdi ist. Er ist derjenige, der sieben Jahre bleibt. Er ist es, der die Huldigung zwischen Ecke und Ort[49] entgegennimmt. Er ist es, der das Heer, das zu ihm zieht, im Boden versinken lässt. Und seine anderen Eigenschaften. Der Mann im Hadith ist der Mahdi, ohne den geringsten Zweifel. Dementsprechend handeln auch die Leute des Wissens, die diesen Hadith in ihren Diskursen über den Mahdi erwähnen.

Als Kommentar zu „al-Muhannad as-sarim“: Mein werter Bruder! Kalif wird in der Sprache der Scharia nur auf den Kalifen der Muslime aus der Familie der Kuraisch angewandt. Dem Gottesgesandten, Gott segne ihn und spende ihm Heil, wäre nicht der Fehler unterlaufen zu sagen „Emir“ oder „Anführer“ u. Ä.

Als weiterer Kommentar zu „al-Muhannad as-sarim“: Du hast aus lexikalischer Sicht richtig gesprochen. Wir legen hier aber nicht die Aussagen von Sibawaih[50] aus. Wir erläutern die Sprache der Scharia, beispielhaft repräsentiert durch den Gesandten Gottes, Gott segne ihn und spende ihm Heil. Es gibt einen Unterschied zwischen lexikalischem Ausdruck und dem in der Scharia. Manchmal kommen sie zusammen, manchmal sind sie unterschiedlich. Gott möge allen Erfolg verleihen.

Erklärungen

Erklärungen, durch die Operationen legitimiert werden, sind unabdingbarer Bestandteil von politisch oder anders motivierten Gewalthandlungen. Auch dschihadistische Operationen werden häufig von Erklärungen begleitet. Diese Erklärungen sind meist nicht sehr umfangreich.

Andere Erklärungen von dschihadistischer Seite sind eher Erläuterungen politischer Strategien und Taktiken, die sich entweder an ein nicht dschihadistisches oder aber ein ‚internes', dschihadistisches Publikum richten. Es kann sich um eine Person im Namen z. B. der Organisation al-Qa'ida handeln oder auch um Interviews mit Sprechern von Organisationen u. Ä. Wir können in diesem Falle eher von politischen Interventionen sprechen. Darunter fallen auch Äußerungen, die sich an den Gegner richten: an „den Westen" oder näher bezeichnete Adressaten. Aber auch Kritiken an dschihadistische Theoretiker, die frühere Überzeugungen widerrufen, können wir zu diesem Genre zählen.

Die paradigmatische dschihadistische Erklärung dürfte wohl die „Erklärung der internationalen islamischen Front für den Dschihad gegen die Juden und Kreuzfahrer" aus dem Jahre 1998 sein. Neben Usama bin Ladin und Aiman as-Sawahiri als Vertreter von al-Qa'ida gibt es noch weitere Unterzeichner. Diese (auch von dschihadistischer Seite) häufig als Fatwa bezeichnete Erklärung trägt eher den Charakter eines rechtsverbindlichen Urteiles (*ḥukm*), mit dem dschihadistische Aktionen gerechtfertigt werden. Wenn auch islamisch geprägt, schließt die Erklärung eher an Muster antikolonialer Befreiungsrhetorik an, kombiniert mit Elementen eines saudischen Nationalismus und antiwestlichen und antisemitischen Vorstellungen (vgl. Rosiny 2002). Insofern ist diese Erklärung wiederum Ausweis der Modernität dschihadistischer

Bewegungen. Die Erklärungen werden aber nicht nur in Form von Texten verbreitet; häufig sind auch Audio- oder Videodateien.

Text 1: Erklärung vom 2. Dezember 2002

Quelle: Aḥmad al-Laiṯī (2003: 381ff.).

Preis sei Gott, der sagt: „dann tötet die Heiden, wo (immer) ihr sie findet, greift sie, umzingelt sie und lauert ihnen überall auf!“ (Sure 9, *at-tauba*, 5), Segen und Heil über den edelsten der Gesandten, unseren Herrn Muhammad, seine Familie, seine Gefährten, insgesamt.
In diesem edlen Monat, in diesen gesegneten letzten zehn Tagen davon, richten wir uns 1.) an unsere Leute in Palästina[1] und 2.) an unsere islamische *umma* mit Grüßen und Segenswünschen.

Text 2: Tonbandbotschaft Bin Ladens zum Ramadan 2002

Quelle: Aḥmad al-Laiṯī (2003: 378f.). Am 12. November 2002 wurde eine Tonbandbotschaft Bin Ladens zum Ramadan publiziert, in der dieser auf mehrere Ereignisse einging:

Von ʻAbdallah Usama Bin Laden an die Völker der mit der unterdrückerischen Regierung Amerikas verbündeten Staaten.
Friede dem, der der Rechtleitung folgt!
Der Weg zum Zustand der Sicherheit (*amān*)[2] beginnt mit der Aufhebung der Feindschaft. Es ist gerecht, mit Gleichem zu vergelten. Was seit den beiden Angriffen von New York und Washington bis zu unserer jetzigen Zeit geschehen ist, wie die Tötung der Deutschen in Tunesien, der Franzosen in Karachi, die Explosion des französischen Supertankers im Jemen, die Tötung des Marines auf Failaka, die Tötung der Briten und Australier durch die Explosionen von Bali, die letzte Operation in Moskau, zusammen mit vereinzelten Operationen da und dort, was ist dies anderes als eine Antwort und Vergeltung, die die begeisterten Söhne des Islam gegeben haben, um ihren Glauben zu verteidigen, in Erwiderung des Befehls ihres Herrn und Propheten, über ihm sei Heil und Segen.
Das Töten unserer Söhne im Irak durch Bush – der Pharao unserer Zeit –, das Beschießen von Häusern, in denen sich Alte, Frauen und Kinder befinden, durch Israel, den Verbündeten Amerikas, mittels amerikanischer Flugzeuge in Palästina, sollte für die Verständigen unter euren Herrschern sein, sich

vom Bündnis mit diesem Verbrechen fernzuhalten. Unsere Leute in Palästina werden seit beinahe einem Jahrhundert getötet und gequält.
Wenn wir unsere Leute in Palästina verteidigen, ist die Welt aufgestört und verbündet sich in ungerechter und falscher Weise gegen die Muslime im sogenannten Krieg gegen den Terror. Was ist mit euren Regierungen, dass sie sich mit der Verbrechergang im Weißen Haus gegen die Muslime verbünden. Haben eure Regierungen nicht erfahren, dass die Gang im Weißen Haus die größten im Vergießen von Blut heutzutage sind, Rumsfeld, der Schlächter von Vietnam, der mehr als eine Million Menschen getötet hat, außer den ganzen Verwundeten. Dann sind da noch die beiden, Cheney und Powell, die an Tötungen und Verwüstungen in Bagdad mehr verursacht haben, als es Hülagü, der Tatare, getan hat. Warum haben sich eure Regierungen mit Amerika beim Angriff auf uns in Afghanistan verbündet, besonders Großbritannien, Frankreich, Italien, Kanada, Deutschland und Australien?
Jenes Australien, das wir im Voraus vor der Teilnahme in Afghanistan gewarnt haben, ganz abgesehen von seinen verwerflichen Bemühungen bei der Abtrennung von Osttimor. Es ignorierte jene Warnung, bis es durch den Knall der Explosionen auf Bali erwachte. Dann behauptete seine Regierung fälschlich und irreführend, sie seien nicht das Ziel gewesen.
Wenn euch der Anblick eurer Toten und der Toten eurer Verbündeter in Tunesien, Karachi, Failaka und Amman nicht gefällt, denkt an unsere toten Kinder in Palästina und im Irak, jeden Tag. Erinnert euch an unsere Toten in der Moschee von Khosht. Erinnert euch an unsere mit Vorsatz Getöteten in al-A'ras und al-Afrah in Afghanistan. Wenn euch der Anblick eurer Toten in Moskau nicht gefällt, denkt an unsere Toten in Tschetschenien. Wie lange bleibt die Furcht, der Tod, die Verwüstung, die Vertreibung, das Waisen- und Witwentum noch unser Monopol? Und die Sicherheit, die Verwurzelung und Zufriedenheit euer Monopol? Das ist eine ungerechte Verteilung. Die Zeit wird kommen, in der wir die Waage ausgleichen. Wie ihr tötet, werdet ihr getötet. Wie ihr beschießt, werdet ihr beschossen. Erfreut euch daran, was euch Übles widerfährt!
Da aber ist die islamische Gemeinschaft, die – mit dem Segen Gottes – begonnen hat, euch mit ihren eigenen Kindern anzugreifen, die Gott geschworen haben, den Dschihad mit Zähnen und Klauen fortzuführen, um die Wahrheit zu verwirklichen und das Nichtige zu vernichten, solange ihr Auge sich noch bewegt und eine Ader pulsiert.
Am Ende bitten wir Gott, dass er uns beisteht für den Sieg seines Glaubens, die Fortführung des Dschihad auf seinem Wege bis wir ihn treffen und er mit uns zufrieden ist. Er ist der Sachwalter dessen und fähig dazu. Unsere letzte Bitte ist, dass der Preis Gottes sei, des Herrn der Weltbewohner.

Text 3: Memorandum 6

Quelle: *Saut al-dschihad* 18. *muharram* 1425 d. H. Diese Online-Zeitschrift ist auf einer Vielzahl dschihadistischer Internet-Präsenzen zu finden und wurde von der „Organisation der al-Qa'ida auf der Arabischen Halbinsel" herausgegeben.

Memorandum 6

„Und sagt nicht von denen, die um der Sache Gottes willen getötet werden, (sie seien) tot. (Sie sind) vielmehr lebendig (im Jenseits). Aber ihr merkt es nicht." (Sure 2, *al-baqara*, 154)

Die Mudschahidin auf der Arabischen Halbinsel bringen der Familie des Glaubenszeugen – wenn Gott es erlaubt – 'Amir ibn Musin Al Saidan asch-Schihri, Gott erbarme sich seiner, ihr tief empfundenes Beileid zum Ausdruck, den seine Todesstunde ereilte durch seine Verletzung während der Auseinandersetzung mit den Kräften des verkommenen abtrünnigen Regimes im Stadtviertel as-Suwaidi in ar-Rijad, in dem auch der Bruder 'Abdalilah al-'Utaibi, Gott erbarme sich seiner, den Zeugentod fand.
Zu erwähnen ist noch, dass die Brüder Mudschahidin den Bruder, den Glaubenszeugen 'Amir asch-Schihri, an einem angemessenen Ort in einer der Vorstädte von ar-Rijad begraben haben. Sie bemühten sich, seinen Begräbnisplatz verborgen zu halten, denn es ist wohl bekannt über die verbrecherischen Tyrannen, dass sie aus niedriger Gesinnung und Verworfenheit nicht davor zurückschrecken, die verbotenen Dinge der Lebenden und der Toten unter den Muslimen zu schänden. Dies ist tatsächlich geschehen, als die Autoritäten des verkommenen Regimes durch Informationen, die sie nach der Gefangennahme und Folter eines der Teilnehmer am Begräbnis erhielten, von dem Begräbnisort des Glaubenszeugen erhielten. Dann exhumierten sie ihn und raubten den reinen Körper nach einer Auseinandersetzung zwischen den Kräften der Polizei und der Sicherheitsdienste darüber, wer diese verächtliche Tat begehen sollte. Die Gemeinheit ihrer Natur und die Niedrigkeit ihrer Absichten entschied schließlich den Ort, an den sie den Körper des Glaubenszeugen brachten, wo sie diese Verächtlichen beschmutzen, die jeden Tag bis zu den äußersten Grenzen gelangen, wohin jemand kommt, der leichthin mit den verbotenen Dinge der Muslime umgeht.
Der Glaubenszeuge – wenn Gott es erlaubt – 'Amir asch-Schihri ist einer der Männer, deren Füße auf dem Wege Gottes mit Staub bedeckt wurden. Ihn kannte die Erde Afghanistans als heldenhaften Mudschahid, als Teilnehmer am Kampf gegen die amerikanischen Kreuzfahrer. Dann kehrte er auf den

Boden der Halbinsel zurück und nahm am Dschihad gegen die Kreuzfahrer teil. Er erfuhr göttliche Gnade, bis er sein reines Blut auf dem Weg [Gottes] vergoss, den Glauben zu erhöhen und den Schwachen beizustehen. Er war bekannt unter den Leuten für seinen guten Charakter, seine löblichen Eigenschaften, Mut und Kühnheit. Er, Gott erbarme sich seiner, ein Zeichen des Stolzes, ein Symbol der Ehre auf der Brust seiner Glaubensgemeinschaft, seiner Familie und seines Stammes[3]. Sein Name wurde unter 26 Helden genannt, gesucht auf Befehl des Tyrannen auf der Arabischen Halbinsel. Gott erwählte ihn als einen der Glücklichen, getötet zu werden – Gott erbarme sich seiner –, respektiert wegen seines Glaubens, erhoben wegen seiner religiösen Überzeugung, erhobenen Hauptes, reinen Herzens.
Wir bitten Gott, Er sei gepriesen, unseren Bruder 'Amir in die Zahl der Glaubenszeugen aufzunehmen, seinen Rang zu erhöhen, sein Angedenken zu erhöhen als Belohnung dafür, dass er seine Seele für einen niedrigen Preis[4] auf dem Wege Gottes hingegeben hat. Wir bitten ihn, Er sei gepriesen, seiner Familie Standhaftigkeit und Zufriedenheit einzugeben und ihnen die Fürsprache (*šafāʿa*) ihres Sohnes, des Mudschahid, großzügig zu gewähren.[5] Preis sei Gott, zuerst und zuletzt.

Organisation der al-Qa'ida auf der Arabischen Halbinsel

Text 4: Al-Falludscha-Forum I

Quelle: Quelle: Muntadayāt al-Fallūǧa al-islāmīya (http://faloja1.com/vb/showthread.php?t=32321) (Zugriff 26. 10. 2008). Dieser und der folgende Text sind wiederum dem Al-Falludscha-Forum entnommen und demonstrieren die Argumentation irakischer dschihadistischer Gruppen.

Heer des Sa'd ibn Abi Wakkas[6] – Durchführung des Urteils Gottes, Er ist erhaben, gegen eine der Marionetten der Besatzung in al-'Amirija

Im Namen Gottes, des barmherzigen, des Allerbarmers
„Aber bestimmt wird Gott denen, die ihm helfen, (ebenfalls) helfen. Er ist stark und mächtig." (Sure 22, *al-ḥaǧǧ*, 40)
Preis sei Gott, dem Herrn der Weltbewohner, Segen und Heil über dem Herr der Gesandten, den Führer der Auserwählten in das Paradies des Herrn der Welten, über seine Familie und seine Gefährten, allesamt.
Tag für Tag folgen aufeinander die vereinigten Schläge euer Brüder, der Mudschahidin, gegen den Feind Gottes, den Ungläubigen, den Besatzer, den

Usurpator des Landes des Islam und der Muslime, der Wiege der Zivilisationen, des Wissens und der Kultur [...]
Euch gewidmet sind die Taten der Männer[7], Anhänger des [richtigen] Glaubensbekenntnisses und des [rechten] Systems an Vorstellungen, die erklären, die Waffen nicht fallen zu lassen, außer wenn eines der beiden glücklichen Ereignisse eintritt: der Sieg oder der Zeugentod.
Nachdem sie auf Gott vertrauen, Er ist erhaben, konnten die Männer des Heeres von Sa'd ibn abi Wakkas das Urteil Gottes, Er ist erhaben, an einer der Marionetten der Besatzung im Sektor Baghdad, Bezirk al-'Amirija, [...] vollstrecken. [Ihm blühe der Weg] in die Hölle und ein übliches Schicksal.
Preis sei Gott, dem Herrn der Welten!
Gott ist groß ... Gott ist groß ... Gott ist groß.
Gottes ist die Größe, seinem Gesandten und den Gläubigen. O Gott, dein Beistand, den Du deinen Knechten, den Gläubigen, versprochen hast.
Vergesst uns nicht in euren frommen Gebeten.
Informationsabteilung des Heeres von Sa'd ibn abi Wakkas, 23. *schawwal* 1429 d. H., 22. Oktober 2008.

Auf diese Erklärung folgt eine ganze Anzahl von Freudenausbrüchen. Sogar ein langer poetischer Erguss findet sich in einem Kommentar.

Text 5: Al-Falludscha-Forum II

Quelle: Muntadayāt al-Fallūǧa al-islāmīya (http://faloja1.com/vb/showthread.php?t=32382) (Zugriff 26. 10. 2008).

Gruppe der Helfer des Islam (*ǧamā'at anṣār al-islām*): [...]

Im Namen Gottes, des Barmherzigen, des Allerbarmers.
Preis sei Gott, der dem Islam und den Muslimen Größe verleiht, die Ungläubigen und Abtrünnigen irreleitet. Segen und Heil über den Imam der Mudschahidin, den Führer der Auserwählten, der im Kampfe lacht (*aḍ-ḍaḥūk al-qitāl*)[8], seine Familie und seine Gefährten, allesamt, diejenigen, die ihrem Wege folgen, durch ihre Rechtleitung geleitet werden bis zum letzten Tag.
Er, Er ist erhaben, sagt: „Und nicht ihr habt sie getötet, sondern Gott. Und nicht du hast jenen Wurf ausgeführt, sondern Gott. Und er wollte (mit alledem) seinerseits die Gläubigen etwas Gutes erleben lassen. Gott hört und weiß (alles)." (Sure 8, *al-anfāl*, 17)
Um die Lektionen für die Abtrünnigen zu vertiefen, den Feinden Gottes und des Glaubens ihr Maß zuzumessen, um die Herzen der Muslime zu erleich-

tern, brachten eure Brüder, die Löwen des Islam, in der Stadt Mossul am Dienstag, dem fünfzehnten *schawwal* 1429, entsprechend dem 14. 10. 2008 [...][9] einen Sprengkörper gegen eine Patrouille der Nationalgarde, die vier Mann stark war, zur Explosion. Dies geschah um 4.15 Uhr nachmittags. Die Explosion führte zu Toten und Verwundeten unter den vier Abtrünnigen. Die Brüder zogen sich wohlbehalten in ihre Basen zurück. Gott ist großzügig und großmütig.
Gott ist groß ...
Gottes ist die Größe, seinem Gesandten und den Gläubigen.

Heeresrat
Gruppe der Helfer des Islam (*ǧamāʿat anṣār al-islām*)
24. *schawwal* 1429
23. 10. 2008

Baschir as-Sunna (Gruppe der Helfer des Islam)

Quelle: al-Fadschr-Zentrum für Information[10]

Lieder und Gedichte

Gedichte sind weiterhin ein wichtiges Medium der arabischen Literatur. Für die ältere arabische Literatur gilt dies in weit höherem Maße. Schon in vorislamischer Zeit war die Poesie eine der wichtigsten Ausdrucksformen, in der eine hocharabische Sprache benutzt wurde.

In dschihadistischen Texten – aber auch ohne Einbettung in andere Texte – finden wir immer wieder Poesie. Damit wird quasi naturwüchsig die ältere Tradition fortgesetzt. Gerade die Gedichte, die an entwickelte Gedichttypen der älteren Literatur wie die Qaside anknüpfen, deuten auf eine systematische Aneignung des symbolischen Kapitals der älteren arabischen Poesie durch die Dschihadisten hin, die sich durch die Beherrschung der ‚klassischen' Formen von neueren Formen arabischer Literatur wie der „freien Dichtung" abgrenzen können.[1] Es kamen aber hin und wieder auch freiere Formen der Dichtung vor.

Die ältere arabische Dichtung kennt Gedichtformen wie die der Qaside, eine Art Ode oder Elegie[2], bei der alle Verse auf einem Reim enden.[3] In dschihadistischen Texten finden wir immer wieder – zum Teil auch recht schlechte – Gedichte.[4]

Ein Gedicht mit dem Titel „Es bleibt nur Koran und Eisen" (*lam yabqi illā muṣḥaf wa-ḥadīd*)[5] mag uns als Einstieg dienen. Es zeichnet sich aus durch eine Wortwahl im Gebrauch arabischer Begriffe, die selbst Arabisch sprechenden Mudschahidin nicht unbedingt geläufig sind. Deshalb werden auch durch Fußnoten nicht so geläufige arabische Wörter erläutert. Wir können dies als ein Diskurselement begreifen, das dem Verfasser Authentizität und Autorität verleihen mag. Eingeleitet wird das Gedicht mit der Aufzählung des Hilfsmittels, das der negativen Situation ‚des Islam', wie er hier verstanden wird, abhelfen kann: „Es bleibt nur Koran und Eisen, / ein indisches Schwert[6], das die

Unterdrücker auslöscht, sie vernichtet, / ein Schatz (i. e. Blei) von strahlend gelber Farbe". Gefolgt wird dies von einer vernichtenden Gegenwartsdiagnose, die wir nur teilweise wiedergeben können: „die Nacht ist finster und der Morgen weit ... die edle Kaaba, beschmutzt hat ihr Boden / ein Fahd[7] ... das Herz blutet und unsere Tränen werden immer mehr ... es geht verstoßen hinweg, wer sagt: Dschihad." Abhilfe scheint es nicht zu geben, jedenfalls nicht von großen Demonstrationen: „Wo sind die Millionen, von denen verstopft waren / die Straßen, und das Geschrei war groß!?" Es gibt allerdings eine Abhilfe anderer Art: „Leg deine Waffen an, o Glaubenskämpfer, sei nicht verächtlich! / Es gibt nur noch Koran und Eisen. / Es hebe Gräben aus, wer den blutigen Kampf will, / rot, über ihnen schrille Schreie, Pulverdampf."

Es geht also um die Herausbildung einer bewaffneten Elite, einer Art Massenkristalle im Sinne Canettis, die fest abgegrenzt und beständig sind und deren Einsatz dazu dient, Massenbewegungen auszulösen (Canetti 1988: 79). Dieser Einsatz führt in unserem Gedicht zum gewünschten Ziel: „Wenn wir den Sieg erlangen und wir trunken sind vor Freude, / dann ist der Sieg ein Fest und unsere Freude voller Glück. / Werden wir getötet, sind der Paradiesgärten (*ǧinān*) viele / und die Huris (*ḥūr*) sind Huris, wunderschön."

Der Dschihad wird auch in anderen Gedichten eindeutig definiert. So trägt eines der Gedichte den deutlichen Titel „Der Dschihad ist unser Weg" (*al-ǧihād ṭarīqunā*).[8] Der Beginn ist klar und gibt das Programm des Gedichtes vor: „Gott ist groß, der Dschihad ist unser Weg. / Gott steht uns bei gegen jeden Feind." Dieser Feind wird als übermächtig und brutal beschrieben: „Es kam der Feind, bis an die Zähne gerüstet, arrogant/ [...] Er tötet die Männer, die Kinder zu Waisen machend". Auch hier ist wieder Hilfe in Sicht: „Da verpflichten sich die Helden (*abṭāl*), sich nicht zu unterwerfen". Der Punkt der Authentifizierung des Autors als Mudschahid wird erreicht: „Wir stürzten uns gegen ihn in die Schlacht mit unseren Waffen / und unseren Äxten und dem, was wir an Messern bei uns hatten." Das Publikum wird angesprochen: „Stürzt euch in die Schlacht, oh Jugend, gewiss, / dass ihr besiegt die Feinde oder den Zeugentod erstrebt." Diese Handlungsweise ist nicht vergeblich, da die Furcht vor dem Tode in einer Zukunftsperspektive fortdauernden Kampfes aufgehoben wird: „Ist deine Zeit erfüllt, so sind im Blute Zeichen, / die nach dir leiten den, der deinem Vorbild folgen will. / So werden Emotionen aufgewühlt bei der Jugend; / sie erwacht vom langen Schlaf, wiederholt wieder und wieder: / Gott ist groß, der Dschihad ist unser Weg. / Gott steht uns bei gegen jeden Feind." Damit ist der Kreis geschlossen und die Perpetuierung des Dschihad zu erwarten. Besonders fällt die dramatische Struktur des Gedichtes auf.

Die Liebesgeschichte mit dem Zeugentod wird explizit formuliert in einem Gedicht mit eben dem Titel „Geschichte einer Liebe" (*qiṣṣat ʿišq*). Das Gedicht gibt sich zuerst als klassisches Liebesgedicht, geht dann aber zum ‚eigentlichen' Thema über: „Es ist eine *ʿuḏrī*-Geschichte.[9] Ihre Buchstaben / sind mein Geist, all ihre Kapitel die Begehren. / Das Treffen mit meiner Geliebten aber, unsere Vereinigung, / ihr Ort ist dort, wo die Blutströme fließen. / Ich bin ein Liebender. Ich bin ein Muslim. Meine Geliebte / ist jenes Zeugentum (*šahāda*), das erstreben die Liebenden (*uššāq*)." Deutlich wird das Bestreben, den Status des Glaubenszeugen zu erreichen. Dieses Streben wird explizit als udhritische Liebe, also nicht körperlich erfüllte Liebe[10] codiert.[11]

Auch das Gedicht „Garten der Frommen" (riy*āḍ aṣ-ṣāliḥīn*)[12] zeigt eine solche Struktur. Zu Beginn des Gedichtes wird der Paradiesgarten (*ǧanna*) besungen, der von aromatischen Düften durchzogen wird, in dem Vögel singen, Blumen blühen. Das Gegenbild einer unterdrückten Welt wird indirekt eingeführt, wenn es heißt: „Keine Schande gibt es, keine Bedrängnis, keine Furcht in seinen Auen. / Der Ruhm darinnen übersteigt den Ruhm von Herrschern." In den Folgeversen wird dann übergeleitet zum Kernthema: „Jener Dschihad ist ein Leben ohnegleichen[13] ... Jener Dschihad, durch den die Sünden ausgelöscht werden ... Jener Dschihad kuriert die Seele von Krankheit ..."

Der hier genannte Dschihad wird nun nicht nur gegen nicht muslimische Feinde geführt, auch deren muslimische Helfer, die „Helfer der Satane" (*anṣār aš-šayāṭīn*), die „dem Unglauben (*kufr*) die Tore weit geöffnet" haben, sind das Ziel. Ihre Handlungen haben fatale Folgen: „und die Schari'a (*šarʿ*) wird unterdrückt, die Ehre (*ʿirḍ*) beschmutzt[14], / der Reichtum (*māl*) geraubt, die ganze Zeit". Nachdem die Diagnose negativ ausfällt und das Heilmittel benannt wurde, ist die Schlussfolgerung: „Steh auf mein Bruder, ergreif ein Schwert, das du zum Freunde nimmst! / Schlag die Köpfe des Feindes ab ohne Erbarmen! / Sei es bis zum Sieg oder zum Tode, durch den wir erstreben / die Gärten (*ǧannāt*) von Eden und Huris wie Perlen."

Das Gegenstück zu den immer wieder genannten Paradiesjungfrauen ist die Mutter.[15] Beide werden in einem Gedicht, besser gesagt in einem Naschid (s. u.), zusammengefügt. Eingeleitet wird dies mit dem Halbvers „Die Huris (*al-ḥūr al-ʿain*) rufen mich", dann zur Mutter übergeleitet: „Weine nicht deine Tränen, o meine Mutter! / Von meinem Wege (*darb*), nein, ring mich nicht ab!" Nachdem so der familiäre Einfluss der Mutter abgewehrt ist, kann das Lob des Dschihad gesungen werden, von dem in Bildern gesprochen wird, die den Tod poetisieren: „Sie rufen mich: Ich soll mit meinem Blute schaffen / einen Morgen, durch den gerötet werden die Horizonte.“ Aber auch die *peer-group* der Mitmudschahidin wird angesprochen: „Sie rufen mich: Ich soll meinen Brüdern (*iḫwān*) vorangehen. / Es erfreut sich unter uns, wer vorangegangen ist.“

Ein Gedicht über die vorzüglichen Eigenschaften des Glaubenszeugen (*faḍl aš-šahīd*) verdeutlicht einen von uns schon angesprochenen Aspekt: „Wahrlich der Glaubenszeuge ist ein Fürbitter (*šafīʿ*); in seiner Nähe sind / siebzig von ihnen, wie es im *Musnad*[16] steht, sie umgeben ihn. / Und at-Tirmidhi bringt das Wort in den *Sunan.*[17] / Und im Buche von Abu Dawud[18] wird es auch zusammen mit Ibn Madscha[19] erwähnt …“ Wir sehen auch in diesem Gedicht den Verweis auf eine Beschlagenheit in der Hadithliteratur, die als Argument für die Authentizität der zitierten Gedanken dient. Über den Anspruch der Dschihadisten auf die alleinige Legitimität zu bestimmen, was islamisch ist, haben wir bereits gesprochen.

Die Themen der Gedichte sind vielfältig. Eine Kritik an Buddha[20] findet sich, die Freiheit wird behandelt (s. u.), Trauer und Lob werden angesprochen. Auch klassische oder klassizistische Dichtung wird zitiert, natürlich keine, die dem freien Vers verpflichtet ist. Unter den älteren Dichtern finden wir so ʿAntara ibn Schaddad[21], Abu Firas al-Hamdani[22] oder al-Mutanabbi[23].

Naschid

Naschid, pl. Anaschid (*našīd*, pl. *anāšīd*; auch *unšūda* und pl. *našāʾid*, *anšād*), wird im allgemeinen Sprachgebrauch für islamische Lieder und insbesondere für Hymnen aller Art gebraucht. Grundsätzlich werden sie a capella gesungen, eventuell nur von einer Handtrommel o. Ä. begleitet.

Tilman Seidensticker hat auf die Bedeutung der Naschids im dschihadistischen Milieu aufmerksam gemacht. Anhand eines Videos von der Hochzeit Said Bahajis, einem Mitglied der Hamburger Gruppe der 9/11-Attentäter, hat er die dort gesungenen Lieder näher untersucht. Er verweist auf Berichte, dass die Naschids bereits seit den Kämpfen in Afghanistan gesammelt wurden und als Anreiz für die Mudschahidin dienten. Dabei spielten insbesondere die Paradiessymbolik und die Paradiesjungfrauen eine Rolle, die wir bereits behandelt haben (Seidensticker 2006).

Naschids werden häufig in Kombination mit Videos über Anschläge u. Ä. benutzt, um den Eindruck dieser Videos zu verstärken. Diese Videos werden mit einem treibenden Rhythmus unterlegt, der auf eine Aufreizung der Betrachter zielt. Stilistisch sind sie nicht besonders ausgefeilt, wirken aber gerade durch die Einfachheit des Ausdrucks und die ständige Wiederholung der Zeilen.

Neben dem inhaltlichen Aspekt haben solche Videos auch andere interessante Aspekte. Einem getöteten tschetschenischen Mudschahidin gewidmeten Naschid-Video[24] können wir entnehmen, dass es diesem von uzbekischen Mudschahedin gewidmet wurde – ein Indikator für Verbindungen zwischen verschiedenen Gruppen. Demgemäß sind die Texteinblendungen nicht nur in englischer, sondern auch in russischer Sprache.

Text 1: Erhebe dich, o Mudschahid (Qum, yā muǧāhid)

Quelle: Nasir ibn Hamad al-Fahd: „Qum, yā muǧāhid" (Minbar at-tauḥīd wa'l-ǧihād, http://www.tawhed.ws) (CD-Version). Der Autor (geb. 1968), Nasir ibn Hamad al-Fahd, ist einer der führenden dschihadistischen Rechtsgelehrten aus Saudi-Arabien, u. a. stammt von ihm eine Abhandlung über die Legitimität der Benutzung von Massenvernichtungswaffen. Er hat aber einige seiner Fatwas und seine Unterstützung der dschihadistischen Sache öffentlich im saudischen Fernsehen widerrufen (McCants / Brachman 2006: 338f.).

Erhebe dich, o Mudschahid! Genug der Schwäche! / Erhebe dich und die Unterdrücker, ihre Waffen liegen danieder.
Erhebe dich, o Mudschahid! Die Zeit des Friedens ist / vergangen. Für anderes als für dein Schwert ist kein Platz.
Ziehe dein Schwert! Verwirf / jedes Abkommen, und dein Schwert wird willkommen sein.
Wir werden wahrlich nicht nachgeben den Tyrannen und ihrem Wort. / Ja, die Worte der Tyrannen sind honigsüß.[25] [...]

Text 2: Schreiben an die drei Glaubenszeugen (Risāla ilā aš-šuhadā' aṯ-ṯalāṯa)

Quelle: Ḥasan Saʿīd aš-Šahhāl: „Risāla ilā aš-šuhadā' aṯ-ṯalāṯa" (Minbar at-tauḥīd wa'l-ǧihād, http://www.tawhed.ws) (CD-Version). Die Qaside ist ein Trauergedichte um drei Mudschahidin, die 1995 Nisar al-Halabi, den Anführer der al-Ahbasch-Bewegung ermordeten, einer sufischen, sunnitischen Bewegung. Die Attentäter wurden hingerichtet und werden der Gruppe Usbat al-Ansar (ʿUṣbat al-anṣār)[26], in etwa: Liga der Unterstützer[27], zugerechnet.

Mutter des Glaubenszeugen[28], sei geduldig, mache dich schön, / halte dich an das Buch der herabgesandten Wahrheit.
Sei sicher, dass der Dschihad, verbunden mit Gottesfurcht, / der Weg zur Glückseligkeit und bevorstehenden Ewigkeit ist.[29]
Dem Islam hilft nicht die Neuerung (*bidʿa*)[30] eines schlaffen Gläubigen, / vielmehr ist es die Standfestigkeit auf dem ersten Weg.[31]
Dem Islam hilft nicht das Wissen um ihre Rede. / Die Rechtleitung durch das Buch[32] löscht aus die Rechtleitung durch den Lügner.
O Jugend des Glaubens (*īmān*)[33], dies ist eure Hochzeit. / Euer ist der ewige Paradiesgarten, der edelste Aufenthaltsort.
Die Bestimmung des Heldentums ist, dass seine Vertreter / den Leuten der Feigheit eine Lektion erteilen.
Ihre Tage sind Fasten, Eingedenken Gottes (*ḏikr*)[34] ist ihre Nacht, / wieder und wieder Selbsterniedrigung vor Gott.[35]
Wer die Süße des Eingedenken Gottes in seiner Abgeschiedenheit geschmeckt hat, / verkauft[36] umgehend sein Leben für seinen Herrn. [...]
O Herr, o Barmherziger, auf dir ruht unsere Hoffnung. / Stürze die Throne unserer Bedrücker um ... Eile! [...]

Text 3: Der Vorzug des Glaubenszeugen (Faḍl aš-šahīd)

Quelle: „Faḍl aš-šahīd" (Minbar at-tauḥīd wa'l-ǧihād, http://www.tawhed.ws) (CD-Version). Wie viele Gedichte ist dieses anonym.

Der Glaubenszeuge ist ein Fürbitter (*šafīʿ*)[37] in seiner Nähe, / siebzig von ihnen – wie im *Musnad*.
At-Tirmidhi hat diese Formulierung in den *Sunan*, / im Buch von Abu Dawud ist es anerkannt. [...]
Was ist wie der Glaube von all den Sünden und üblen Taten, / der Glaubenszeuge erfährt bei Gott Verzeihung.
Ihre Seelen (*arwāḥ*) bewegen sich frei über die Höhen der Paradiesgärten. / Sie suchen Zuflucht unter dem Throne, die Leuchter blühen auf.
Wohin sie wollen in den Paradiesgärten bringen sie / Vögel, prächtig geschmückt, von grüner Farbe sind sie.

Text 4: Der Dschihad ist unserer Weg (al-Ǧihād ṭarīqunā)

Quelle: „al-Ǧihād ṭarīqunā" (Minbar at-tauḥīd wa'l-ǧihād, http://www.tawhed.ws) (CD-Version). Wie viele Gedichte ist dieses anonym.

Gott ist groß und der Dschihad ist unserer Weg / und Gott ist unser Helfer gegen jeden Feind.
Der Feind kam bis an die Zähne bewaffnet, arrogant. / Erfüllte Erde und Himmel, arrogant sich erhebend.
Tötete die Männer, machte ihre Kinder zu Waisen. / Zerstörte die Häuser der Schwachen, machte sie zu Heimatlosen.
Es versprechen die Helden, sich nicht zu unterwerfen, / solange der Ungerechte tyrannisch herrscht und Schrecken verbreitet.
Wir stürzen uns ins Gefecht mit ihm mit unseren Waffen, / mit unseren Beilen, mit dem, was wir an Messern haben.
Gott wird uns aber aus seinen Vorräten ein Feuer gewähren, / wir werden ihn bewahren dadurch, es wird nicht erlöschen.
Burschen, stürzt euch in die Gefechte mit der Sicherheit, / dass ihr die Feinde besiegt oder den Zeugentod erlangt.
Wenn deine Stunde kommt, so liegen im Blut Zeichen, / die deinen Weg führen, wer immer dir folgen will.
Es erwachen bei den Burschen Gefühle, / immer wieder erwachen sie aus dem langen Schlaf mit dem Schrei:
Gott ist groß und der Dschihad ist unser Weg, / und Gott ist unser Helfer gegen jeden Feind.

Text 5: Die Freiheit (al-Ḥurrīya)

Quelle: Muhammad Namus: „al-Ḥurrīya" (Minbar at-tauḥīd wa'l-ǧihād, http://www.tawhed.ws) (CD-Version).

Mein Professor erzählte uns eines Tages / über eine Sache, die „Demokratie" genannt wird.
Ich fragte den Professor höflich, / dass er auf Arabisch erzähle,
Was das für ein Ausdruck sei und was er bedeute. / Was für eine Sache eine Freiheit sei.
Ist es ein griechischer Begriff / aus einigen bestimmten Epochen,
oder sind es Dinge, die wir importiert haben, / oder einheimische Produkte?
Es antwortete unser Lehrer voll Trauer, / Tränenspuren bildeten sich sofort.

Vergessen haben sie euch lassen die ganze Geschichte, / alle erhabenen Werte.
Traurig, dass eine Generation heranwächst, ohne zu verstehen, was die Freiheit ist.
Ohne Schwert, ohne Stift[38], / nicht fähig eines Gedankens, ohne Identität. [...]
Ich wandte mich zu den Salons unserer Nation, / fragte sie: Wo ist die Freiheit?
Sie wichen meinem Blick aus voller Angst / und als ob eine Atombombe
über ihren Köpfen explodieren würde / und die ganze Menschheit vernichtet. [...]
Das ist Unrat, das ist Hinzufügung (*širk*)[39] / im Glauben (*dīn*) der Prediger des Nationalismus.[40] [...]
Es verkauften meine Führer unser Land / am Tag des Freiheitskampfes
für Sachen, die du nicht kennst, / und voller Verrat an der nationalen Sache,
führend zu den Stätten des Todes, / Marionetten des Zionismus [...]
Ich ging zu einem Rechtsgelehrten[41], / um ihn zu fragen, was denn die Freiheit sei. [...]
Der Scheich richtete sich auf in seiner Sitzung / und sprach mit barscher Stimme.
Höre, mein Sohn, ihre Bedeutung / und begreife die Formen der Freiheit.
Sie ist, was uns gewährt unser Herr an einem Tage / an Beschlüssen der Republik
oder uns beschert / in einer Rede des königlichen Thrones. [...]
Es ist kein Recht, nichts, was man hat [...] und deine Rede ist ein Fehler. [...]
Bist du etwa ein Azrakit?[42] [...]
Ich ging zu den Meinungsmachern, / den Presseleuten,
denen der Agenturen und vom Rundfunk, / denen der Fernsehsender
und dachte, ich würde finden / jemand, der die Bedeutung der Freiheit kennt. [...]
Wahrlich, die Freiheit wird niemals ersticken / das Feuer der sexuellen Begierden.[43]
Die Freiheit ist Lesbierertum, / beherrscht durch die internationalen Regime[44].
Sie ist das Recht auf Abtreibung, ohne Einschränkung, / das Verewigen der Werte der Geschöpfe Gottes,
damit sich nicht entwickelt der Islam und / nicht kommt die menschliche Bombe.
Die Freiheit ist Wein, der fließt, und Blutvergießen, / nächtliche Tanzklubs. [...]
Mein Glaube ist der Islam und auch mein Vaterland. / Ich wurde geboren auf arabischer Erde. [...]
Die Freiheit ist kein Götze, / gebadet in immer wiederkehrender Erinnerung.
Sie ist nicht obszön, keine Unmoral / oder Mode aus Paris.[45]

Die Freiheit, sie gewähren nicht / die Institutionen des internationalen Unglaubens,
nicht die Versammlungen des Polytheismus und des Verrats / nach dem Muster des Freimaurertums.[46] [...]
Die Freiheit sucht nicht nach Almosen / auf den internationalen Finanzmärkten.
Die Freiheit, es gewähren sie nicht / Wohltätigkeitsorganisationen.
Die Freiheit ist eine Pflanze, die wächst / durch freie und reine[47] Blutstropfen. [...]
Sie wird erhoben durch Pfeil und Speer, / durch Männer, die die Freiheit lieben. [...]
Vernachlässigst du dein Schwert eines Tages, / vergiss das Thema der Freiheit [...]

Text 6: Auf Wiedersehen, o Held (Widāʿan ayyuhā baṭal)

Quelle: „Widāʿan ayyuhā baṭal" (Minbar at-tauḥīd wa'l-ǧihād, http://www.tawhed.ws) (CD-Version).

Auf Wiedersehen, o Held! / Dein Verlust füllt die Augen mit Tränen.
Der Erdboden beklagt / dein Scheiden; es trauern die Hügel.
Wenn auch die Körper uns trennen, / so bleiben die Seelen verbunden.
Im Diesseits sind wir zusammengekommen, / auf das Jenseits setzen wir die Hoffnung.
Und so bitten wir unseren Herrn, den Meister, / vor dem Morgengrauen beten wir,
dass wir dich treffen voll Freude[48] / in einem Haus, in dem es kein Unbehagen gibt,
in Gärten und Hainen / mit Flüssen und schönen Orten,
in denen Paradiesjungfrauen[49] singen / mit Stimmen ohnegleichen;
in ihnen die Freunde alle zusammen, / wie Gefährten und Gottesgesandte,
in ihnen die Helden unserer Gemeinschaft, / in ihnen unsere Glaubenszeugen, die ersten.[50]
Du, der du vorangegangen bist, / losgezogen in die Gärten der Ewigkeit,
Wohl sei, was du errungen hast! / Wohl sei dir, o Held!

Text 7: Wo ist as-Sarkawi (Aina az-Zarqāwī)

Quelle: ʿAbdarraḥmān Ṣāliḥ al-ʿAšmāwī: „Aina az-Zarqāwī?" (http://saaid.net/wahat/q115.htm) (Zugriff 20. 8. 2008).

O Rat der sicheren Furcht![51]
O Organisation der separierten Nationen!
O Organisation des vereinigten Überfalls!
O Kommission der geringen Rechte des Menschen! [...]
O all ihr Medienleute! [...]
O all ihr Herren der Verwirrung à la Hollywood ...
und ihr Filmliebhaber! [...]
O all ihr großen Planer! [...]

Text 8: Die großäugigen Jungfrauen rufen mich (al-Ḥūr al-ʿain tunādīnī)

Quelle: „al-Ḥūr al-ʿain tunādīnī" (Minbar at-tauḥīd wa'l-ǧihād, http://www.tawhed.ws) (CD-Version). Wie viele andere ist auch dieses Gedicht anonym.

Die großäugigen Jungfrauen (*al-ḥūr al-ʿain*) rufen mich. / Lass mich, Mutter, lass mich!
Vergieße nicht deine Tränen, o Mutter, / von meinem Weg, nein, bring mich nicht ab.
Mutter, mein Weg ist klar geworden, / das Herz wird dadurch mit Freude erfüllt
Mutter, entbrannt ist ein Krieg, ein Dschihad, / Blut verspritzt um der Ehre willen.
O Mutter, mein Glaube ist entflammt, / und er will einen Mann, dem man vertraut.
Lass mich durch mein Blut schaffen / eine Morgendämmerung, durch die der Horizont rot wird.
Mutter, mein Herz schlägt laut, / der Hauch des Paradiesgartens erfüllt die Luft mit seinem Duft.
Mutter, wenn die Nachricht kommt,dass ich auf dem Felde gestorben bin,
dann sei dein Trost, meine Mutter, dass ich / erlangt habe, was ich erwarte.

Text 9 – Naschid: Fremde (Ġurabāʾ)

Quelle: „al-Unšūda *Ġurabāʾ*“[52] – Bewegung der Muslimbrüder[53] (http://www.youtube.com/watch?v=lnxmjMOZHdc) (Zugriff 19. 8. 2008). Ein Klassiker, der u. a. bis auf die Prozesse gegen Dschihadisten in Ägypten zurückgeführt wird. Im Hintergrund der letzten Wiederholung von „Fremde (*ġurabāʾ*)“ wird der Hadith über den Islam zum Fremden (s. u.) zitiert (in den Quellen sind sämtliche Wiederholungen in Text 9 und 10 ausgeschrieben). In den verschiedenen Versionen dieses dschihadistischen Naschids werden in Videodateien höchst unterschiedliche Bilder eingespielt: von Naturbildern bis zu israelischen Soldaten oder Mudschahidin.

	: Fremde![54] / Fremde! / Fremde! / Fremde! :	
	: Fremde! Beugt nicht das Haupt vor jemand anderem als Gott. / Fremde haben dies Wort ausgewählt als Motto für ihr Leben. :	
	: Fragst du uns: Wir kümmern uns nicht um Tyrannen. / Wir sind die Soldaten Gottes, unser Pfad ist der Pfad des Widerstands. :	
	: Fremde! / Fremde! / Fremde! / Fremde! :	
	: Wir kümmern uns nicht um die Ketten, / ewig schreiten wir vielmehr voran. :	
	: Lasst uns also den Dschihad führen, streiten und kämpfen wieder neu! / Fremde, das sind die Freien in einer Welt der Sklaverei. :	
	: Fremde! / Fremde! / Fremde! / Fremde! :	
	: Wie viele Male erinnerten wir uns einer Zeit, als wir glücklich waren. / Das Buch Gottes, lasst es uns rezitieren am Morgen und am Abend! :	
	: Fremde! / Fremde! / Fremde! / Fremde! :	
	: Fremde! Beugt nicht das Haupt vor jemand anderem als Gott. / Fremde haben dies Wort ausgewählt als Motto für ihr Leben. :	
	: Fragst du uns: Wir kümmern uns nicht um Tyrannen. / Wir sind die Soldaten Gottes, unser Pfad ist der Pfad des Widerstands. :	
	: Fremde! / Fremde! / Fremde! / Fremde! / Fremde! :	

Text 10 – Naschid: Verlassen hast du Familie und Besitz (Tarakta Ahlal Wal Mala)

Quelle: „Tarakta Ahlal Wal Mala“ (http://www.youtube.com/watch?v=pEQpHpZF7I8&feature=related) (Zugriff 19. 8. 2008). Es handelt sich um eine Hymne auf Ibn al-Chattab.[55] Der erste Halbvers wird von einer Männerstimme gesungen, im zweiten Halbvers fällt ein Chor von Männerstimmen ein. Diese Verteilung setzt sich im weiteren Verlauf des Naschids fort. Teilweise gibt es Überblendungen zwischen beiden Elementen. Im Hintergrund läuft ein Video tschetschenischer Mudschahidin, die sich schwer bewaffnet durch das Gelände bewegen oder auch lagern. Prominent dabei zu sehen ist der Feldkommandeur Ibn al-Chattab. Bei Vers XI sind Bilder von Ibn al-Chattab zu sehen, die bei Vers XII in ein Schriftstück und dann in Schwarz-Weiß-Bildern auf das Gesicht des toten Ibn al-Chattab überblenden.

I |||: Verlassen hast du Familie und Besitz. / Wandertest auf Erden hin und her. :|||
II |||: Wir glauben, dass du vertraust auf Gott / in Worten und in Taten. :|||
III ||: Dein Herz denkt gering von dieser Welt / und verschwendet keinen Gedanken an sie. :||
IV ||: Vermeidet das Dickicht des Löwen / aus Bewunderung und Respekt. :||
V ||: Mit Furcht erfülltest du durch Standhaftigkeit / Ungläubige und Tyrannen. :||
VI ||: Als ob Abu Dudschana[56] zurückgekommen ist / auf das Feld der arroganten Macht. :||
VII ||: Bereitet hast du für die Gemeinschaft des Islam / die Ära des Heldentums – schon vergangen war sie. :||
VIII ||: Wohl hat die Verächtlichkeit befestigt / an den Herzen der Menschen Schlösser. :||
IX ||: Du machtest aus den Burschen Unterpfänder gegen / das Verderben. Helden! :||
X ||: Ins Gewimmel des Unglaubens wollen wir / im Kriege Schrecken tragen. :||
XI ||: Vielleicht werden geboren eines Tages wie / dieser Löwe Generationen. :||
XII ||: Bravo! Gewinnbringend war dein Verkauf[57] / in Gewicht und Maß. :||

Biographien

Die in den folgenden Biographien beschriebenen Übergangsphasen lassen sich vielleicht am besten als Schwellenzustände beschreiben. In ihnen wird der zukünftige Dschihadi aus seinem ursprünglichen kulturellen Raum herausgelöst und befindet sich „zwischen den vom Gesetz, der Tradition, der Konvention und dem Zeremonial fixierten Positionen." (Turner 2005: 95) Diese Phase der Liminalität mündet in die Konstruktion einer dschihadistischen Identität.[1]

Die körperliche Voraussetzungen sozialen Handelns sollten nicht unterschätzt werden (Bockrath / Boschert / Franke 2008). So ist auch die Erzeugung eines körperlichen Habitus der Dschihadis im Radikalisierungs- und Trainingsprozess von großer Wichtigkeit. Dieser Konstruktion werden wir in diesem Kapitel noch nachgehen. Hierzu zählt zuerst einmal ein Wandel der Lebensauffassung zu stärkerer Religiosität, der häufig als zunehmende Ernsthaftigkeit begriffen wird. Veränderungen des äußeren Erscheinungsbildes kommen häufig hinzu; die Barttracht ist ein durchaus übliches Symbol. Wenn wir das Verhältnis der Dschihadis zu ihrem Leib, zu ihrem Körper als Objekt, als Äußeres näher betrachten, können wir erkennen, dass sie auch in dieser Hinsicht sehr modern sind. Gerade die Auffassung, der Leib sei als Körper dem Menschen äußerlich, entspricht der wissenschaftlichen Thematisierung des menschlichen Leibes (s. Böhme 2008: 119ff.). Die extremste Form der Veräußerlichung ist ohne Zweifel das Streben, den Körper zu vernichten. Wenn auch die Dschihadis auf gewisse Elemente der muslimischen Tradition zurückgreifen können – z. B. die Zähmung der *nafs*, der Triebseele, nach sufischem Muster, um höhere Seinszustände bis hin zum Vergehen in Gott zu erreichen (s. o.) –, so erscheint die Orientierung an der Leibverneinung eher modern, wenn wir an andere soziale Bewegungen der Neuzeit denken.

Anders formuliert: „Wir müssen vielmehr auf die Handlungen im Kleinen sehen, auf die Techniken, die Praktiken, auf elementare Handlungen und daran geknüpfte anthropologische Diskurse der Sinnsuche junger Menschen. So erhält man Einblicke in die reale Strukturierung, in Wandlungsprozesse, temporäre Auflösungsprozesse dessen, was wir uns ‚al-Qa'ida' zu nennen angewöhnt haben. [...] Was die ‚Methodologie' angeht, so scheint sich in ihr die alte Textur des Sufismus und der religiösen Unterweisung mit Techniken geheimdienstlicher Einflussnahme und des Drills zu Sondereinsätzen zu verbinden." (Hauschild 2008: 181)

Motivationen

Der Psychologe Sohayl Abbas konnte in pakistanischen Gefängnissen insgesamt 517 ehemalige Dschihadisten befragen, die 2001 nach Afghanistan gegangen waren, um mit den Taliban zu kämpfen. Sie waren dann an die pakistanischen Behörden ausgeliefert worden. Die Befragten bilden eine Gruppe, die mit ihren Eigenschaften recht gut im Bevölkerungsdurchschnitt liegt. Eine absolute Repräsentativität kann nicht angenommen werden. Naturgemäß gibt es ein Übergewicht junger Leute. Vom Bildungsniveau her sind höher Gebildete stärker vertreten. Religiöse Motive spielten eine große Rolle; allerdings waren Absolventen von Madrasen, islamischen Bildungsanstalten, nicht so stark vertreten wie erwartet. Im Durchschnitt hatten 20 % eine Madrasa durchlaufen. Es handelt sich also um Menschen aus der Mitte der Gesellschaft, die auch nicht irgendeine Form der ‚Gehirnwäsche' durchlaufen hatten.

Die Entscheidung, in den Dschihad zu ziehen, wurde eher individuell getroffen, häufig gegen den Willen der Eltern und der Familie. Einflüsse gab es zumeist von lokalen religiösen Führern und Altersgenossen. Die Entscheidung für den Dschihad war also völlig untraditionell.

Die politischen Einstellungen zeigen eine deutlich antiwestliche, speziell anti-US-amerikanische Haltung: 92 % der Befragten sprechen davon, dass die Muslime Opfer einer westlichen Verschwörung seien, die von Hindus und Juden unterstützt werde; nur eine Minderheit von 17 % erkennt eine Mitschuld der Muslime an ihrer Lage; 83 % sagen, dass die Schuld an der Rückständigkeit muslimischer Gesellschaften und der Auseinandersetzungen unter Muslimen bei den Ungläubigen zu suchen sei. Die große Mehrheit sieht die USA als Angreifer, die Muslime als bedroht (vgl. o.).

Wenden wir uns den Zielen der Befragten zu, so nannten 39,4 % die Schädigung der US-Interessen, 21,2 % das Eintreten für die Rechte der

Muslime, 10,1 % wollten die Muslime auf den rechten Weg bringen, 17 % schlicht die Gelegenheit zu reisen und 10,3 % motivierte die Möglichkeit, zum Märtyrer zu werden.

Wir sehen also hauptsächlich säkulare Antriebe, eine Wendung gegen den mächtigen Aggressor, die, so heißt es in der Studie, ergänzt wird durch die Ablehnung des eigenen ausbeuterischen Systems (Abbas 2007 nach Hippler 2008: 246ff.)

Ungerechtigkeit

Khalid Sheikh Mohammed, einer der Chefplaner des 11. September, berichtet über seinen ersten Kontakt mit dschihadistischen Kreisen: „‚Gleich zu Anfang meines Studiums an der London School of Economics trat ich der Islamischen Gesellschaft bei', schreibt er. ‚Im November 1992 hielten wir eine *Bosnien-Woche* ab und sahen uns mehrere Filme über Bosnien an. Es erschütterte mich zutiefst zu sehen, wie bosnische Muslime von Serben abgeschlachtet wurden.' Hier begann Sheikhs politische Radikalisierung. Er organisierte studentische Aktionstage zum Thema Bosnien und sammelte Gelder. Ende Februar 1993 begleitete er trotz seines Studiums seinen Vater auf eine Geschäftsreise nach Pakistan. Er hatte Propagandavideos über den Bosnien-Krieg im Gepäck und nahm Kontakt zu militanten Islamisten auf. Zurück in England, machte er sich mit einem sogenannten *Konvoi der Barmherzigkeit* [...] auf den Weg nach Bosnien. [...] In Split [...] musste er [...] die Fahrt unterbrechen und lernte dort den pakistanischen Kriegsveteranen Abdur Rauf kennen, der aus Pakistan gekommen war, um in der muslimischen Miliz zu kämpfen." (Fielding / Fouda 2003: 60f.) Der weitere Weg Khalid Sheikh Mohammeds ist bekannt.

Das Empfinden und die Erfahrung von Ungerechtigkeit (Moore 1982) und Unterdrückung als zentrales Element der dschihadistischen Ideologiebildung kann an einen breiten Diskurs über internationale Ungerechtigkeit und unterschiedliche Bewertungen für recht ähnliche Phänomene anknüpfen. Diese Klage über das ungerechte Maß, das angelegt wird, können wir sehr gut auf dem Titelblatt einer neueren Nummer einer arabischen Zeitschrift finden: „Die internationale Gerechtigkeit ... Augen, die nur sehen, was sie wollen!" (Al-Mağalla Nr. 1485, 27. 7. 2008)

Verbindet sich dies mit dem von uns beschriebenen Gefühl der Malaise, kann der Dschihadismus ein Ausweg sein.[2] Literarisch hat Habib Tengour diese Situation formuliert: „Die Anwerber [...] konnten [...]

ihnen jenen Respekt und jene Anerkennung bieten, nach denen sie sich im Innersten sehnten, sie, die an dem Gefühl erstickten, nicht gebraucht zu werden. So groß war ihre Verzweiflung, dass nichts half als gewaltiger Hass, um vorübergehend ihren bitteren Geschmack zu überdecken. Der Dschihad [...] war der ideale Weg, sie aus diesem Leben [...] herauszuholen.“ (Tengour 2004: 23)

Zwischen Afghanistan und Europa

Die Aktivisten aus arabischen Ländern, die in den Dschihad in Afghanistan, in Tschetschenien, in Bosnien ziehen, zeichnen sich teilweise, so einige biographische Erzählungen, durch ihre Wohletabliertheit aus. Einer der Aktivisten wird als herausragender Student einer Schariafakultät im Nordosten Saudi-Arabiens beschrieben, der dann mit seinem älteren Bruder in den Dschihad nach Afghanistan zog, wo der Bruder getötet wird und damit den Rang eines Glaubenszeugen erreicht. Daraufhin kehrt dieser Mudschahid nach Hause zurück, setzt seine Studien fort, bis seine Mutter stirbt. Er hatte versucht, seine Mutter zu überzeugen, dass sie ihn nach Bosnien ziehen lassen solle; sie hatte aber abgelehnt. Es wurde eine Verlobung eingeleitet, der Termin für die Hochzeit festgelegt. In der betreffenden Erzählung heißt es, Gott habe es abgelehnt und wollte ihn mit Paradiesjungfrauen verheiraten. Im letzten Studienjahr wird der Drang, in den Dschihad zu ziehen, bei diesem Aktivisten übermächtig. Er macht sich über Kroatien auf den Weg nach Bosnien (s. Kohlmann 2004). In Kroatien begegnet er in einem Hotel einer Frau, die dort arbeitete und, seiner Auffassung nach, ihn zu verführen versuchte, sodass er das Hotel verlassen musste. Er gelangte schließlich nach Bosnien, wo er dann auch in einem Gefecht starb. Den Abschluss der Erzählung über diesen Aktivisten bildet das Auffinden der Leiche, die ein Lächeln auf dem Gesicht trägt. Als er von der Front in ein Dorf gebracht wird, sei von ihm Moschusgeruch ausgegangen, einer der Gerüche des Paradieses (al-Qaṭarī / al-Madanī 2002: 27ff.).

Eine weitere biographische Erzählung (al-Qaṭarī / al-Madanī 2002: 31ff.) berichtet uns, dass der in ihr behandelte Aktivist aus dem Osten Saudi-Arabiens im ärgsten Unglauben gelebt habe, für den er berüchtigt war. Er arbeitete als Lastwagenfahrer. Als er eines Tages nach Bahrain fuhr, geriet er vollkommen berauscht auf einer Brücke von der Fahrbahn ab und hing mit seinem Fahrzeug zwischen Leben und Tod. Zu seinem Glück kamen zwei Aktivisten, die sich über Bahrain nach

Bosnien begeben wollten über die Brücke, sahen ihn und retteten ihn. Die beiden brachten ihn zurück in die saudische Ostprovinz, wo sie ihn anwiesen, die Waschungen zu vollziehen und zu beten; dann begannen sie, ihn zu belehren, u. a. dass er gerade dem Tode im Zustand einer schweren Sünde entronnen sei. Durch diese Erfahrung verwandelt, trennte er sich von seinen Kollegen, sonderte sich ab, las und rezitierte den Koran – was so interpretiert wurde, dass er gegenüber Regierungsstellen unverdächtig erscheinen wollte.

Als seine Retter zurückkehrten, begab sich dieser Aktivist zu einem von ihnen. Er erschien diesem völlig verändert und begann, ihn über den Dschihad in Bosnien zu befragen, über die Glaubenszeugen etc., und er drängte seinen Retter, ihn in den Dschihad zu führen. Der erläuterte ihm, der Weg nach Bosnien sei blockiert; die Mudschahidin müssten in Kroatien und Slowenien abwarten, bis sich eine Möglichkeit ergebe, nach Bosnien zu gelangen. Diese beiden Länder aber seien „erfüllt von Sünden, Wein, Frauen und anderen Verlockungen, mehr als sie die Standhaftigkeit eines Menschen ertragen kann". (al-Qaṭarī / al-Madanī 2002: 32) Das schreckte diesen Aktivisten nicht, er begab sich an die bosnische Grenze, wo er die Wartezeit im Gebet und Gottesverehrung verbrachte und sich von seinen Mitkämpfern in religiösen Dingen unterweisen ließ. Auch dieser Aktivist gelangte dann nach Bosnien, wo er in einem Gefecht den Tod fand. Seine Leiche wurde von Serben vom Schlachtfeld mitgenommen; es gelang den Mudschahidin erst, sie nach zwei Monaten zurückzuerhalten. Der Leichnam sei nicht im Geringsten verändert gewesen, habe vielmehr einen Geruch nach Henna verströmt.

Ein dritter Aktivist kehrte aus Afghanistan, als nach der Eroberung Kabuls die afghanischen Mudschahidin begannen, sich untereinander zu bekämpfen, nach Saudi-Arabien zurück, wo er bei seiner Familie blieb. Bald packte ihn aber der Drang, nach Bosnien zu gehen, um dort als Glaubenszeuge zu sterben. Nach einigen Problemen im Reiseverlauf – dieses Mal sind keine verführerischen Kroatinnen schuld, sondern die italienische Polizei – gelangte dieser Aktivist doch noch nach Bosnien, wo er sich mehrfach in Gefechten auszeichnete. Schließlich wurde auch er getötet. Zuvor hatte er erzählt, dass er zu seinen Eltern reisen wollte, die er eineinhalb Jahre nicht gesehen hatte. Diese hätten die Hochzeit mit einer Frau vorbereitet, die er nach seiner Rückkehr heiraten wollte. Der Erzähler vermerkt, Gott habe eine Art der Heirat beabsichtigt. Abschließend wird davon berichtet, dieser Aktivist sei einem anderen im Traum erschienen. Der Träumende habe ihn gefragt, was ihm nach seinem Tode widerfahren sei. Der Gestorbene habe erwidert, er habe zwei der schönsten Frauen gesehen, die ihm den Staub vom Gesicht wischten und sagten, er solle sich nicht fürchten. (al-Qaṭarī / al-Madanī 2002: 36ff.)

Wir sehen vor uns drei saudische Aktivisten aus unterschiedlichen sozialen Schichten, aus gut situierten, religiösen Familien, aber auch einen unreligiösen Lkw-Lenker. Sie werden durch informelle Netzwerke (Wiktorowicz 2004a: 12f. und 2001) rekrutiert und mobilisiert; der Fall des Lkw-Lenkers zeigt dies deutlich. In den beiden anderen Fällen sind solche Netzwerke anzunehmen, die auf der Kampferfahrung in Afghanistan basieren (Kohlmann 2004). Wichtig sind Prozesse der Enkulturierung in ein Dschihad-orientiertes Denken (Wiktorowicz 2005: 167ff.), die bewusst vollzogen werden, wenn eine Bereitschaft zur Hinwendung zu dschihadistischem Denken erkennbar ist.[3]

Die Rolle der Paradiesjungfrauen im dschihadistischen Imaginären haben wir bereits betrachtet. Feststellen können wir eine deutliche Abwehr dem ‚normalen Leben' gegenüber, dessen Mühen der Tod im Dschihad offenkundig vorzuziehen ist (s. auch Lohlker 2006). An anderer Stelle heißt es: „Bei Gott! Das Leben ist nach dem Dschihad nicht mehr zu ertragen." (al-Qaṭarī / al-Madanī 2002: 78) Frauen werden so auch in einer Abhandlung des saudischen Dschihad-Ideologen Jusuf al-'Ujairi (Meijer 2007) grundsätzlich als mögliche Hindernisse für den Dschihad gesehen (s. o.).

In einer Reihe von Interviews mit Gefangenen, die terroristischer Aktivitäten beschuldigt wurden, hat Farhad Khosrokhavar (2003: 239ff.) ein Porträt der Anhänger von al-Qa'ida in Europa gezeichnet. Es handelt sich nicht um Personen mit einer archaischen Mentalität, auch nicht um Modernisierungs- oder Globalisierungsopfer. Seien sie nun von Geburt oder durch Einbürgerung französische Staatsbürger, sie sind geprägt von dem, was man die westliche Kultur nennen könnte. Einer von ihnen beherrscht sechs Sprachen, zwei andere sprechen deren fünf, ein weiterer drei. Die meisten haben an Universitäten in Frankreich, im Nahen Osten oder anderswo studiert. Einer hat Theologie in der Türkei und dann Betriebswirtschaft in Malaysia studiert, zwei andere Informatik. Einer arbeitete in Kanada als Angestellter in einer Handelsgesellschaft. Einer der am wenigsten qualifizierten Interviewten hatte in Frankreich gearbeitet, nachdem er Algerien nach dem Militärputsch von 1992 verlassen hatte. Sie hatten Frauen aus Frankreich, Japan, Italien oder Bosnien. Einige hatten seit ihrer Kindheit in Europa gelebt, einer zehn Jahre in Italien und vier Jahre in Kanada. Alle sprechen – mit einer Ausnahme – gut Französisch.

Es handelt sich also um Individuen, die genauso gut integriert erscheinen wie die europäischen „Normalbürger", teilweise zeigen sie ein differenzierteres Bild als der durchschnittliche Europäer (sie beherrschen mehrere Sprachen), haben in mehreren westlichen Ländern gelebt und können verschiedene kulturelle Codes bewältigen, ohne größere Probleme zu haben.

Wir müssen also nach anderen Gründen für die Radikalisierung dieser Personen suchen. Einerseits sind sie zweifelsohne multikulturell. Andererseits zeigen alle eine entschiedene und direkte Zurückweisung dessen, was sie die westliche Zivilisation oder ‚den Westen' (s. o.) nennen. Einer hebt die „westliche Hybris" hervor, ein anderer betont die Heuchelei, die darin bestehe, dass der Westen den Rest der Welt im Namen der Demokratie beherrschen wolle. Sie sind alle der Überzeugung, dass ‚der Islam' unterdrückt und übel behandelt wird. Sei es im Irak, in Bosnien, im Kosovo, in Afghanistan, in den arabischen Ländern allgemein oder im Westen – überall bedrängt eine Allianz aus Christen und Juden ‚den Islam'; dieser könnne sich nur durch einen Dschihad befreien. Einige kommen aus Familien, die religiös waren, hatten aber mehrere Brüder oder Schwestern, die dies nicht waren. Einige kamen aus weniger gläubigen Familien. Dies waren jene, die sich am entschiedensten ‚dem Islam' zuwandten. Die Suche nach ‚dem Islam' hatte sie dazu gebracht, ihre religiösen Überzeugungen zu vertiefen, schließlich sogar klassisches Arabisch zu lernen – und nicht umgekehrt.

Um voreiligen Schlüssen vorzubeugen: Es gibt allerdings auch Aktivisten, die aus Familien kommen, die ihren islamischen Glauben aktiv ausüben (Khosrokhavar 2006). Festhalten können wir auf jeden Fall, dass persönliche Krisen im Radikalisierungsprozess eine wichtige Rolle spielen. Für den Mörder des niederländischen Regisseurs Theo van Gogh, Bouyeri, wird berichtet, dass seine Radikalisierung zum Dschihadismus nach einem Gefängnisaufenthalt und dem kurz darauf folgenden Tod der Mutter begann – Erfahrungen, die sich mit den Zurückweisungserfahrungen Bouyeris verbanden (Peters 2008). Dies verweist uns auf die je individuelle Komponente jedes Radikalisierungsprozesses.

Um ‚den Islam' kristallisiert sich die Zurückweisung des Westens. Der Islam eignet sich für die Interviewten besonders als Religion der Unterdrückten, für die, die von der „westlichen Arroganz", so einer der Befragten, niedergedrückt werden. Einige der Interviewten hatten seit ihrer Kindheit in Frankreich gelebt, dann aber ein bitteres Erwachen erlebt. Bis zur Pubertät betrachteten sie sich als Franzosen. Die vielfältigen Formen des Rassismus ließen sie dann aber deutlich spüren, welch tiefer Abgrund sie vom hässlichen Okzident trennt. Sie glaubten sich, mit anderen Worten, geborgen in einer totalen Integration in ein

Land, das sie als das ihre betrachteten. Die tägliche Diskriminierung, dieser Verrat, der als existenziell erfahren wird, sei es im täglichen Leben oder in der medial vermittelten muslimischen Welt, wird zum bestimmenden Element für den Bruch mit dem Westen.

Dies alles vermischt sich mit einem Unbehagen an der als ‚westlich' begriffenen Moderne, ihrer Anonymität, der geforderten Flexibilität u. a. m. Bei den Befragten bewirkt dies einen fundamentalen Bruch, eine völlige Fremdheit (s. o.), eine Verteufelung des Westens. Bei ihnen hat ein Prozess eingesetzt, der zur Unterdrückung der Malaise, des Unbehagens an der Moderne (nicht zu ihrer Auflösung!) führt, bis eine absolute Transparenz erreicht wird, die zu unerschütterlichen Überzeugungen, einer Logik des Handelns und einer Einheit des Selbst, der Herausbildung einer Art – immer wieder von Fragmentierung bedrohter – Körperpanzer (Theweleit 2000, Bd. 2: 206ff.) führt, geleitet von der deutlichen Unterscheidung des Heiligen und des Profanen, des Erlaubten und des Verbotenen. Diese identitäre Konstruktion stellt dem Gläubigen einen satanischen Gegner entgegen, gegen den der Gläubige seine ganze Existenz in die Waagschale werfen muss. Negativ formuliert, sieht man in einschlägigen Bekenntnisvideos, wie in denen der Attentäter vom 7. Juli in London, „keine Soldaten im Kriege, vielmehr selbstgerechte junge Männer, die glauben, dass sie ihre eigene moralische Sicherheit dessen enthebt, sich selber richtig zu erklären." (Mirza 2006)

Sehr drastisch wird dies formuliert, wenn einer der Befragten, ein Konvertit zum Islam, äußert: „Es gibt eine kontinuierliche Aggression, nur in der Moschee bist du ruhig. Ich fühle mich vollkommen gedemütigt durch diese lebende Pornographie, die die Gesellschaft im Okzident ist. Ich bin versucht, in den Dschihad zu ziehen, um dieser Herrschaft der systematischen Verderbtheit ein Ende zu setzen. Wenn ein Mädchen ein Kopftuch trägt, fühlt sich der gute Durchschnittsfranzose angegriffen; wenn aber eine Frau ihren Hintern aller Welt zeigt, dann ist es Freiheit und niemand kümmert sich darum. ... Für mich ist das ein hervorragender Grund, um bis zum Tode gegen die westliche Gesellschaft zu kämpfen. ... Es gibt im Okzident eine Verfolgung, die sich in hohem Maße gegen die Frommen richtet, die ihren Glauben in der Gemeinschaft Allahs leben wollen: Die Perversion stürzt von allen Seiten auf einen ein, man ist umgeben von Leuten, für die die Ausschweifung und die Sünde das täglich Brot sind. Sie überschütten dich damit: in der Metro, auf der Straße, im Fernsehen, im Radio, auf den Werbeplakaten, mit den Hinterbacken der Frauen, die man in aller Öffentlichkeit und den ausgehungerten Blicken der Männer zeigt, auf den Schwulen- und Lesbenfestivals, wo jeder den anderen zu übertreffen versucht, um die

Perversion zur Regel in der Gesellschaft zu machen." (Khosrokhavar 2006: 246f.)

Eine bedrohte Männlichkeit, die sich durch unbedeckte Frauen, Schwule, Sexualität bis zur gewaltsamen ‚Notwehr' bedrängt fühlt und Trost (und Sicherheit!) allein in der Moschee und im Kreise der von ihm als gläubig Angesehenen findet. Dass die Ehefrau dieses Gefangenen sich ‚widerspenstig' zeigt und er selber das Leben eines Kleinkriminellen, eines drogenbenutzenden Tunichtguts geführt hat, mag den Abgrenzungs- und Identitätsstiftungszwang erklären helfen.

Diese Art der Identitätsbildung finden wir in verschiedenen zeitgenössischen Strömungen auch nicht muslimischer Art, was uns an die Modernität des Dschihadismus gemahnt. Der Islam nimmt in ihm neue Formen der Polarität an, durch die älteren Elemente neu angeordnet werden (z. B. der Dschihad, das Glaubenszeugentum, der Exodus Muhammads, also die Hidschra, die eschatologischen Vorstellungen). Diese neue Religiosität ist von einer Moderne geprägt, deren Züge sie ins Gegenteil verkehrt und ins Extrem treibt. Während die Individuen im Westen eher ‚verweichlichen', fragmentieren, instabiler werden, zeigt der zukünftige Glaubenszeuge eine Einheitlichkeit, die sich durch Intransingenz auszeichnet. Wie auch andere moderne religiöse Strömungen eine Betonung der Suche nach der ‚eigenen' Wahrheit der individuellen Gläubigen zeigen (Hervieu-Léger 2004: 4), entwirft der Anhänger des Dschihadismus eine monolithische *umma*, eine Gemeinschaft, die es in dieser Weise historisch nie gegeben hat (s. o.), ihm aber einen je individuellen Horizont an Möglichkeiten eröffnet, der von keinem Zweifel getrübt wird. In diese Gemeinschaft wird er nicht hineingeboren, er schließt sich ihr durch individuelle Entscheidung an.

Dschihadismus als männliche Ideologie

Betrachten wir diese biographischen Narrative, stellen wir fest, dass wir es mit einer spezifischen Art von Männlichkeit zu tun haben, die durchaus modern erscheint. Diese Modernität wird erkennbar, wenn wir die dschihadistischen Identitäten mit anderen vergleichen. Zuspitzen können wir dies – zugegeben etwas ketzerisch – in Konstruktionen eines herausragenden Vertreters der deutschen konservativen Revolution: mit Martin Heidegger. Hierzu sei Günther Anders (2001: 91ff.) zitiert:

„Doch nicht nur die ‚Faktizität' seines Da-Seins, sondern auch der ‚locus', in den es geworfen war, macht das ‚Dasein' zum Skandal. Es fand sich als amorphes Wesen, ertränkt im Brei dessen, was *man* sagt, was *man* gewöhnlich tut, was *man* gewöhnlich verlangt, kurz: versunken in das, was Heidegger das ‚man' nennt. Positiver ausgedrückt, man findet sich von anonymen anderen getragen, nicht dazu verurteilt, alles selbst zu tun, zu entscheiden, zu übernehmen. Für Heidegger aber, der keiner Gruppe angehört, bringt die Tatsache, dass man nicht nur man selbst ist, überhaupt nichts Tröstendes mit sich. Die Anderen, die Doxa, das Vorurteil, die Sitten sind nichts als der Lehm, der am Fuße des Selbst klebt und sein Selbstsein hindert. Aus diesem Lehm des ‚Man' muss sich das Dasein herausziehen, wie sich Münchhausen selbst am Zopf herauszog. Nur falls und wenn ihm diese Veranstaltung gelingt, ist es ‚Existenz' geworden ... Wenn wir die Schilderung dieser Aktion aus dem ontologischen Idiom in die Alltagssprache übersetzen, erweist sich, dass ganz vertraute Phänomene beschrieben werden: *Emanzipation* und *gesellschaftlicher Aufstieg* – Emanzipation von jener gesellschaftlichen Anonymität, in der man geboren wurde, und Aufstieg zu einer anderen –, mit der Ausnahme aber, dass Heideggers ‚Dasein' seinen Ursprung als solch unauslöschlichen Makel empfindet, dass es ihn ganz verbergen muss. Nicht geboren, sondern ‚geworfen', kommt es (wie ein Niemand) von nirgendwo her und bleibt ein Niemand, solange es ihm nicht gelingt, sich selbst den Titel ‚Existenz' zu verleihen. Aber nicht nur die ‚Geworfenheit' und das ‚Man' beschränkt den Drang des ‚Daseins' nach totaler Freiheit. Da *Sterblichkeit* seine andere Schranke ist, muss der Tod gleichfalls angeeignet oder besetzt werden. Laut Heidegger besteht deshalb ‚Existenz' darin, den Tod zu usurpieren, aus ihm ein ‚momentum' des Lebens zu machen, ein ‚Sein zum Tode' zu werden – eine Selbstverwandlung, durch die in gewisser Hinsicht der Tod trotz seiner allgegenwärtigen Drohung ziemlich verharmlost wird, denn nun wird er ein Eigentum oder ein Charakter des Lebens selbst. [...] Wenn Heidegger seine Identifizierung von ‚Selbstsein' und ‚Sein zum Tode' damit begründet, dass der Tod die *einzige* Situation sei, die jede mögliche Vertretung durch irgendjemand anderen völlig ausschließe [...], so ist diese Verflechtung dubios: In jedem lebendigen menschlichen Verhältnis zu anderen ist Vertretung ebenso wenig möglich. ... Wir sehen: Heideggers ‚Sein zum Tode' ist trotz seines makabren Klangs ein neuer Pseudo-Radikalismus, letztlich sogar eine Art Eskapismus. Den Tod fürchtend, flüchtet er in die Scheinfreiheit des ‚Sterbenkönnens' [...] als ‚eigenster Möglichkeit'. Was für eine jämmerliche, was für eine verzweifelte Form von Freiheit, in Richtung Tod zu leben, statt gern zu leben oder für eines Sache zu leben."

Diesen Pseudo-Radikalismus können wir immer wieder im dschihadistischen Denken beobachten, kombiniert mit den bereits beschriebenen Gefühlen der Malaise, der Todessehnsucht und anderen Ingredienzen bestimmter moderner Bewegungen, die sich mit einer Angst vor dem Weiblichen koppelt (vgl. Sombart 1991 und insbesondere Theweleit 2000).

Bei all diesen Ausführungen zu bedenken ist, dass männliche Sexualität im islamischen Kontext durchaus anders konstruiert wurde als in der neueren europäischen Geschichte – und der Islam körperliche Kontakte zwischen Männern nicht verdammt. Die Durchsetzung von Heteronormalität ist ein recht neuer Prozess (Klauda 2008).

Frauen im Dschihad

Wenn wir den Dschihadismus bis jetzt als männliche Ideologie beschrieben haben, stellt sich die Frage, ob (und wenn ja, wie) und warum Frauen an dschihadistischen Aktivitäten teilnehmen. Von dschihadistischer Seite wird Frauen im Wesentlichen eine dienende Rolle als Erzeugerin und Erzieherin künftiger Mudschahidin oder als Unterstützerin, Krankenpflegerin u. Ä. zugewiesen. Also eine klassische weibliche Rolle.

Andererseits hat die al-Qa'ida auf der Arabischen Halbinsel eine Nummer einer Zeitschrift herausgebracht, die sich speziell an Frauen wandte: *al-Chansa'*. Dies lässt sich allerdings als Propagandamanöver verstehen, mit dessen Hilfe gezeigt werden sollte, dass auch Frauen mit dschihadistischer Ideologie mobilisiert werden könnten. Dadurch wäre die dschihadistische Gefahr um einiges potenziert. Dass einzelne Frauen an dschihadistischen Operationen teilnehmen, deutet nicht auf eine völlig neue Entwicklung der dschihadistischen Strömung insgesamt, eher auf eine individuell begründete Entscheidung einzelner Frauen.

Dass Frauen als Selbstmordattentäterinnen auftreten, ist eher ein Phänomen lokaler Bewegungen wie der Hamas oder des islamischen Dschihad in Palästina/Israel, der Hisballah und anderer Gruppen im Libanon oder der tschetschenischen Mudschahidin. Die transnationale dschihadistische Bewegung scheint davon recht unberührt. Dies können wir als weiteres Zeichen für die Unterschiede zwischen den verschiedenen islamischen Bewegungen sehen, die nicht wegen der Bezugnahme auf Ideen wie den Dschihad aufgrund nachlässiger Betrachtung über einen Kamm geschoren werden können.

Generell ist natürlich anzumerken, dass die Konstruktion einer friedfertigen Weiblichkeit gegen einen gewalttätigen Mann „zur Hälfte durch die von Frauen vollzogene Projektion und Delegation eigener anrüchiger und ängstigender Triebregungen zustande kommt“. (Waldeck 1990, 35) Frauen sind also nicht von Natur aus schwächer als der Mann, „aber sie lassen die Männer stark werden, indem sie ihnen das Ausleben der Aggression überlassen. So erscheinen Frauen als nicht verantwortlich und nicht schuldig angesichts von Gewalt und Zerstörung. [...] Diese Delegation beinhaltet allerdings, dass die Aggressionen ein von Frauen nicht mehr kontrollierbares Eigenleben entfalten können.“ (Waldeck 1990: 34f.)

Tod

Um nicht in ein kulturalistisches Akzeptieren der dschihadistischen Parole zu verfallen, dass die Mudschahidin des Sieges sicher sein können, weil sie den Tod nicht fürchten und die anderen das Leben zu sehr lieben, sei abschließend Herbert Marcuse (2002: 113f.) zitiert, um eine analytische Perspektive zum Phänomen der Todesliebe zu ermöglichen:

„Die verzückte Hinnahme des Todes als eines nicht bloß natürlichen Faktums hat noch eine weitere unheilsschwangere Seite. Die lernt man kennen in den [...] Geschichten, wo Mütter ganz hingerissen sind von der Aufopferung ihrer Söhne auf dem Schlachtfeld. [...] Gewiss, Erklärungen sind schnell bei der Hand: [...] Das Individuum ist seit Längerem machtlos geworden, ‚irgendetwas daran zu ändern‘, und die Ohnmacht wird rationalisiert als moralische Pflicht, Tugend, Ehre. Aber alle diese Erklärungen scheinen in einem entscheidenden Punkt zu versagen: dem unverhüllten, beinahe exhibitionistischen Charakter der Affirmation und triebhaften Einstimmung. Es scheint tatsächlich schwer, die Freud'sche These vom ungenügend unterdrückten Todeswunsch zurückzuweisen. Nun mag aber doch der biologische Trieb, der im Todeswunsch am Werk ist, gar nicht so ‚biologisch‘ sein. Er könnte von historischen Mächten genährt worden sein, von der Not, das Leben des Einzelnen zu opfern, damit das Leben des ‚Ganzen‘ weitergeht. Das ‚Ganze‘ ist in diesem Fall nicht die natürliche Spezies, die Menschheit, sondern eher die Totalität der Institutionen und Relationen, die die Menschen im Laufe ihrer Geschichte aufgebaut haben. Ohne die instinktive Bejahung ihres unbestreitbaren Vorrangs könnte diese Totalität von der Auflösung bedroht sein. [...] Einvernehmen mit dem Tod ist Einvernehmen mit dem Herrn über den Tod: der Polis, dem Staat, der

Natur oder dem Gott. Nicht das Individuum, sondern eine höhere Macht richtet. Die Macht über den Tod ist zugleich die Macht über das Leben. Aber das allein reicht nicht hin. Hinzu kommt die Bereitschaft, der Wunsch, ein Leben, das nicht das ‚wahre' ist, hinter sich zu lassen, ein Leben, das der Betrug nicht allein an den Träumen der Kindheit, sondern auch an den gereiften Hoffnungen und Erwartungen der Menschen ist. Sie werden verwiesen auf das Jenseits, auf das des Himmels, das des Geistes – oder das des Nichts. Entscheidend ist das Element des Protestes, des Protestes derer ohne Macht. Weil sie machtlos sind, willigen sie nicht nur ein, sie vergeben auch noch denen, die den Tod austeilen. [...] so macht man aus der Schwäche auch einen Segen. [...] Die Ohnmacht des Protestes ist Garant für den Fortbestand der gefürchteten und verhassten Gewalt."

Wir dürfen füglich bezweifeln, dass die Liebe zum Tod für die Dschihadis eine Lösung der bekämpften Probleme bringen wird. Es sind also andere Dinge, die den Tod so attraktiv machen für Dschihadis (und nicht nur sie): „Auch wenn Terroraktionen so dargestellt werden, als würde damit ein Unrecht wieder gutgemacht, offenbaren die Worte der Terroristen selbst doch oft eine intensive Freude am Akt des Tötens. In Beschreibungen ihrer Gewalttaten kommt eine ausgesprochene orgiastische Befriedigung zum Ausdruck. [...] Die rachsüchtige Fantasie wird in einer sexuellen Entladung inszeniert, einer euphorischen Bezwingung der eigenen Feinde und der Ideologien, die die Wahrheit der eigenen Überzeugungen und Glaubensansätze bedrohen, einer euphorischen Bezwingung von Hilflosigkeit, Demütigung und Tod. Sadismus absorbiert die Angst vor dem Tod." (Piven 2003: 199f.) Damit werden die strahlenden Gesichter der Videotestamente getöteter Dschihadis in ihrem Grunde verstehbarer.

Spaß

Eine Anmerkung zum Begriff ‚Spaß' mag bei unserem Thema verblüffen. Oskar Verkaaik (2004) hat in seiner bemerkenswerten Untersuchung zur urbanen Gewalt in Pakistan darauf hingewiesen, dass nicht unbedingt politische Diskurse z. B. über die Ungerechtigkeiten, die den Protagonisten widerfahren sind, zentral für das Engagement in gewaltsamen Aktivitäten sind, sondern Erzählungen über Tabubrüche, andauernde Freundschaften, immer wieder hervorgeholte Erzählungen und Lieder über gefährliche Situationen, aus denen die Erzählenden unbeschadet hervorgegangen sind, deuten auf etwas anderes: die Teilnahme an gewaltsamen Aktionen bringt auch Salz in die Suppe des normalen Lebens (Verkaaik 2004: 111). Sie bringen ‚fun'.

Wenn es hier auch um Beobachtungen aus einem nicht dschihadistischen Kontext geht, lassen sich diese Wahrnehmungen doch auf dschihadistische Bewegungen übertragen. Die Bilder von Videos (s. u.), aber auch die biographischen Erzählungen legen reichlich Zeugnis davon ab.

Text 1: Yahya Senyor al-Jeddawy

Quelle: Yahya Senyor al-Jeddawy (http://web.archive.org/web/20010128081800/http://www.azzam.com/html/storiesyahyasenyor.htm) (Zugriff 11. 8. 2008); aus einer Sammlung von Biographien auf der Webpräsenz azzam.com. Der Text ist tatsächlich als Erzählung zu begreifen. Berichtet wird nicht, „was geschehen ist"; berichtet wird, wie Dschihadis möchten, dass Ereignisse und Personen gesehen werden sollten.

Yahya Senyor aus Jeddah, Arabische Halbinsel. Erster Glaubenszeuge von der Arabischen Halbinsel in Afghanistan. Getötet in einem Hinterhalt der kommunistischen Streitkräfte 1985 in Jaji[4], Afghanistan. Geschrieben vom Glaubenszeugen Scheich ʻAbdallah ʻAssam.
„Abu Muadh und ich rochen das Blut vom Yahya, dem Glaubenszeugen, über eine Entfernung von 500 Metern, als er in dem Auto war, das ihn zu seiner letzten Ruhestätte brachte, zur Erde, die darüber frohlockte, dass ihr sein reiner Körper hinzugefügt wurde, und die, so hoffen wir, einer der Gärten des Paradieses sein wird ..."
„Und du darfst ja nicht meinen, dass diejenigen, die um Allahs willen getötet wurden, (wirklich) tot sind. Nein, (sie sind) lebendig (im Jenseits), und ihnen wird bei ihrem Herrn (himmlische Speise) beschert." (Sure 3, *āl ʿimrān*, 169)
Das waren die letzten Worte, mit denen du dich von der Welt verabschiedet hast, in einem Brief, der in deiner Tasche vom Gefährten deiner Reise gefunden wurde. Bei ihm hast du deine letzten Atemzüge getan, als dein Haupt an seiner Brust ruhte.
Muhammad Amin, unser Sprecher, sagte zu mir: „Yahya schrieb diesen Brief in der letzten Nacht, in der er auf Erden lebte."
Alles in deiner Seele sprach davon, dass du der nächste Glaubenszeuge bist. Es gab deine Brüder, die mit dir an den Leiden des Opferpfades teilhatten, dem Schweiß und dem Blut, unter dem Kugelhagel und dem Kanonendonner, um eine Gemeinschaft (*umma*) aufzurütteln, die bis tief hinein von Schwäche erfüllt war und nur schlafen würde zu Füßen jedes tyrannischen Unterdrückers. [...]

Es war die Nacht von ‘Arafat[5]; die Russen hatten sich von oben und unten auf dich gestürzt. Die Herzen schlugen bis zum Hals; du standst auf mit deinen Brüder, um das Morgenmahl[6] einzunehmen, um am Tag von ‘Arafat auf dem Schlachtfeld zu fasten[7]; wenn das Fasten von ‘Arafat zwei Jahre Sünden aufwiegt, wie großartig ist das ‘Arafat-Fasten unter Lava, die wie ein Regenschauer vom Himmel rieselt. Kein Zweifel, die Belohnung dafür ist viel größer. In einem authentischen Hadith wird festgestellt, dass Gott für denjenigen, der einen Tag um Gottes Willen fastet, die Entfernung zwischen ihm dem Höllenfeuer um 70 Längen weiter machen wird.
So sagten deine Brüder zu dir: „Yahya, lass uns das Morgenmahl einnehmen.“ Du gabst zur Antwort: „Ich werde zuerst die Waschung vollziehen.“[8] Um dich zu erklären, sagtest du: „Bei Gott, ich bin nicht unrein; ich möchte mich waschen, um die Huri zu treffen, die ich in meinem Traum sah. Ich habe niemals eine Frau im Traum gesehen, aber heute Nacht kam sie zu mir in ihren Gewändern, ihrer Koketterie, ihre Schönheit, ihrer Reinheit und mit ihren schwarzen Augen – sie ist die Huri.“ Die Schlacht von Jaji endete, aber du hattest nicht das Glück, zum Glaubenszeugen zu werden. Da begannen deine Brüder, mit dir zu scherzen: „Wo ist die Huri hingegangen, die, bei der du gesagt hast, sie würde sicherlich kommen?“ Einer der arabischen Brüder erzählte mir: „Yahya stand an den Gräbern der drei Glaubenszeugen auf dem Jaji und begann, sie anzureden: ‚Bald werde ich bei euch sein, mit Gottes Erlaubnis.‘ Der 7. Muharram 1405 (23. September 1985) kam, und an diesem Tag hattest du deine Verabredung mit dem Glaubenszeugentum, das Glaubenszeugentum, das du immer wieder, Tag und Nacht, erbeten hattest. Du erreichtest es durch die Hand einer Gruppe kommunistischer Agenten, die [...] das Feuer auf dich eröffneten, und besiegeltest den Verkauf [deiner Seele][9], so Gott will.“
[Es folgt ein Foto Yahyas, das ihn blutbedeckt zeigt.]
O Yahya, dein wohlriechendes Blut begann zu fließen, und niemand gab es, der deinen Körper berührte oder sich mit Tropfen deines Blutes parfümierte, dessen Nase nicht vom Geruch des Moschus erfüllt wurde. Sogar jeder, der an deinem Begräbnis teilnahm (mehr als 100 Leute), begann sich zu fragen: „Warum haben wir in all unseren Leben von keinem besseren oder wohlriechenderen Duft erfahren oder gar ihn gerochen als diesem?“
Abu al-Hasan al-Makdisi sagte zu mir: „Abu Muadh und ich rochen das Blut vom Yahya, dem Glaubenszeugen, über eine Entfernung von 500 Metern, als er in dem Auto war, das ihn zu seiner letzten Ruhestätte brachte, zur Erde, die darüber frohlockte, dass ihr sein reiner Körper hinzugefügt wurde, und die, so hoffen wir, einer der Gärten des Paradieses sein wird.“
Dr. Ahmad sagte zu mir: „Ich habe viele Glaubenszeugen getroffen, aber niemand roch besser oder hatte einen wohlriechenderen Duft als dieser.“

[Es folgt ein Foto von einem Blutstropfen Yahyas an einer Wand.] [...]
Du hast es nicht zugelassen, dass die Ehre der Muslime geschändet wurde, ihre Unterstützung verringert oder ihr Sieg mit Füßen getreten. Du hast nicht ruhig dagesessen, als die Muslime gedemütigt wurden, auch standest du nicht nur dabei. Vielmehr schrittst du fort zu Gott, gefasst, standfest, unnachgiebig und ohne aufzugeben. [...]
Euer Bruder Abu Muhammad:

Der letzte Brief des Glaubenszeugen Yahya Senyor:
Der muslimische Mudschahid kennt sein Ziel sehr gut. Aus diesem Grund wirst du bewusst ihn sich bewegen sehen, mit festen Schritten, die keinen Rückzug kennen. Er achtet nicht auf Prüfungen und Strafen. Er findet vielmehr in ihnen seinen Frieden, denn sie geschehen auf dem Wege Gottes. Wer auf dem Pfad der Propheten wandelt, fragt nicht, ob er über Dornen oder scharfe Klingen schreitet.
Der letzte Brief, den der Glaubenszeuge Yahya an seine Familie schrieb, ist ein besserer Hinweis auf die Wahrheit dessen, worüber wir mit Bezug auf ihn geschrieben haben; so hört ihm zu, wenn er sagt:
„Ich bin hier trotz der Flugzeuge, der Panzer und des Beschusses, der Tag und Nacht dauert. Trotz der starken Kälte und des Hungers bin ich überglücklich und habe inneren Frieden gefunden, weil ich fühle, dass ich die Taten vollbringe, die Gott am liebsten sind, und Gott lässt die Belohnungen für diejenigen, die handeln, nicht verfallen. Der Dschihad ist der einzige Weg, auf dem der Mensch Gott Handlungen darbringen kann, die ihm gefallen und dieser Gemeinschaft ihre ganze Ehre wiedergeben können."

Praktisches oder virtuelles Trainingscamp?

Seit dem Verlust von Trainingscamps in Afghanistan wird in verschiedener Weise versucht, Alternativen zu entwickeln. Konzepte wie mobile Trainingscamps werden ausprobiert, sichere Häuser benutzt, aber auch das Internet wird als Ort virtueller Trainigscamps durchdacht (s. Lia 2008b). Im Irak wurde beklagt, dass das Training aus Sicherheitsgründen nur „auf dem Papier" stattfinde (Tønnesen 2008).

Wir können davon ausgehen, dass das Internet in absehbarer Zeit nicht als Ersatz für reale Trainingscamps dient oder dienen wird. Es hat zwar Versuche und theoretische Ansätze gegeben, die darauf zielten, das Internet für Ausbildungszwecke zu nutzen. Allerdings sind sie nicht erfolgreich gewesen (Stenersen 2008). Dies gilt trotz der Bemühungen dschihadistischer Theoretiker wie Abu Mus'ab as-Suri, der in seinem „Aufruf zum globalen islamischen Widerstand" einen der zu unternehmenden Schritte nennt: „das theoretische Studium von militärischen und taktischen Themen mittels Berichten, von denen es heute reichlich im Internet gibt". (as-Suri 2004: 1425)

Zentral bleiben also weiterhin die praktischen, realen Ausbildungslager. Ein literarisches Beispiel kann uns einen Eindruck vermitteln, in welcher Form dschihadistisches Training verläuft. Das Beispiel ist dem sehr erfolgreichen ägyptischen Roman „Der Jakubijan-Bau" entnommen, in dem u. a. auch der Weg eines jungen Mannes in den Dschihad geschildert wird. Er befindet sich in einem geheimen Lager der ägyptischen Organisation *al-Dschama'a al-islamija*: „Aufstehen mit dem ersten Frühlicht, Verrichtung des Gebets, Koranlesung, Frühstück; danach drei Stunden ununterbrochenes, hartes körperliches Training (Fitness und Kampfsport). Im Anschluss daran versammelten sich die Brüder zum Unterricht (Rechtswissenschaft, Exegese, Koranstudien und Hadith) [...]

Der Nachmittag war der Ausbildung an der Waffe gewidmet. [...] Der Rhythmus im Lager war rasch und hektisch. Er ließ [...] keine Zeit zum Nachdenken." (al-Aswani 2008: 306)

Ein literarischer Text, aber dennoch bekommt man einen Eindruck davon, in welcher Weise ein Trainingscamp funktionieren kann. Bestätigt wird dies durch einen nicht fiktionalen Text, in dem von der Grundausbildung im afghanischen Lager „Khalid bin Walid"[1] berichtet wird: „Das Schulungsprogramm sah so aus: Nach den Aufstehen *Namas* [Gebet] in der Moschee und dann Sport bis 8 Uhr. Nach dem Frühstück bis zum Mittagessen Ausbildung an Schusswaffen, Kalaschnikows und Seminows.[2] Dann zwei Stunden Mittagsruhe und danach wieder *Namas*. Außerdem gab es Wachdienst und Schießübungen. Es gab jedes Mal sechs Patronen pro Mann." (Fielding / Fouda 2003: 61) So der Bericht von Khalid Sheikh Mohammed, einem der Chefplaner des 11. September 2001.

Angesichts des zunehmenden Mangels an einer ausgedehnten Infrastruktur zur Ausbildung von Dschihadisten sind vermehrt Informationen über Bombenbau und andere praktische Fragen in dschihadistische Internetpräsenzen ausgelagert worden. Dort finden wir auch Videos von Lehrstunden bekannter Dschihadtheoretiker wie etwa Abu Mus'ab as-Suri.

Eine dschihadistische Webpräsenz bewirbt ihre Online-Kurse folgendermaßen: „Ein spezialisierter Lehrgang über Explosivstoffe und ihre Herstellung. Es sind – wie ihr sehen werdet – die besten Unterrichtseinheiten über Explosivstoffe und ihre Herstellung. Für euch vorbereitet von euren Brüdern im Bekennen der Einsheit Gottes und im reinen Glauben, ‚die Mudschahidin', von A bis Z."[3]

Exkurs: Dschihadismus und Videos

Gerade die Verletzung der körperlichen Integrität des nicht dschihadistischen Feindes dient dazu, die Identität als „verfolgter" Muslim aufzulösen. „In dieser Weise ist die erste Wunde [...] das Fanal zur Wende, das Ende zweier Identitäten, die sich auflösen, nachdem das Opfer in den Körper des Täters tätig hineinsehen konnte." (Moldenhauer / Spehr / Windszus 2008: 11)

Mit den Worten Frantz Fanons (1976: 35): „Der Kolonisierte entdeckte also, dass sein Leben, sein Atem, seine Herzschläge die gleichen sind wie die des Kolonialherrn. Er entdeckt, dass die Haut des Kolonialherrn nicht mehr wert ist als die Haut eines Eingeborenen. Diese Entdeckung

Abu Mus'ab as-Suri unterrichtet. Videostill. 2008

teilt der Welt einen entscheidenden Stoß mit. [...] Wenn nämlich mein Leben das gleiche Gewicht hat wie das des Kolonialherrn, dann schmettert mich sein Blick nicht mehr nieder [...] Ich bin nicht mehr verwirrt in seiner Gegenwart. Ich mache ihn fertig. Nicht nur, dass seine Gegenwart mich nicht mehr stört, sondern ich bin schon dabei, ihm eine Falle nach der andern zu stellen, sodass er bald keinen andern Ausweg mehr haben wird als die Flucht."

Diese Neuschaffung des muslimischen Dschihadisten fand zunehmend ihren Ausdruck in zahlreichen Videofilmen, zuerst auf Kassetten und jetzt in Form von Videodateien im Internet. Eine wichtige Plattform für den Vertrieb war etwa die in London basierte Firma Azzam Publications, die seit 1997 neben Nachrichten aus dem Kaukasus, aus Bosnien, Saudi-Arabien und dem Irak u. a. Audio- und Videokassetten sowie Fotos im Angebot hatte. Die häufig recht blutrünstigen Videos widmeten sich einerseits der Darstellung von Grausamkeiten, die an MuslimInnen begangen wurden (z. B. „Russian Hell", „The Children of

Iraq", „Masssacres in Chechnya"), andererseits der Darstellung von Aktionen der Mudschahidin („The Martyrs of Bosnia").

Motive aus Paradiesvorstellungen finden wir ebenfalls schon in Audioproduktionen von Azzam Publications. Eine Kassette über die getöteten Mudschahidin in Bosnien ist betitelt: „In den Herzen grüner Vögel". Damit wird auf die Vorstellung angespielt, dass die Seelen der Glaubenszeugen in grünen Vögeln im Paradies präsent sind. Den direkten körperlichen – ob von den Produzenten erwarteten oder tatsächlich geschehenen – Effekt solcher Videos zeigt die zitierte Äußerung eines Betrachters: „Als ich diese Kassette hörte, weinte ich und weinte ich."[4]

Neuere Videos können unterschiedliche Themen haben. Videodateien mit Erklärungen, die von den Sprechern der al-Qa'ida und anderer dschihadistischer Organisationen vorgetragen werden, sind bereits genannt worden. Dazu kommen die Ausbildungsvideos, in denen z. B. Schritt für Schritt der Bau von Sprengkörpern gezeigt wird (s. u.). Weiters zählen Videos von Anschlägen zu den wichtigsten Subgenres der dschihadistischen Videoproduktion; ein interessantes Beispiel ist das Video über die elektronischen Angriffe gegen die dänische Zeitung „Jyllands Posten" im Rahmen der Auseinandersetzungen um die Muhammad-Karikaturen.

In diese Kategorien schwer einzuordnen sind die Videos, die die Enthauptung von Geiseln durch Dschihadisten dokumentieren. Diese Videos haben allerdings nicht die von den Dschihadis erhoffte Resonanz gezeigt (Lohlker 2007b).

Vielleicht noch wichtiger als solche Anschlagvideos sind die Videotestamente von Mudschahidin, die bei Selbstmordattentaten und anderen Operationen ums Leben gekommen sind. In diesen Videos wird die Konstruktion des Dschihadi als Mensch, der freudig in den Tod geht, in eine visuell zwingende Form gebracht.

Generell können wir in den letzten Jahren eine qualitative Verbesserung und Ausweitung der Videoproduktion von Dschihadisten feststellen, die in der Kombination mit musikalischer Untermalung in Form von Naschids (s. o.) u. Ä. ihre Kraft entfalten kann. Dieser Steigerung entsprechen die Anweisungen zur Videoherstellung, die wir auf praktisch orientierten Webseiten (s. u.) finden können. Dies geht bis zur genauen Beschreibung der Möglichkeiten, Untertitel in unterschiedlichen Sprachen in Videos einzublenden. Wir können sogar von einer eigenen Bildsprache und Ästhetik dschihadistischer Videos sprechen, die bis jetzt noch nicht hinreichend untersucht ist.

Als dschihadistisch angesehene Videos müssen nicht unbedingt dschihadistisch sein. Im Jahre 2006 wurde im amerikanischen Kongress ein Video als Beweis gezeigt, dass Dschihadisten Videospiele zur Rekrutierung benützten. Es handelte sich allerdings um eine Fingerübung eines jungen Niederländers, basierend auf dem populären Videospiel *Battlegame 2*.[5]

Guerillakrieg

Von Dschihadisten wird ihr Kampf inzwischen durchaus als eine Art „verlängerter Krieg" im Sinne Mao Tse-tungs (1974: 133ff.) begriffen. Hier können wir ein Anschließen an Konzepte der Taliban und anderer afghanischer Strömungen vermuten. Es gibt detaillierte Ausführungen zu diesem Thema, die bis hin zu Details des Häuserkampfes u. Ä. gehen.

Als zentral für die Führung des dschihadistischen Kampfes wird inzwischen eine Art Zellenstruktur gesehen, die hierarchisch angeordnet sein kann oder in Netzwerken ohne zentrale Führung agieren (s. dazu Sageman 2008 und Lia 2008a).

Auch militärstrategische und -taktische Überlegungen werden in religiöse Deutungsmuster einbezogen. Eine umfangreiche Studie, die verschiedene Dimensionen von Kriegen behandelt, versucht diese mit einem großen Textaufwand immer wieder auf das Vorbild des Propheten zurückzuführen (al-Anṣārī 2008b).

Praktische Aspekte

Für eine Beschreibung der praktisch-militärischen Aspekte der dschihadistischen Strömung können wir diverse dschihadistische Webseiten, Foren etc. benutzen. An einem Beispiel können wir einen Eindruck des Spektrums der dschihadistischen Interessen auf diesem Gebiet gewinnen. Eine „Vorbereitung" benannte Unterseite unserer Beispielseite enthält eine Vielzahl von Dateien im Umfang von etlichen Megabyte (s. für dieses Beispiel Lohlker / Prucha 2007). Die Dateien gliedern sich in Untergruppen, die jeweils separat downloadbar sind: 1) Waffen (u. a. die Herstellung von al-Qassam-Raketen[6], detaillierte Erläuterungen zu verschiedenen Waffentypen u. a. m.), 2) Waffenherstellung für alle, 3) zur Taktik von militärischen Operationen, 4) Guerillakrieg (s. o.), 5) Audiodateien mit Vorträgen von Jusuf al-ʻUjairi, 6) Explosivkörper, 7) Gifte, Raketen, physisches Training, 8) Diverses, 9) Atombombe mit Videodateien zur Demonstration, 10) Benutzung einer Gasflasche als Explosivkörper, 11) Sprengstoffgürtel, 12) Sprengsätze, 13) Herstellung einer Wurfgranate, 14) Minenlegen und Minensuche, 15) Filme über die Herstellung von Sprengstoffen, 16) Filme, 17) Navigation, 18) diverse vermischte Filme (über Betäubungsmittel u. a. m.), 19) englischsprachige Bücher.

Eine Reihe „Vorbereitung für den Dschihad" zeigt über Grundsätze des Guerillakrieges, die Rolle der Sicherheit im Krieg, Herstellung von Sprengstoffen, Waffenkunde u. a. m. ein breites Spektrum an Möglichkeiten. Historische Anmerkungen, u. a. zum Feldherrn Saladin, runden das Angebot ab. Eine „Sicherheitsenzyklopädie" behandelt von persönlicher Sicherheit, Spionage, Feindaufklärung im Kampf, sichere Rekrutierung von Mudschahidin bis hin zur Computersicherheit alle einschlägigen Aspekte. Eine Abhandlung über die „Kampfkunst" widmet sich taktischen Fragen, z. B. Arten des Angriffs gegen den Feind, vor dem Hintergrund der Schlachten aus der Prophetengeschichte. Die „Kurz gefassten vorzüglichen Prinzipien der Kunst der Entführung" bieten entsprechende Merksätze. Recht kurz gefasst ist auch die Abhandlung über „Das Niveau, das es dir ermöglicht, das Schlachtfeld zu betreten", die bis zu dem Hinweis geht, eine Videokamera für die Dokumentation der Aktionen nicht zu vergessen, was vom Medienbewusstsein der Mudschahidin zeugt. Umfangreiche „Sicherheits-

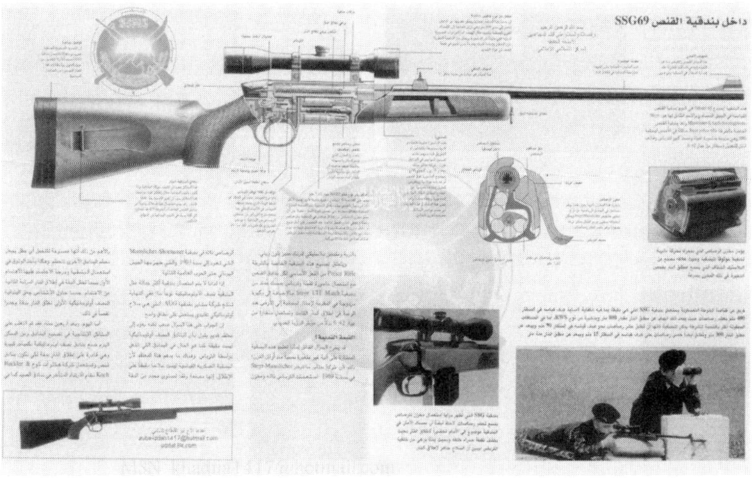

Beschreibung des Präzisionsgewehrs Steyr SSG 69. Screenshot. 2008

studien“ befassen sich insbesondere mit dem Verhalten des Mudschahids im Falle der Gefangennahme und den Dingen, die er zu erwarten habe – bis hin zu Verhörtechniken. Eine Abhandlung über „Taktik“ befasst sich u. a. mit Angriff und Verteidigung auf dem Schlachtfeld. Das „Buch des Ninja-Einzelkämpfers für den entschlossenen Mudschahid“[7] beschäftigt sich am fernöstlichen Beispiel mit verschiedensten Kampftechniken und einer Geschichte der Ninjas und endet mit einer Drohung an die Amerikaner. Auch eine über tausendseitige Waffenkunde wird angeboten, in der automatische und halbautomatische Waffen, Panzerfäuste u. a. m. mit detaillierter Bedienungsanleitung gezeigt werden.

Auch die Herstellung von Geheimtinten ist eine kurze Abhandlung wert. Flash-Animationen über die Platzierung von Sprengsätzen in Gebäuden lassen sich finden wie auch eine detaillierte Grafik über die Struktur dschihadistischer Operationen. Über hundert Seiten sind der chemischen Analyse von Sprengstoffen gewidmet. Die Aufzählung ließe sich schnell vervielfachen. Die Beispiele demonstrieren deutlich die Bereitstellung zahlreicher Details, wie man sich auf den Dschihad vorbereiten kann. Ein Teil der Dateien besteht aus eingescannten Handbüchern aus dem Afghanistankrieg – zum Teil schwer lesbar – und ist eher von historischem Wert, andere Dateien sind aber technisch gut aufbereitet. Zwei Kategorien sind zu unterscheiden: 1) Diese Dokumente wurden von verschiedenen Autoren verfasst, zum Teil mit Bildern unterlegt und gelten allgemein als Handbücher und Bedienungsanleitungen. 2) Es handelt sich z. B. um Übersetzungen aus dem Englischen, wobei v. a. Handbücher der US Armee und diverser Waffenhersteller Anklang finden. (Lolker / Prucha 2007)

Das Handbuch „Überleben unter schwierigen Bedingungen“ ist eine Übersetzung des „US Army Survival Manual“, das mit einigen einleitenden Worten versehen und teilweise mit islamischer Terminologie adaptiert wurde. Aber auch die englischsprachigen Originalfassungen werden angeboten. Dazu kommen zahlreiche Anleitungen für Computerprogramme, zum Upload und Download von Dateien, zur Verschlüsselung und v. a. m. Sicherheitsfragen spielen überhaupt eine große Rolle in der dschihadistischen Literatur. So wird berichtetet, dass die Taliban ihre Telefonate per Skype durchführen, um dem Abhören zu entgehen (Owen 2008).

Ein letztes Element der von Dschihadis angewandten Technik sei noch erwähnt. Von dschihadistischer Seite[8] werden seit einiger Zeit auch Videospiele mit dschihadistischen Themen entwickelt. Zum Teil sind diese recht einfach programmiert und auf dem Niveau früher Ego-

Shooter mit grober Grafik angesiedelt. „The Night of Capturing Bush" hat als Thema das Eindringen in ein amerikanisches Lager, das u. a. ein großes Poster des führenden irakischen zwölferschiitischen Gelehrten Ajatollah as-Sistani zeigt. Ziel ist das Eindringen in das Lager, das Töten von Gegnern etc.

Massenvernichtungswaffen

Der Vorwurf, Massenvernichtungswaffen zu besitzen, hat in der jüngeren Geschichte als Legitimation dafür gedient, den Irak anzugreifen. Dieser Vorwurf hat sich später als unbegründet erwiesen. Wenn also Massenvernichtungswaffen in Form atomarer, biologischer oder chemischer Waffen ins Spiel kommen, muss nachgefragt werden, wer diese Waffen warum erwähnt. Dem können wir hier nicht nachgehen.

Von dschihadistischer Seite wird seit einiger Zeit über ABC-Waffen diskutiert. Eine recht prominente Stimme in dieser Diskussion ist Abu Mus'ab as-Suri (s. o.), dem eine große Expertise auf dem Gebiet nachgesagt wird. Allerdings sind spezifische Anleitungen zum Bau solcher Waffen von ihm nicht nachweisbar.[9] As-Suri beschränkt sich im Wesentlichen auf eine Bestimmung des strategischen Wertes solcher Waffen, die er als Mittel ansieht, das militärische Ungleichgewicht zwischen Dschihadisten und ihren Feinden auszugleichen. Diese Diskussion wird bis in die Gegenwart fortgeführt (Hijazi 2008).

Angesichts dessen, dass solche Waffen für die dschihadistische Praxis keine besondere Bedeutung haben, scheint die Diskussion doch sehr theoretisch zu sein und sollte nicht überschätzt werden. Dies gilt umso mehr, wenn wir bedenken, was der libanesische Prediger und Politiker Fathi Yakan im Zusammenhang mit einer Fatwa über Selbstmordattentate geäußert hat: „Die Selbstmordattentate machen die Kernwaffen, die der jüdische Staat besitzt, unwirksam, weil sie es völlig unmöglich machen, sie anzuwenden." (Takrūrī 2003: 141)

Untersuchungen der online vorhandenen Handbücher zu chemischen und biologischen Waffen haben gezeigt, dass es sich zurzeit eher um krude Zusammenstellungen aus offenen Quellen handelt, die kaum die Voraussetzungen schaffen, um waffenfähiges Material zu produzieren oder gar es einzusetzen. Es zeigt sich allerdings, dass online ein Netzwerk von Dschihadisten besteht, das Interesse an der Entwicklung solcher Waffen hat. Solche Beobachtungen der online geführten Diskussionen können natürlich auch nicht die Entwicklungen im ‚real life' abschätzen (Stenersen 2007).

Auseinandersetzung mit Counterinsurgency

Dschihadisten studieren sehr genau die Bemühungen, die zu ihrer Bekämpfung unternommen werden. Davon zeugen übersetzte oder auch nicht übersetzte Handbücher z. B. der US-Armee. Manchmal geht dies so weit, dass auch Ratschläge zur Aufstandsbekämpfung gegeben werden. Ein führendes Mitglied von al-Qa'ida, Abu Jahja al-Libi, hat in einem Video vom September 2007 höchst kompetent Tipps gegeben, wie der „Krieg der Ideen" (s. o.) geführt werden sollte. Er schlägt vor, die USA sollten Fehlschläge von al-Qa'ida übertreiben. Er nennt das Töten von Zivilisten, besonders von Frauen, Kindern und älteren Leuten. Dies sollte nicht nur hochgespielt werden, es sollte sogar als Resultat der grundlegenden dschihadistischen Konzepte dargestellt werden (Brachman 2008). Ob dies als reine Hybris gewertet werden soll, kann bezweifelt werden. Vielmehr handelt es sich um einen Versuch, aufkommende islamische Kritikpunkte an der dschihadistischen Praxis als Feindpropaganda zu denunzieren.

Ein anderes Beispiel ist die Auseinandersetzung mit Studien der „RAND Corporation" zu terroristischen Gruppen. Der Autor, Jaman Muchaddab, postet am 30. 7. 2008 eine Übersetzung von Kernaussagen der Studien und formuliert ein Resümee: „1.) Leider haben die Feinde schließlich begonnen zu begreifen ... Aber – Gott sei gepriesen – sie sind spät dran. 2.) Diese Studie enthält vieles, das die Propaganda der Feinde fehlgehen lässt ... Dadurch hilft Gott seinen Knechten, den Einheitsbekennern, und dadurch gibt es gute Neuigkeiten für die Anhänger des Wahren. 3.) Wie kann man nun ihre neue Strategie zum Scheitern bringen und ihnen auf die eigenen Füße fallen lassen, ihnen Schmerz und Sorge bereitend, so Gott will. 4.) Die Studie ist wirklich aufrichtig und enthält keine Entstellung ... Natürlich, aufrichtig zugunsten der Feinde. [...] Es gibt immer noch viele Schwächen in ihrer Studie, die sie noch nicht bemerkt haben!!![10] 5.) Ich habe keinen Zweifel, dass diese neue Strategie tatsächlich angewandt werden wird. [...] Deshalb werde ich, mit Erlaubnis des Herrn, darauf in einer detaillierten Diskussion jedes einzelnen Abschnittes in kommenden Postings eingehen."[11] Auch die Dschihadbeobachter werden beobachtet. Dabei werden detaillierte Typologien und Einschätzungen von Webdiensten erstellt, die sich der Beobachtung dschihadistischer Webseiten widmen (Bakier 2008c).

Die folgenden Texte sind bewusst gekürzt, damit eine praktische Umsetzung nicht möglich ist. Aus diesem Grund wird auch zumeist auf die Angabe von Quellen (Internetadressen) verzichtet.

Text 1: Die Kunst des Verbergens von Dateien (milaffat)

Verfasser: Abu Talha al-Misri. Ein Online-Journal, das sich besonders technischen Fragen widmet, ist die „Zeitschrift für den technischen Mudschahid" (*Madschallat al-mudschahid at-tikani*). Die Zeitschrift zielt besonders, so dass Editorial der ersten Nummer, auf „den Schutz von Computern, Bildmontage, Tontechnik, Informationen über den Propaganda-Dschihad und die Beobachtung der Aussagen der Anführer der Kreuzfahrer über die Auswirkungen des Propagandadschihads auf sie"[12]. Die erste Nummer wurde im *dhu 'l-qa'da* 1427 d. H. (Dezember 2006) publiziert. Ziel ist die Zerstreuung von Furcht bei den potenziellen Mudschahidin, von den Sicherheitsbehörden verfolgt zu werden, die Absicherung bestehender Kommunikation und eine Vertiefung der technischen Kenntnisse. Die Zielgruppen der Zeitschrift werden so definiert: „Unsere Zeitschrift zielt auf zwei Gruppen von Lesern: die Leiter der dschihadistischen Diskussionsforen und die Informationsmudschahidin an der Front (*thughur*)."[13] Die Frage der technischen Sicherheit wird als „Frage von Leben und Tod für die Mudschahidin"[14] eingestuft. Daneben sind verschiedene technische Fragen Gegenstand von Artikeln.

Lob sei Gott, dem Herrn der Weltbewohner, Segen und Heil über den besten der Propheten und Gesandten, unseren Herrn Muhammad [...]
In diesem Kapitel beschäftigen wir uns mit der Darstellung der Prinzipien des Verbergens von Dateien vor den Augen derer, die danach suchen. Wir werden die Vorzüge und Mängel jeder Methode erläutern, verbunden mit einer Erklärung des wichtigsten Weges, Dateien zu verbergen ...
Im Namen Gottes beginnen wir, zu ihm nehmen wir Zuflucht:
Es ist inzwischen bekannt welch große Bedeutung das Verbergen von Dateien in unserer Zeit hat, besonders nachdem alle Geheimdienste vom handschriftlichen Verkehr zum Gebrauch von Computern übergegangen sind. In der Situation des Dschihad zeigt sich aber besonders das dringende Bedürfnis, aus Furcht, die Feinde könnten an sie gelangen, was dem dschihadistischen Unternehmen großen Schaden zufügen würde, die Geheimhaltung von Informationen sicherzustellen.

Text 2: Lerne das Hacken

Verfasser: Muhammad 'Arabi[15]. Quelle: Muḥammad ʿArabī, *Itaʿallam al-hakarz wa-'aisch hajatik* (http://forum.sh3bwah.maktoob.com/t141419.html) (Zugriff 10. 1. 2008); E-Book. Eine Anmerkung zum Design des E-Books: Am Kopf des Textes erscheinen verschiedene Beinamen Gottes im Wechsel, darunter wird ein „Welcome" von links kommend aufgerollt, gezogen von einem kleinen blauen Doppeldecker. Später erscheint ein blinkender Totenkopf, animierte galoppierende Pferde, wenn von Trojanern die Rede ist, verstohlen schleichende Skelette u. Ä. Der Text ist generell in roter Schrift auf schwarzem Grund gehalten; die Anmutung eher pubertär.

Mechanik des Hackens: Wie wird es durchgeführt und wie führt es zum Erfolg

Hacken beruht auf der Kontrolle aus der Ferne (Remote). Es kann nur durchgeführt werden, wenn zwei Faktoren vorhanden sind: Der erste ist das beherrschte Programm, das als Client bekannt ist. Der zweite ist der Server, der läuft, um den Vorgang des Hackens selber zu erleichtern. [...]

Praktische Anwendungen

Wie zerstört man eine jüdische Internetseite? Wie nimmt man am Krieg gegen die Juden teil (wichtig)? Wie schreibt man einen Virus? Wie erlangst du deine gestohlene E-Mails wieder?

Wie zerstört man eine jüdische Internetseite?

1) Öffne DOS.
2) Schreib ([...] http://xxx.com/ [...])
Schreib nicht die eckigen Klammern mit.
xxx ist der Name der Webseite [...]

Wie nimmt man am Krieg gegen die Juden teil?

Zerstöre diese E-Mail-Adressen oder hacke sie, wenn du dazu in der Lage bist und Gott dem zustimmt.

Es folgen zahlreiche E-Mail-Adressen israelischer Regierungsstellen. Dass die von Ehud Barak als Ministerpräsident genannt wird, ermöglicht eine Eingrenzung des Zeitraums, in dem diese Anleitung verfasst wurde.

Text 3: Umfassende Sicherheitsenzyklopädie (al-mausu'a al-amniya as-samila)

Verfasst von der „Brigade für den Informationsdschihad" (*katībat al-ǧihād al-iʿlāmī*). Der ikonographische Aspekt dieser 118-seitigen Schrift soll nicht vernachlässigt werden. Die Titelseite ziert ein Mudschahidin in schwarzem Ledermantel, rot-weißer Kuffiya, die sein Gesicht verhüllt, mehrere Magazine am Gürtel hängend, mit einer Pistole in der rechten Hand auf den Betrachter zielend, in der herabhängenden linken Hand eine zweite Pistole. Ein Bild des erfolgreichen Bösen, das im internationalen Bildvorrat spätestens seit Filmen wie „Shaft" gespeichert sein dürfte. Kommen wir aber zum Text! Das erste Kapitel beschäftigt sich mit der Sicherheit im Koran und der Prophetenbiographie (*sīra*), das zweite mit dem Verbergen und Verheimlichen, Kapitel drei mit Sicherheitsmaßnahmen für den Computer und das Internet, das vierte Kapitel mit der Sicherheit von Dokumenten und Informationen, das fünfte mit der Sicherheit von Kommunikationsverbindungen, das sechste mit der Sicherheit von Waffen und dem Guerillakrieg, Kapitel sieben hat Sicherheitsmaßnahmen gegen Spionage und Geheimdienste zum Gegenstand, Kapitel acht Sicherheitsmaßnahmen in Gefängnissen und gegen Vernehmer, das neunte Kapitel behandelt Fatwas, das zehnte enthält Empfehlungen und Bemerkungen. Ein Schlusswort bildet das Ende.

Zweites Kapitel: Das Verbergen und Verheimlichen

Bewahre dein Geheimnis sogar vor deinem Ehepartner und deinen Kindern [...]

a) Der Gebrauch der Vorsicht beim Schutz von Geheimnissen und deren Bewahrung vor demjenigen, der versucht, sie sich anzueignen. Erwähnt werden muss noch, dass das Thema der Sicherheit zweiunddreißigmal in verschiedener Form im Koran erwähnt wird.
b) Die Schari'agemäßheit den Feinden auf Erden eine abschreckende Strafe aufzuerlegen, denn Gott hat als die Bestrafung für die den Geheimnissen des Himmels feindlichen Satane (*šayāṭīn*) die sofortige Vernichtung durch himmlischen Feuerbrand festgesetzt. [...]

1) Das Belügen der Feinde
    a) Im Krieg: Darüber gibt es die Überlieferung von Umm Kulthum bint 'Akaba, Gott habe Wohlgefallen an ihr. Sie erzählte: „Ich habe den Propheten, Gott segne ihn und spende ihm Heil, die Erlaubnis zum Lügen bei dem, was die Leute sagen, gewähren hören; nur [im Falle

des] Krieges, der Verbesserung des Verhältnisses zwischen den Leuten, der Erzählung des Mannes seiner Frau gegenüber und der Erzählung der Frau ihrem Mann gegenüber." Ahmad ibn Hanbal und Muslim ibn Hadschdschadsch überlieferten den Hadith, Abu Dawud überlieferte ihn nach Asma' bint Jasid, Gott habe Wohlgefallen an ihr.

b) Das Lügen gegenüber dem Feind in einem anderen als dem Kriegszustand: Es ist erlaubt aus Gründen, zu denen der religiöse Nutzen (*maṣlaḥa dīnīya*) und der weltliche Nutzen (*maṣlaḥa dunyawīya*) oder das Befreien von der Aggression der Ungläubigen zählt [...]

Drittes Kapitel: Sicherheit des Computers und im Internet

Computervirus: Das sind Malware-Programme zur Zerstörung des Computers, der ihnen zum Opfer fällt. Dazu zählen passive und aggressive. [...]

Viertes Kapitel: Sicherheit von Dokumenten und Informationen

Der Feind, der Vorbereitungen trifft, um zuzuschlagen, muss wiederum über seinen Feind Informationen erlangen. Es ist ihm auf zwei Wegen möglich, daran zu gelangen:

a) Zerstörung der Organisation auf folgenden Wegen:
   1) Einschleusen eines Agenten in die Gruppe (*ǧamāʿa*).
   2) Rekrutieren eines der Mitglieder der Gruppe.

b) Ausspähen der Tätigkeit der Organisation durch Benutzung folgender Verfahren:
   Überwachung und Überprüfung, geheime Ausforschung und Ermittlung oder andere Methoden, die man gewöhnlich in geheimer Weise anwendet. Vielleicht werden sie auch in offener Form verwendet, wenn man die Macht zur offenen Unterdrückung innehat.

Die Sicherheit der Gruppe wird durch folgende Aktionen gewährleistet:
1) Schutz des Verstandes, „der Ideologie", der Mitglieder der Gruppe davor, verführt zu werden. Dies geschieht dadurch, dass sie ständig trainiert werden; ihre Information über alle neuen Entwicklungen und ihr Schutz vor den Einflüssen der feindlichen Propaganda.
2) Verhinderung des Eindringens. Dies geschieht durch die praktische, systematische Unterwerfung auf aufeinander aufbauenden Stufen, während derer sich das Studieren und die Organisierung vollzieht, und einer

vollständiger Sammlung von Informationen über jede Person, die die Aufnahme in die Organisation wünscht.

Diese Stufen sind:

a) Erste Stufe: Kontrolle und Separierung (*farz*): Dies ist die Stufe, auf der zum ersten Male die von der Organisation geforderten und definierten Eigenschaften auf die Person treffen, die aufgenommen werden soll [...] Es müssen so viel Informationen wie möglich über die Person gesammelt werden [...] ohne direkte Bekanntschaft zwischen den beiden beteiligten Personen [...]
b) Zweite Stufe: Nachforschung und Informationssammlung; nachdem die Person die erste Stufe erfolgreich überwunden hat und keinerlei prinzipieller Einwand gegen sie besteht. In ihr erfolgt die Sammlung von detaillierten Informationen über sie. Dies geschieht unter völliger Geheimhaltung und ohne ihr Wissen. In dieser Situation wird Sicherheit über folgende Punkte erlangt:
    1) Kenntnis ihrer Vergangenheit: In der Hinsicht, dass sie frei ist von jeglicher Art von Kontrolle, die ihre Zukunft beeinflussen könnte, z. B., dass die Person eine frühere Beziehung zu einer politischen Bewegung gehabt hat. Der Grund, warum sie sie verlassen hat, ist aber den meisten Leuten unbekannt, bestimmten Leuten oder der Staatsmacht aber bekannt. Es kann sich z. B. um Stehlen oder abnormales Verhalten oder andere Gründe handeln. Solch eine Vergangenheit ermöglicht es dem Feind, Kontrolle über diese Person auszuüben, als Gegenleistung für die Nichtenthüllung seiner Geheimnisse, in der Hinsicht, dass er sie für seine Zwecke einsetzt.
    2) Kenntnis ihrer aktuellen politischen Überzeugungen (*qināʿāt*): Es ist möglich, diese durch die Befragung der Verwandten, Freunde und Arbeitskollegen zu erlangen; denn die politischen Neigungen einer jeden Person treten meistens bei Diskussionen mit anderen zutage. Es könnte so die Demokratie seine hervorstechende politische Neigung sein in Hinblick auf die Errichtung erfolgreicher Regierungen oder als das angemessene Mittel, um zur Herrschaft zu gelangen. Es könnte so der Kommunismus die hervorstechende politische Neigung sein und [die Auffassung,] dass er das einzig wahre Modell sei, um einen Ausgleich zwischen den einzelnen Mitgliedern der Gesellschaft zu erreichen, und die [Abneigung gegen die] Aufspaltung in Klassen, die es im demokratischen System gibt, der Grund für den Zwiespalt unter den Völkern [...]

schen Herren haben ihnen alle ihre materiellen, wissenschaftlichen, technologischen u. a. Möglichkeiten zur Verfügung gestellt, weil sie sicher wissen, dass sie ihnen und ihren jüdischen Brüdern treu ergeben sind. [...]

Massenvernichtungswaffen

Die folgenden Ausführungen geben einen Einblick in die Art und Weise, in der von dschihadistischer Seite Techniken atomarer, biologischer und chemischer Kriegsführung angeeignet werden. Es sei noch einmal betont, dass eine zu starke Hervorhebung des Interesses an Massenvernichtungswaffen eher den Abschreckungsinteressen der Dschihadis und anderer interessierter Kreise dient.

Text 4: Die biologische Waffe (as-silah al-bijuludschi)

Quelle: *As-silāḥ al-biyūlūǧī* (http://ozoo3.hotmail.com/) (Zugriff 16. 1. 2008).

Der Stoff dieses Artikels stammt aus folgenden Quellen:
1) dem Buch Gottes, des Erhabenen,
2) der Sunna des Propheten, Gott segne ihn und spende ihm Heil,
3) der Sunna der rechtgeleiteten und rechtleitenden Kalifen nach ihm,
4) der Zeitschrift *al-Tauhid*,
5) dem Buch *Microbiology* von Pelczar, Reid und Chan[16],
6) einem Buch über Bakteriologie eines arabischen Wissenschaftlers,
7) einigen im Internet publizierten Artikeln.

Text 5: Nuklearer Vorbereitungskurs für die Mudschahidin – Die schwarzen Banner[17]

Verfasser: Mudschahid Nr. 1.

Die dschihadistische Atombombe und die Art und Weise, in der die nukleare Kraft ausgenutzt werden kann

1. Teil: Die dschihadistische Atombombe

Eingerahmt wird diese Überschrift von zwei Bildern der pilzförmigen Wolke nah einer Atombombenexplosion; es folgt eine Bildzeile, in der abwechselnd Fotos der brennenden Twin Towers am 11. September 2001 und Usama bin Ladins gezeigt werden.

Ein Geschenk an den Emir der Mudschahidin Scheich Usama bin Ladin, Gott schütze ihn, für den Dschihad auf dem Wege Gottes.
Im Namen Gottes des Barmherzigen, des Allerbarmers.
Feindschaft nur gegenüber den Unterdrückern.
Segen und Heil auf den Gesandten, den Vertrauenswürdigen,
Muhammad ibn ʻAbdallah,
über ihn, seine Familie, seine Gefährten und wer ihm nahe steht, durch Wohltaten bis zum Jüngsten Tage.
„Wenn ihr (auf einem Feldzug) mit den Ungläubigen zusammentrefft, dann haut (ihnen mit dem Schwert) auf den Nacken! Wenn ihr sie schließlich vollständig niedergekämpft habt, dann legt sie) in Fesseln, (um sie) später auf dem Gnadenweg oder gegen Lösegeld (freizugeben)! (Haut mit dem Schwert drein,) bis der Krieg (euch) von seinen Lasten befreit (und vom Frieden abgelöst wird)!“[18] (Sure 47, *muḥammad*, 4) [...]
Im Namen Gottes des Barmherzigen, des Allerbarmers:
„Wenn ihr gegen sie kämpft, wird Allah sie durch euch bestrafen, sie zuschanden machen, euch zum Sieg über sie verhelfen und Leuten, die gläubig sind, innere Genugtuung verschaffen und den Groll, den sie in ihrem Herzen (gegen die Ungläubigen) hegen, dahinschwinden lassen. Allah wendet sich (gnädig) wieder zu, wem er will. Er weiß Bescheid und ist weise.“[19] (Sure 9, *at-tauba*, 14f.)
Wissenschaftliche Studie von Mudschahid Nr. 1
Zwei Jahre sind für mich vergangen, in denen ich die verschiedenen wissenschaftlichen und dschihadistischen Foren studiere, so wie ich auch Raketentechnik und die verschiedenen Arten von Explosiv- und Sprengkörpern studiere. Ich bin mir inzwischen sicher, dass das strategische Kräfteverhältnis auf militärischem Feld für die Mudschahidin sich nicht ohne richtigen wissenschaftlichen Fortschritt ändern wird. [...]

Abu Bakr[20] ʻUmar[21]
Muhammad, Gott segne ihn und spende ihm Heil

Das Kalifat

Der Gesandte Gottes, Gott segne ihn und spende ihm Heil, sagte: „Das Prophetentum ist für euch, was Gott wollte, dass es sei. Dann hebt er es hinweg, wenn er wünscht, es hinwegzuheben. Dann gibt es das Kalifat nach dem Muster der Prophetenschaft. Es ist, wie es Gott es wünscht, dass es sei. Dann

hebt er es hinweg, wenn Gott wünscht, es hinwegzuheben. Dann gibt es ein gerechtes Königtum (*mulk*). Es ist das, was Gott wünschte, dass es sei. Dann hebt er es hinweg, wenn er wünscht, es hinwegzuheben. Dann gibt es ein tyrannisches Königtum. Es ist das, was Gott wünschte, dass es sei. Dann hebt er es hinweg, wenn er wünscht, es hinwegzuheben. Dann gibt es ein Kalifat."
Dann schwieg er.
Der Imam Ahmad überlieferte es in seinem *Musnad*.[22]

Der Hadith ist unterlegt mit dieser Weltkarte in Blaugrautönen, wobei in Saudi-Arabien ein schwarzes Banner mit dem islamischen Glaubensbekenntnis aufgepflanzt ist.[23]

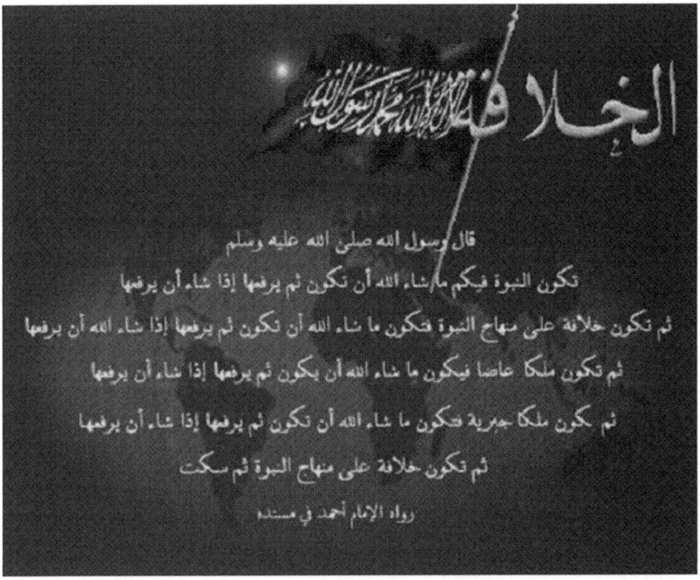

Ausschnitt aus dem Text mit dem oben übersetzten Hadith. Screenshot. 2008

'Uthman[24] 'Ali[25]
Muhammad, Gott segne ihn und spende ihm Heil

Aus diesen Gründen werden wir – und Gott ist der Helfer – mit einer Reihe von Kursen anfangen, beginnend mit der Darlegung der Idee, bis wir zur Erprobung und Ausführung gelangen.

Vorwort

Kurs 1

Wenn wir in die Zeit vor 110 Jahren zurückkehren, d. h. vor die Vollendung des 19. Jahrhunderts, werden wir feststellen, dass wissenschaftliche Kreise über die merkwürdigen Strahlen, die der französische Gelehrte Becquerel entdeckt hatte, diskutierten [...]

Es folgt eine lange Darstellung zur wissenschaftlichen Entwicklung, zu Atommodellen etc. Zum Ende des Kurses folgt eine Diskussion der Hadithe über die schwarzen Banner, die die ‚wissenschaftlichen' Darstellungen in ein apokalyptisches Szenario einbetten.

Die Hadithe über die schwarzen Banner

Im Namen Gottes des Barmherzigen, des Allerbarmers.
Zuerst muss darauf hingewiesen werden und die Belehrung erfolgen, dass die Methode der Hadithkunde, die bei den Hadithen über die Zwietracht (*fitan*)[26] und die Umstände der Stunde[27] sich – ohne jeden Zweifel – von der Methode unterscheidet, die bei den Hadithen benutzt wird, in denen es um Erlaubtes und Verbotenes geht, und auf die wir uns im Bereich der Glaubensgrundsätze stützen. Wir verbürgen uns und versichern, dass es keinen Hadith gibt, in dem es um Erlaubtes und Verbotenes geht, für den wir nicht einen fortlaufenden gültigen Weg über Männer verfolgen, die alle glaubwürdig und zuverlässig sind und mit denen Gott den Beweis [für seine Religion] vor uns aufpflanzt. Was nun die Hadithe über die Zwietracht betrifft, so ist dies in keinem Fall erreichbar. [...]
Ibn Madscha und al-Hakim[28] und andere nahmen diesen Hadith auf verschiedenen Wegen auf [...]: Der Gottesgesandte, Gott segne ihn und spende ihm Heil, sagte: „Es kämpfen bei ihrem Schatz drei, alle von ihnen Nachkommen eines Kalifen; [der Schatz] gelangt aber nur zu einem von ihnen. Dann erheben sich die schwarzen Banner im Osten und kämpfen einen Kampf, wie ihn noch niemand gekämpft hat." [...] Es steht fest auf der Grundlage eines gültigen Hadithes, dass der Mahdi in der Auseinandersetzung der Leute um das Kalifat hervortreten wird. [...] Es bleibt ein letzter Hadith, den at-Tirmidhi aufnahm: „Es berichtetet uns Kutaiba [...] nach Abu Huraira. Er sagte: Der Gottesgesandte, Gott segne ihn und spende ihm Heil, sagte: Es werden aus Chorasan die schwarzen Banner hervorkommen." [...]

Text 6: Sendschreiben über die Rechtsbestimmung ...
(Risāla fī ḥukm istiḫdām ...)

Verfasser: Nasir ibn Hamad al-Fahd, 2003.

Sendschreiben über die Rechtsbestimmung bezüglich des Gebrauchs von Massenvernichtungswaffen gegen die Ungläubigen (*Risāla fī ḥukm istiḫdām asliḥa ad-damār aš-šāmil ḍidda al-kuffār*)

Einleitung

Preis sei Gott, Segen und Heil über den Gesandten Gottes.
Zur Sache:
Es fragte mich einer der edlen Brüder, Gott gebe ihm Erfolg, von denen, die im Internet schreiben und sich selber „Bruder, der Gott gehorcht" nennen, über die Rechtsbestimmung[29] zum Gebrauch von Massenvernichtungswaffen. Es folgt der Text der Frage zusammen mit der Antwort.[30]
[Frage:] Friede sei mit dir, die Barmherzigkeit Gottes und sein Segen!
Was die Massenmedien über die Absicht von al-Qa'ida, Amerika mit Massenvernichtungswaffen anzugreifen, verbreiten, ist wohlbekannt. Angesichts dessen, dass das, was man Massenvernichtungswaffen nennt, ein modernes Phänomen ist, findet man doch niemanden unter den zeitgenössischen Gelehrten, der darüber spricht:
Was ist die Rechtsbestimmung über ihren Gebrauch für die Mudschahidin? Wenn gesagt wird, dass dieser erlaubt[31] ist: Ist der Gebrauch ohne Einschränkungen erlaubt?
Oder ist er nur aufgrund einer rechtfertigenden Notwendigkeit[32] erlaubt? Als ob es so ist, dass man die bösen Absichten des Feindes nur durch sie abwehren kann oder dass dieser sie benutzt, wenn die Mudschahidin seinem Schlag nicht zuvorkommen? Widerspricht dies der Zweckbestimmung des Menschen, die Erde zu bebauen oder nicht? Betreffen sie Sein Wort, Er ist erhaben: „auf der Erde Unheil anzurichten und Saat und Nachkommenschaft (der Herden) zu vernichten" (Sure 2, *al-baqara*, 205)? Oder ist es so, dass sich der Vers auf eine Tat bezieht, die begangen wird, ohne dass ein Rechtsgrund vorliegt, wie bei den Versen, die sich auf die Verdammung des Tötens u. Ä. beziehen?
[Antwort:] Preis sei Gott, Segen und Heil über den Gesandten Gottes.
Zur Sache:
Die Frage, die du stellst, edler Bruder, verdient eine umfassende Abhandlung, in der alle Hinweise und Aussagen der Gelehrten zusammengestellt werden. In ihr werden folgende Probleme besprochen: das Haus des Krieges (*dār al-ḥarb*), die Arten der Verteidigung gegen einen Angreifer, der Dschi-

had zur Verteidigung, die Bedeutung von „Saat und Nachkommenschaft" nach der Schari'a u. a. [...]
Wisse, lieber Bruder, dass der Begriff der „Massenvernichtungswaffen" nicht genau festgelegt ist. Sie[33]meinen damit nukleare, chemische und biologische Waffen und sonst nichts. Würde einer von ihnen eine dieser Waffen verwenden und tausende von Menschen töten, würden sie gegen ihn Anklagen erheben und Medienkampagnen entfesseln und sagen, dass er international verbotene Waffen verwendet. Würde er Bomben mit großer Sprengkraft benutzen, von denen eine sieben Tonnen wiegt, und dreitausend und mehr Menschen töten, würde er international erlaubte Waffen verwenden.[34]
Es ist klar, dass die Wirkung einer größeren Masse Kilotonnen[35] an TNT als Massenvernichtungswaffe zählt, wenn man sie mit der Wirkung des Steins eines Katapultes in früheren Zeiten vergleicht[36] ... Das Projektil einer RPG[37] oder eines Hawn-Mörsers zählt als Massenvernichtungswaffe, wenn man es mit einem Pfeilschuss in früheren Zeiten vergleicht ... Es ist bekannt, dass die Ungläubigen in dieser unserer Zeit diese Waffen, die Massenvernichtungswaffen genannt werden, zu Waffen der Abschreckung gemacht haben, um anderen Angst einzujagen. [...] Was ist es, das die Massenvernichtungswaffen Amerika erlaubt und den Muslimen verbietet? ... Würde eine muslimische Gruppe Leben oder Ehre [einer anderen Gruppe] attackieren und könnte dies nur durch die Tötung all ihrer Mitglieder abgewehrt werden, dann ist ihre Tötung erlaubt – wie es die Gelehrten im Kapitel über die Abwehr eines Angreifers erwähnt haben ... Und wie verhält es sich dann beim Ungläubigen, der Glauben, Leben, Ehre, Verstand und Vaterland angreift?
Wenn die Muslime gegen die Ungläubigen nur durch den Gebrauch von solchen Waffen verteidigt werden können, selbst wenn diese alle ohne Ausnahme getötet und ihre Saat und Nachkommenschaft vernichtet würden.
Für all dies gibt es eine Grundlage in der Lebensgeschichte des Propheten, in den Hadithen über den Dschihad und in den Aussagen der Gelehrten, Gott erbarme sich ihrer. [...]

Wichtige Vorworte [...]

Gott, Er ist erhaben, hat gesagt: „Und sagt nicht hinsichtlich dessen, worüber eure Zunge eine lügnerische Aussage macht", „dies ist erlaubt, und dies verboten", „um gegen Allah eine Lüge auszuhecken! Denen, die gegen Allah Lügen aushecken, wird es nicht wohlergehen." (Sure 16, *an-naḥl*, 116)
Ibn Kathir[38], Gott der Erhabene erbarme sich seiner, sagt: Gott, der Erhabene, untersagt es, den Wegen der Polytheisten zu folgen, die erlauben und verbieten allein durch das, was sie allein beschreiben und an Ausdrucken verteilen, wie es ihnen passt [...]

Ich sage: Dazu zählt, was es heute an Gesetzen der Ungläubigen gibt wie ihre Aussage über Dinge wie: „international verboten" oder „gegen internationales Recht" oder „es verbietet es das internationale Recht" oder „gegen die Erklärung der Menschenrechte" oder „gegen die Genfer Konvention" u. Ä. Dazu zählt das Thema dieser Abhandlung, zu dem sie sagen: international verbotene Waffen.
All diese Fachausdrücke haben keinen Wert in der Schari'a [...] Das ist für die Muslime offensichtlich und es muss nicht weiter darüber geredet werden.

[...] Teil 2: Allgemeine Textbelege für die Schari'agemäßheit des Gebrauchs solcher Waffen ohne Einschränkungen, wenn der Dschihad auf dem Wege Gottes es erfordert

Es handelt sich um die autoritativen Texte, die darauf hinweisen, dass es erlaubt ist, solche Waffen zu benutzen; Textbelege dafür gibt es viele [...]

Der zweite Beweis: Autoritative Texte, die belegen, dass das Verbrennen des Landes der Feinde erlaubt ist

In beiden Sahih-Werken[39] heißt es nach Ibn 'Umar, Gott habe Wohlgefallen an ihnen beiden: Er sagte: Der Gesandte Gottes, Gott segne ihn und spende ihm Heil, verbrannte die Dattelpalmen der Banu Nadir[40] und rodete sie. [...]
Al-Hafis, Gott erbarme sich seiner, äußert in seiner Diskussion des Hadithes von Ibn 'Umar (*Fatḥ al-bārī* 6/155): Die Mehrheit [der Gelehrten] gelangte zu der Auffassung, dass das Brandschatzen und Zerstören im Land des Feindes erlaubt ist. Al-Ausa'i, al-Laith und Abu Thaur lehnten dies ab. Sie argumentierten mit der Anweisung Abu Bakrs[41] an seine Truppen, nichts dergleichen zu tun. At-Tabari antwortete darauf, dass das Verbot sich nur auf die Absicht beziehe, so etwas zu tun, im Gegensatz zu dem Fall, dass jenes während des Kampfes geschehe - wie im Falle des Beschusses von at-Ta'if[42] durch Katapulte. [...]
Dieser Hadith verweist offensichtlich auf die Erlaubtheit des Brandschatzens des Landes des Feindes, wenn der Kampf (*qitāl*) dies erfordert. [...]

Die Aussagen der Gelehrten über dieses Thema

Ich erwähne in diesem Abschnitt eine Anzahl der Aussagen der Gelehrten entsprechend der unterschiedlichen Positionen ihrer Rechtsschulen, die belegen, dass das Verbrennen des Landes des Feindes und die Zerstörung ihrer Häuser erlaubt ist, wenn es der Dschihad erfordert. [...] Die in diesem Kapitel erwähnten Aussagen der Gelehrten beziehen sich auf den offensiven

Dschihad (*ǧihād aṭ-ṭalab*). Es ist bekannt, dass das, was hinsichtlich des offensiven Dschihad rechtlich anerkannt wird, auch für den Dschihad zur Verteidigung (*ǧihād ad-daf'*) anerkannt wird [...], weil der Verteidigungsdschihad viel wichtiger und vorrangiger verpflichtend ist – ohne dass ein Meinungsstreit darüber zwischen den Gelehrten besteht. [...]

1) Aus den Aussagen der Hanafiten[43]
Es sagte as-Sarachsi[44] in der Überlieferung nach Muhammad ibn al-Hassan (*Šarḥ as-Siyar al-kabīr* [...]): Es ist unbedenklich für die Muslime, die Festungen der Polytheisten mit Feuer zu verbrennen, mit Wasser zu überfluten oder mit Katapulten zu beschießen, ihnen das Wasser abzuschneiden, Blut, Kot oder Gift in ihr Wasser zu geben, sodass sie ihnen Verderbnis zufügen [...] Es sagte as-Sarachsi im *al-Mabsūṭ* [...]: Es macht nichts, Wasser hin zur Stadt der Leute des Krieges zu leiten, sie mit Feuer zu verbrennen oder sie mit Katapulten zu beschießen, selbst wenn sich unter ihnen Kinder oder Muslime befinden, seien sie Gefangene oder Kaufleute[45]. [...]

2) Aus den Aussagen der Malikiten[46]: [...]
Ibn Farhun[47] sagte (*Tabṣirat al-ḥukkām* 2/95): Problem: Und bekämpft den Feind mit allen Mitteln, selbst mit Feuer, wenn es nichts anderes gibt und man sich vor ihm fürchtet. Wenn er nicht gefürchtet wird, gibt es zwei Aussagen: Problem: Es gibt keinen Meinungsstreit über das Beschießen ihrer Schiffe mit Katapulten; das gilt auch für ihre Festungen, selbst wenn sich in ihnen Muslime befinden.[48] [...]
Al-Chirschi[49] (*Šarḥ Ḫalīl* 3/313): Der Kampf (*qitāl*) gegen den Feind mit allen kriegerischen Mitteln ist erlaubt, wenn er nicht auf das, wozu man ihn auffordert, positiv antwortet.[50] Erlaubt ist es nach allgemein vertretener Meinung, ihnen das Wasser abzuschneiden, damit sie vor Durst sterben, oder es über sie zu leiten, damit sie durch Ertrinken sterben, oder sie mittels Instrumenten zu töten: den Schlag mit dem Schwert, das Zustechen mit der Lanze, das Beschießen mit Katapulten oder mit ähnlichen kriegerischen Mitteln. [...]

Aus den Aussagen anderer Mudschtahids[51]: [...]
Asch-Schaukani[52] sagte im *Nail al-auṭār* (8/78): [...] In den erwähnten Hadithen gibt es einen Beleg für die Erlaubtheit des Brandschatzens im Feindesland [...]

Der erste Zweifelsfall (*šubha*): Das Verbot, Frauen und Kinder zu töten

Sie sagen[53]: In den beiden Sahih-Büchern[54Y] steht sicher belegt nach dem Hadith von Ibn ʻUmar [...], dass eine Frau während eines der Kriegszüge des

Propheten, Gott segne ihn und spende ihm Heil, tot aufgefunden wurde; der Gesandte Gottes, Gott segne ihn und spende ihm Heil, brachte darauf seinen Widerwillen gegen das Töten von Frauen und Kindern zum Ausdruck. [...] Und andere autoritative Texte, wobei sie alle das Verbot, Frauen und Kinder zu töten, belegen. Der Gebrauch solcher Waffen würde aber das Töten dieser Personen bedeuten.
Die Antwort auf diesen Zweifelsfall ist, dass man sagt, dass aber in anderen autoritativen Texten sicher belegt ist, dass das Töten von Frauen und Kindern erlaubt ist [...] und die Gelehrten [...] fassen die Texte dahingehend zusammen, dass das Verbot sich auf die Fälle bezieht, in denen es möglich ist, Frauen und Kinder von anderen zu unterscheiden. Wenn es nicht möglich sei, sie zu unterscheiden, sei es erlaubt, sie mit den anderen zu töten [...] Und es ist nicht möglich, sie zu unterscheiden, wenn man diese Waffen[55] einsetzt. Die Rechtsbestimmung dafür ist also die [...], dass man sie mit Katapulten beschießt u. Ä. [...]

Einige kürzere Texte über technische Dinge

Diese Texte wurden ausgewählt, um zu zeigen, in welcher Form Dschihadis technische Probleme reflektieren. Auch wird ein Eindruck über das Spektrum der Themen gegeben. Es wurden bewusst Beispiele gewählt, die keinen Schaden anrichten können.

Text 7: Herstellung von Sprengkapseln (sina'at as-sawa'iq)

Im Namen Gottes des Barmherzigen, des Allerbarmers.
Mit dieser Studie möchte ich den Bruder Bombenbauer über neue Gedanken und Innovationen informieren. Sie soll es ihm ermöglichen, sie zu entwickeln, ja sogar auch [selber] neue Wege [der Herstellung] zu entdecken. [...]
Dies ist ein Gedanke, der plötzlich durch die Gnade Gottes auftauchte. Ich möchte ihn dir zur Verfügung stellen. Die Idee ermöglicht es dir, entzündbare, entflammbare und brennbare Stoffe an Bord eines Flugzeuges zu bringen, indem du den Behälter für deine privaten Medikamente benutzt. Dies geschieht durch die Neubefüllung der Kapseln, nachdem das Medikament entfernt worden ist, das sich darin befindet._

Text 8: Flugzeuge, ihre Typen und Grundlagen (aṭ-Ṭāʾirāt, anwāʿuhā wa-mabādīʾuhā)

Im Namen Gottes, Segen und Heil auf dem Gesandten Gottes. O Gott, wir bitten dich um nützliches Wissen, guten Lebensunterhalt und erhörte Taten.
O Gott, ich nehme zu dir Zuflucht, dass ich etwas mit dir teile, was ich weiß. Und ich erbitte deine Verzeihung für das, was ich nicht weiß.
Zur Sache, ihr Brüder:
Wir beginnen heute, so Gott will, eine Einheit oder einige Bemerkungen über die Typen von Kleinflugzeugen[56], die Prinzipien des Fliegens und alles, was mit Flugzeugen zusammenhängt. Gott ist derjenige, der um Hilfe angefleht wird. [...]
Beginnen wir mit dem Flügel: Der Flügel hat zwei bewegliche Teile – wie wir in der Abbildung sehen können. Sie werden aileron[57] genannt. Leider kenne ich keine Übersetzung dafür. [...]
Ich glaube, dass dies das meiste umfasst, was die verschiedenen Arten von Flugzeugen und die grundlegenden Methoden, sie leicht zu fliegen, betrifft. Ich hoffe, dass ich nichts vergessen habe. Bei Gott aber suchen wir um Hilfe nach. So Gott will, werden wir in der nächsten Einheit über die Motoren, ihre unterschiedlichen Arten und ihre Benutzung sprechen. Bei Gott aber suchen wir um Hilfe nach. Das ist eine leichte Einheit und sie wird nicht lang sein.
Gott aber gebührt die Lobpreisung, und Gott ist hinter jeder Absicht.
Euer Bruder in Gott.

Text 9: Bomben (al-Qanābil)

Molotow-Cocktails

Dieser Name wird auf sie mit Bezug auf ihren russischen Erfinder angewandt, wobei die Russen sie als Waffe gegen die Deutschen im Weltkrieg verwendeten. Danach wurde sie in alle Welt verbreitet als einfachstes Mittel, um Wurfbomben mit großer Wirkung herzustellen.
Diese Molotow-Cocktails werden unter Verwendung aller leicht entzündbaren Stoffe hergestellt: Benzin, Diesel, Kerosin, Alkohol oder aus einer Mischung der zuvor genannten Stoffe, die in irgendeine Flasche gefüllt werden. Dann wird ein Fetzen getränkter Stoff in die Mischung gesteckt, sodass er aus dem Flaschenhals herauskommt. Er wird gut befestigt, wobei man ein Stück Stoff abstehen lässt, um es anzuzünden. Dann wird der Stoff entzündet; die Flasche wird geworfen und sie explodiert. [...] Es gibt viele Arten der Mischungen für den Molotow-Cocktail. [...]

Text 10: Spezialkurs für die Herstellung von Sprengkörpern (Daura ḫāṣṣa fī taṣnīʿ al-mutafaǧǧirāt)

Verfasser: Radschi ʻAfw Rabbihi / Ibn al-Islam[58].

Spezialkurs für die Herstellung von Sprengkörpern, besonders für die die Wahrheit[59] vertretende kämpfende Gruppe; sie vertritt den Befehl Gottes

Der Erhabene sagte: „Und rüstet für sie, so viel ihr an Kriegsmacht und Schlachtrossen (aufzubringen) vermögt, um damit Allahs und eure Feinde einzuschüchtern und andere, von denen ihr [jetzt noch] keine Kenntnis habt, (wohl) aber Allah! Und wenn ihr etwas um Allahs willen spendet, wird es euch (bei der Abrechnung im Jenseits) voll heimgezahlt. Und euch wird (dabei) nicht Unrecht getan." (Sure 8, *al-anfāl*, 60)
Der Erhabene sagte: „Wenn ihr gegen sie kämpft, wird Allah sie durch euch bestrafen, sie zuschanden machen, euch zum Sieg über sie verhelfen und Leuten, die gläubig sind, innere Genugtuung verschaffen." (Sure 9, *at-tauba*, 14)
Der Erhabene sagte: „Und kämpft gegen sie, bis niemand (mehr) versucht, (Gläubige zum Abfall vom Islam) zu verführen, und bis nur noch Allah verehrt wird! Wenn sie jedoch (mit ihrem gottlosen Treiben) aufhören (und sich bekehren), darf es keine Übertretung geben, es sei denn gegen die Frevler." (Sure 2, *al-baqara*, 193)

Es folgen detaillierte Unterweisungen in der Herstellung von Sprengstoffen und Sprengkörpern, die in technischer Sprache gehalten sind.

Text 11: Herstellung von Geheimtinten (Taṣnīʿ al-aḥbār as-sirrīya)

Einleitung

Die wohlorganisierte dschihadistische Praxis erfordert Genauigkeit, Systematik und Geheimhaltung bei der Erteilung von internen Anweisungen, der koordinierten Tätigkeit von Personen zur Durchführung erfolgreicher militärischer Aktivitäten gegen feindliche Individuen. Deshalb haben wir es für gut befunden, diese bescheidene Anstrengung zu präsentieren (Lehrgang zur Herstellung von Geheimtinten), um das Banner „Es gibt keinen Gott außer Gott und Muhammad ist der Gesandte Gottes" zu erheben. Wir bitten Gott, den Großen, den Herrn des hohen Thrones, darum, dass er [unser Werk] annimmt, ihm zustimmt und ein gutes Ende gewährt.

Text 12: Die Künste der Bewegung in Städten (mahārāt at-taḥārruk daḫil al-mudun)

Quelle: *Mu'askar al-battār* Nr. 12, *rabi' al-achar* 1425 d. H. (Mai/Juni 2004): Der Text stammt aus der Online-Zeitschrift ‚Heerlager des scharfen Schwertes' (*mu'askar al-battār*), die von der Organisation der al-Qa'ida auf der Arabischen Halbinsel herausgegeben wurde und sich hauptsächlich militärtechnischen Fragen widmete. Die Zeitschrift ist weiterhin sehr verbreitet.

Heute haben wir eine wichtige Lektion, in der wir einige Fragen über wichtige Probleme vollständig beantworten werden. Es handelt sich um eine Diskussion der geheimen Planung und Ausführung von Operationen in der Stadt. Wie wir bereits zu Beginn erwähnt haben, sehen wir uns aus Sicherheitserwägungen für die Praxis und ihre Unversehrtheit gezwungen, über einige Fragen bis zum Erfolg oder zur Vollendung einiger spezifischer Operationen hinwegzugehen, die die Brüder durchführen wollen. Daher versprechen wir allen, dass wir, soweit es möglich ist, berichten werden, was wir können. Was eine Gefährdung verursachen könnte, verschieben wir auf später.
Es gibt Fragen, die einige junge Leute vorgebracht haben. Es geht um die Art und Weise der Bewegung und des Kampfes in Städten, das Aufbrechen einer Belagerung, den Rückzug mit geringen Verlusten. Wir zitieren hier die wertvollen Worte des Scheichs Jusuf al-'Ujairi, Gott erbarme sich seiner, insbesondere über den Kampf und die Art und Weise, sich in der Stadt zu bewegen. Es ist etwas willkürlich ausgewählt. Das scharfe Schwert (*al-battār*)[60] hat gesagt: „Die Gefahren, die den Mudschahid in den Städten umgeben, sind doppelt so groß wie die in den Bergen und in den Dickichten." In unserer bald folgenden Antwort werden wir über einige der Künste in den Städten berichten, wobei wir die Schwierigkeiten auf diesem Kampffeld deutlich machen im Wissen darum, dass die größten und schwierigsten Künste des Kampfes die Künste der Städte sind.
Der Mudschahid muss wissen, dass die kollektive Bewegung in den Städten in alternierenden Sprüngen geschieht. Das bedeutet, dass eine Gruppe oder eine Person sich darauf konzentriert, während der Bewegung einer Gruppe oder eines Individuums Deckung zu geben. Dann nimmt das Individuum oder die Gruppe, die sich vorher bewegt hat, Deckung und beginnt die Gruppe zu decken, die zuvor Deckung gegeben hat. Dies geschieht nacheinander. Der Mudschahid muss sicher sein, dass er sowohl links als auch rechts schießen kann, denn es ist die Ecke des Gebäudes, die ihm vorgibt, zu welcher Seite er schießen kann. Er muss sich auch darum sorgen, dass er oder sein Schatten während des Schießens nicht sichtbar sind.

Wie bewegt man sich in bebautem Gelände?

Um sich während der Bewegung im bebauten Gelände nicht zu sehr dem Feuer auszusetzen, muss der Mudschahid dafür sorgen, dass er sich nicht selbst zum Ziel macht. Er muss auch, soweit er es kann, alle Möglichkeiten des Verbergens und der Deckung ausnützen. Er muss auch vermeiden, durch offene Räume wie Plätze, Gärten und Gassen ohne Ausgänge zu gehen. Ist er gezwungen, sich dort zu bewegen, darf er sich nur unter Feuerschutz bewegen (Deckungsfeuer durch seine Brüder oder ihn selbst) oder durch Rauch gedeckt bzw. im Zickzack oder kriechend. Er muss durch direkten Blick den nächsten Ort, der ihm angemessene Deckung gibt, auswählen, bevor er sich von seinem Platz dort hinbegibt. Er muss seine Bewegungen mit allen Mitteln verbergen. Es obliegt ihm auch, dass seine Bewegung von einem Ort zum anderen so schnell wie möglich geschieht. Wenn es zu erwarten ist, dass er sich bei seiner Bewegung von einem Ort zum anderen Feuer aussetzt, muss er seine Bewegung durch das Feuer seiner persönlichen Waffe gegenüber den Orten schützen, an denen jemand sein könnte, der sein Erscheinen beobachtet. Wenn er über eine Mauer klettern will, muss er die andere Seite erkunden, zu der er sich begeben will. Er muss davor einen Teil der Mauer festlegen, der am leichtesten zu erklettern ist. Auch muss er sich so schnell wie möglich zur Mauer begeben. Er muss, wenn er hinaufklettert, seinen Körper gegen die Mauer drücken und ihn dagegen pressen, wenn er hinauf- und schnell auf die andere Seite hinabspringt. Will der Mudschahid eine der Straßen überwachen, darf er seinen Körper oder seinen Kopf an einer Straßenecke oder im Türsturz nicht ganz zeigen. Vielmehr muss er sich auf den Boden legen und nur einen kleinen Teil seines Kopfes zeigen, ausreichend, dass er die Straße beobachten kann, wie er auch einen Beobachtungsspiegel auf der anderen Straßenseite nutzen kann, ohne dass es notwendig ist, dass er seinen Kopf zeigt. [...]

Wie man Gebäude und Zimmer säubert

Der Mudschahid muss den Punkt, durch den er eindringt, genau wählen, bevor er sich zum Gebäude bewegt. Er muss Fenster und Türen zum Eindringen vermeiden. Er muss Rauch oder den Einsatz von Feuerschutz benutzen, um sein Vordringen zum Gebäude zu decken. Öffnungen zum Eindringen in das Gebäude muss er durch Sprengstoffe oder Raketen schaffen, um die Benutzung von Türen und Fenstern zu vermeiden. Wie er auch Handgranaten benutzen sollte zum Eindringen in jeden offenen Raum innerhalb des Gebäudes. Er muss unbedingt direkt nach der Explosion der Handgranate eindringen, damit der Feind keine Gelegenheit hat, sich selber wieder zu sammeln.

Er muss auch unbedingt Schutz von einem der Gefährten haben, wenn er zum Säubern des Zimmers eindringt. Die beste Methode, ein Gebäude zu säubern, ist die Säuberung von oben nach unten. Der Aufstieg zum obersten Stockwerk des Gebäudes kann auf jede Art und Weise geschehen: Klettern an Seilen, über Wasserrohre, Leitern, Bäume, Dächern von Nachbargebäuden oder irgendeinen anderen Weg. Der Kämpfer muss das Klettern mit Seilen und mit Haken sicher beherrschen. Er muss das Herstellen von Haken, ihr Verbinden mit dem Seil, das Werfen des Seiles auf das Dach und das daran Hochklettern üben. Es ist empfehlenswert, in das Seil Knoten mit etwa einem Meter Abstand zu machen, um das Klettern zu erleichtern, wie auch der Kämpfer den Abstieg vom obersten Stock des Gebäudes mit einem speziellen Seil trainieren muss [...]

Der Weg aus dem Dschihad

In den letzten Jahren sind in verschiedenen Staaten Programme begonnen worden, durch die Dschihadisten wieder in die Gesellschaft eingegliedert werden sollen. Es geht in all diesen Programmen um die Rehabilitierung gefangener Dschihadisten, die dem Kreislauf von Repression und Gewalt entzogen werden sollen. Angestrebt wird im Wesentlichen eine ideologische Beeinflussung der dschihadistischen Gefangenen. Zwar ist die dschihadistische Ideologie alleine nicht ausreichend, um eine Radikalisierung zur „Kultur des Dschihad" zu bewirken, sie spielt jedoch eine wichtige Rolle in diesem Prozess (Cozzens 2006; vgl. Sageman 2008).

Jemen

Im Jemen wurde versucht, die in den Jahren nach 2001 unter Terrorismusvorwurf inhaftierten Dschihadisten in die jemenitische Gesellschaft zu reintegrieren (s. auch Taarnby 2005). Zu diesem Zweck hat der Richter Hamud ʻAbdalhamid al-Hitar unter der Schirmherrschaft des Präsidenten der Republik Jemen ein Dialogkomitee (*lağnat al-ḥiwār*) gegründet, das dazu dienen sollte, die aus Afghanistan zurückkehrenden Mudschahidin in die Gesellschaft zu integrieren. „In einem im Dezember 2004 geführten Gespräch erklärte er [...], das vordringlichste Vorhaben sei es, die [...] Kämpfer durch Dialog mit Rechtsgelehrten auf die herkömmlichen Gesellschaftsstrukturen zurückzuführen. Das bedeutet aber, dass dieses Projekt die gesellschaftlich schwierige Aufgabe übernommen hatte, eine Umwertung des bisherigen Wertsystems" der Mudschahidin zu bewirken (Dostal 2008: 189).

Nur denjenigen, die ihre Taten im Jemen bereuten und bereit waren, am Dialogforum teilzunehmen, wurde sofortige Haftentlassung zugestanden. Dabei wurde nicht von Mudschahidin geredet, sondern eine andere Bezeichnung gewählt: „Widerstandskämpfer. Mudschahidin wären ohne Strafverfolgung freizulassen gewesen, bei Widerstandskämpfern war eine Bestrafung nicht ausgeschlossen." (Dostal 2008: 190)

„Mit anderen Worten: In dem Erst-Gespräch mit den Inhaftierten mussten die daran teilnehmenden Qadis darüber befinden, ob die Handlungen [...] trotz eines abgelegten Reuebekenntnisses strafrechtliche Folgen haben könnten. Diese Eröffnungsphase verlangte von den Qadis nicht nur eine sorgfältige Vorbereitung, sondern auch ein psychologisches Einfühlungsvermögen", um eine Umkehr der Reuigen zu bewirken. „So war es ein beachtliches Problem, die Widerstandskämpfer davon zu überzeugen, dass die Rasur des Bartes kein Zeichen der Abkehr vom Islam sei. [...] In dem Zeitraum vom 5. 9. 2002 bis 11. 11. 2002 wurden 104 Widerstandskämpfer zur Teilnahme am Dialog zugelassen, aber nur 36 erfreuten sich ihrer vollständigen Rehabilitierung. Vom 15. 8. 2003 bis 10. 9. 2003 waren insgesamt 120 Subjekte für die Pardonierung bereit. Im Zeitraum vom 15. 10. 2003 bis 25. 10. 2003 wurde von 22 Personen nur 14 die vollständige Verzeihung zu teil." (Dostal 2008: 190ff.) Bis zum Juni 2005 sind 364 Verdächtige entlassen worden.

Singapur

Bereits nach den Anschlägen vom 11. September 2001 begann in der Singapurer muslimischen Gemeinschaft eine Debatte über die Wichtigkeit einer gemäßigten Haltung für die Muslime und die Ablehnung dschihadistischer Vorstellungen (Hassan o. J.). Im Oktober 2002 verabschiedete eine Versammlung muslimischer Persönlichkeiten eine Erklärung, in der sie ihre Verpflichtung Singapur gegenüber bekräftigte und Extremismus und Terrorismus ablehnte. Im Jahre 2003 wurden diese Initiativen weitergeführt und mündeten in eine „Charta der Mäßigung", die die Basis für die weitere Arbeit der muslimischen Institutionen bildet. In der Krise anlässlich der Muhammad-Karikaturen zeigte sich die Wirksamkeit dieser Mäßigungspolitik, als u. a. ein Dialog mit dem dänischen Botschafter über diese Krise geführt wurde.[1]

Im Dezember 2005 wurde ein Verfahren für die Zertifizierung und Registrierung religiöser Lehrender eingeführt. Sollte eine Lehrperson nicht den Anforderungen dieses Verfahrens entsprechen, kann ihr die

Registrierung entzogen werden und sie wird nicht im offiziellen Verzeichnis geführt.

Ein bedeutender Schritt war die Etablierung der „Religiösen Rehabilitationsgruppe (RRG)" im Jahre 2003. Nach der Festnahme von Mitgliedern der dschihadistischen Jemaah Islamiyah in diesem Jahr wandten sich die Sicherheitsbehörden an lokal muslimische Gelehrte, damit diese mit den Gefangenen zusammenarbeiteten, um ihre Auffassungen vom Islam zu ändern. Daraus entstand die RRG. Sie bietet Expertenmeinungen zu Fehlinterpretationen des Islam durch die Dschihadisten, produziert entsprechende Materialien und führt öffentliche Erziehungsprogramme über den Extremismus für die muslimische Gemeinschaft durch. Zu Beginn wandte sich das Programm an die Gefangenen bzw. bedingt Freigelassenen aus der Jemaah Islamiyah. Später wurde das Programm auf freiwilliger Basis auf die Familienangehörigen ausgeweitet. Bis Juni 2005 wurden 93 Beratungsgespräche mit Gefangenen, 139 für bedingt Freigelassene und 14 für Familienmitglieder abgehalten.

Da viele Gefangene den Hauptteil zum Unterhalt der Familien beitrugen, wurde durch Unterstützungsprogramme lokaler muslimischer Institutionen die Notlage der Familie gelindert. Der Effekt der Programme der RRG wird positiv eingeschätzt. Gefangene konnten aufgrund ihrer Teilnahme bedingt freigelassen, bedingt Freigelassene aus der Überwachung genommen werden.

Es gibt also vier Ebenen der Rehabilitationsarbeit: 1) Familienunterstützung durch die Herstellung von Kontakt zu den Familien und deren Information, 2) finanzielle Unterstützung für die Familien der Gefangenen, 3) psychologische Beratung, 4) religiöse Beratung mit dem Ziel der Revision dschihadistischer Fassungen islamischer Konzepte.[2] Die theoretische, religiöse Debatte wird anhand konkreter Fragen des islamischen Rechts geführt. So wird das Argument der Dschihadisten, Raubüberfälle seien islamrechtlich als Beutemachen erlaubt, durch Gegenargumente eindeutig entkräftet.[3]

Internet

Da die Singapurer Initiativen das Internet als eine der wichtigen Quellen dschihadistischen Denkens identifiziert haben[4], sind eine Anzahl internetbasierter Aktivitäten begonnen worden, um die an das Internet gewöhnte jüngere Generation zu erreichen. Die oberste religiöse muslimische Vertretung, der Islamische Religiöse Rat von Singapur (MUIS), unterhält mehrere Internetpräsenzen. InvoKe.SG (http://www.invoke.sg) gibt sich im ganz „coolen“ Stil, um die Zielgruppe zu erreichen:

„INvoKe.SG ~ A place for Muslim YOUths 2 share N ask freely on issues related 2 life N religion“. Themen, die angesprochen werden, sind Mode, Marken, Partnerschaft, wie sollten wir das Leben leben ...

I ASK (Akronym für „I Am Seeking Knowledge“) unterhält eine Website im „grungy“-Stil (http://www.iask.invoke.sg/), die offensiver als InvoKe.SG islamische Inhalte präsentiert. Es gibt daneben Ankündigungen von Treffen, Chat-Möglichkeiten, Foren, ein Blog.

Auch die Religious Rehabilitation Group (s. o.) unterhält eine Website, die insbesondere eine Vielzahl von Texten enthält. Eine Ausweitung dieser Website in andere Sprachen, z. B. Arabisch, ist angestrebt.[5]

Außerdem ist noch eine individuelle Website (http://counterideology.multiply.com/) zu nennen. Muhammad Haniff Hassan (s. o.) stellt darin selbstverfasste Texte zur Verfügung, unterschiedliche Lieder von malayischen Titeln über Michael Jacksons „The lost children“ bis zu „What a wonderful world“ von Louis Armstrong, Videos, antidschihadistisch verwendbare Fotos, ein Blog mit weiteren Texten u. a. m.

Singapur ist mit dem ganzen Bündel an Maßnahmen, die unternommen werden, ein sehr gutes Beispiel für einen Ansatz zur Auseinandersetzung mit dschihadistischen Bewegungen, der sich mit staatlicher Rückendeckung (Tan 2008) auf die muslimischen Gemeinschaften stützt.[6]

Zahlreiche andere Entwicklungen zeigen weitere Möglichkeiten, den Dschihadismus zu bekämpfen. Saudi-Arabien hat das vielleicht umfangreichste und erfolgreichste Rehabilitationsprogramm eingeleitet. Seit 2004 haben ca. 2000 Gefangene daran teilgenommen, 700 haben ihre vorherigen Überzeugungen aufgegeben und wurden freigelassen. Ungefähr 1400 Gefangene haben es abgelehnt, am Programm teilzunehmen. In Ägypten hat die inhaftierte Führungsschicht dschihadistischer Untergrundgruppen den bewaffneten Kampf und seine theoretische Begründung scharf kritisiert (s. u.). Trotz mancher Unschärfen dieser Kritik kann der Wert nicht hoch genug eingeschätzt werden (Ashour 2007). Das letzte Beispiel dieser Kritiken ist die des unter dem Namen Dr. Fadl oder Saijid Imam asch-Scharif bekannten langjährigen ägyptischen dschihadistischen Ideologen, die Aiman as-Sawahiri bereits zu einer Antwort zwang (s. o.). Diese Debatte wird in immer schärferem Ton weitergeführt. Auch die aus dem indopakistanischen Raum stammende Strömung der Deobandis (Lohlker 2008: 197f.) hat sich von terroristischen Aktionen distanziert. Das ist bedeutsam, weil aus diesem Umfeld das ideologische Rüstzeug der afghanischen Taliban gekommen ist. In Indonesien haben Programme für dschihadistische Gefangene einen gewissen Erfolg gezeigt, die sich zuerst mit den wirtschaftlichen Problemen der Gefangenen beschäftigt und dann eine ideologische Auseinandersetzung mit islamischen Gelehrten geführt haben.[7]

Die Zahl der antiterroristischen Erklärungen muslimischer Gelehrter, Organisationen und Institutionen hat sich in den letzten Jahren vervielfacht. Die Anstrengungen muslimischer Gemeinschaften, dem Dschihadismus entgegenzutreten, sind in den letzten Jahren um vieles größer geworden.

Text 1: Gespräch über den Extremismus und Terrorismus

Quelle: Hamud al-Hitar: Gespräch über den Extremismus und Terrorismus. Fernsehinterview, al-Jazeera, 3. 10. 2004 (http://www.aljazeera.net/Channel/archive/archive?ArchiveId=92574) (Zugriff 9. 7. 2008).

Murad Hischam: Sehr geehrte Zuschauer, ich begrüße sie herzlich zu einer neuen Folge der Sendung „Heute im Gespräch" (*liqā' al-yaum*). Wir haben heute zu Gast den Richter Hamud al-Hitar, Mitglied des Obersten Gerichtshofes im Jemen und Vorsitzender des vom jemenitischen Präsidenten beauftragten Gelehrtenkomitees für den Dialog mit den Gefangenen, die wegen des Verdachtes der Zugehörigkeit zur Organisation al-Qa'ida inhaftiert sind. [...] Wie entstand die Idee des Dialoges? Und warum genau zu dieser Zeit?
Hamud al-Hitar: Das Ziel der Republik Jemen ist es, durch den Dialog die gedanklichen Wurzeln des Extremismus und Terrorismus auszureißen, denn beide Erscheinungen entspringen aus gedanklichen Quellen [...] Die angemessenste Lösung war es, Gedanken gegen Gedanken zu stellen. Und so wurde der Dialog zu einer der wichtigsten Säulen der Politik der jemenitischen Republik im Kampf gegen den Terrorismus neben anderen Säulen, die ihren Ausdruck finden in der Durchführung von juridischen Maßnahmen gegen diejenigen, die das Gesetz brechen, und der Lösung der ökonomischen Probleme, die ein Grund für die Ausnutzung einiger Jugendlicher und anderer Personen zur Begehung terroristischer Handlungen sind, zusammen mit der Austrocknung der finanziellen Quellen für solche Operationen.
Murad Hischam: Bedeutet das, was sie sagen, dass die jemenitische Regierung tatsächlich dahin gelangt, dass sie zugibt, dass Sicherheitsmaßnahmen alleine nicht ausreichen, um das Phänomen des Terrorismus zu bekämpfen?
Hamud al-Hitar: Man muss die angemessenen Mittel wählen, um die fehlerhaften Vorstellungen zum Verschwinden zu bringen, auf die sich der Terrorismus stützt [...]

Murad Hischam: Einige sind der Meinung, dass die jemenitische Regierung mit dem Dialog einen Ausweg aus der schwierigen Lage gefunden hat, in die sie sich selber aufgrund der langen Inhaftierung dieser Leute gebracht hat, ohne Gründe für ihre Schuld zu haben.
Hamud al-Hitar: Dem ist nicht so. [...]
Murad Hischam: Können sie uns einen Eindruck von beiden Seiten des Dialoges geben? Des Komitees einerseits und der Gruppen von Gefangenen andererseits.
Hamud al-Hitar: Das Komitee für den Dialog, das von seiner Exzellenz dem Präsidenten der Republik gebildet wurde, besteht aus fünf Personen. Ich wurde als Vorsitzender des Komitees eingesetzt.
Murad Hischam: Und was ist mit der anderen Seite?
Hamud al-Hitar: Einige dieser Personen sind der Zugehörigkeit zur Organisation al-Qa'ida verdächtig, einige andere der Zugehörigkeit zur Organisation al-Dschihad (*al-ğihād*)[8], einige von ihnen gehören zum Jemen-Abjan-Heer (*ğaiš ʻAdan-Abyān*).[9] Einige zählen zu den Sympathisanten dieser drei Gruppen. Vielleicht, gelobt sei Gott, er ist groß und erhaben, werden alle von ihnen sich von der Zugehörigkeit, zu welcher bewaffneten Organisation auch immer, befreien.
Murad Hischam: Warum scheuen einige Gelehrte von der Teilnahme an diesem Komitee zurück?
Hamud al-Hitar: Zu Beginn der Einsetzung des Komitees entstanden einige Befürchtungen seitens einiger [...] Gelehrter aus Sorge, dass den Teilnehmern am Dialog oder denjenigen, die ihn initiieren, dasselbe passieren könnte wie Scheich adh-Dhahabi[10], dem ägyptischen Religionsminister (*wazīr al-auqāf*), [...] oder dass Personen auf der anderen Seite des Dialoges oder einige ihrer Unterstützer unterstellen könnten, diese Gelehrten seien zu Marionetten Amerikas oder des Westens geworden. Vielleicht heißt dies auch, dass Erklärungen von dieser oder jener Gruppe herausgegeben werden könnten, dass ihr Blut frei gegeben sei und sie an jedem Ort zum Ziel von Racheakten werden könnten. [...]
Murad Hischam: Warum haben ihrer Meinung nach diese Leute den Dialog mit einem Komitee akzeptiert, das wenigstens für einen Teil von ihnen eine Regierung oder Staatsmacht repräsentiert, die nicht dem Islam verpflichtet und mit den Amerikanern verbündet ist.
Hamud al-Hitar: Wir haben von keinem von ihnen den Verdacht gehört, wir hätten uns vom Islam entfernt. Wir haben aber negative Meinungen von einigen von ihnen über einige der Gelehrten im Jemen gehört, weil sie ihre Aufgabe nicht erfüllt und nach diesen jungen Leuten gefragt hätten. Solange sie zornig waren, verhielten sie sich unreif während der ersten der Dialoggespräche gegen die Gelehrten im Allgemeinen und gegen uns im Besonderen.

Wir sagten zu ihnen: Wir geben unsere Nachlässigkeit gerne zu; hätte seine Exzellenz, der Präsident, uns nicht befohlen, uns zu euch zu begeben, wären wir nicht gekommen. Sie fragten: Ihr wärt nicht gekommen? Wir gaben zur Antwort: Wir sind zum Dialog mit euch gekommen. Wenn ihr das Recht auf eurer Seite habt, werden wir euch folgen; wenn das Recht auf unserer ist, folgt ihr uns.
Murad Hischam: Glauben Sie nicht, dass ein Dialog, bei dem die eine Seite inhaftiert ist und die andere Seite über die Bedingungen der Inhaftierung bestimmt, unfair erscheinen könnte?
Hamud al-Hitar: Wir versuchen ein angemessenes Klima für den Dialog zu schaffen, sodass zwischen beiden Seiten eine Ausgeglichenheit herrscht, bei der die eine Seite der anderen keine Überzeugungen aufzuerlegen versucht, von denen die andere nicht überzeugt ist. Wir arbeiten an der Schaffung eines solchen Klimas. Wir sind bei unserem Dialog mit diesen jungen Leuten vom Buch Gottes und der Sunna[11] des Propheten, Gott segne ihn, seine Familie und seine Gefährten und spende ihm Heil, ausgegangen. Wir respektierten die psychologische Situation der Gefangenen und achteten ihr Wissen.
Murad Hischam: Wie fanden Sie diese jungen Leute, im Denken und in psychologischer Hinsicht? Haben einige sich über Druck, schlechte Behandlung oder Bestrafung beklagt?
Hamud al-Hitar: Ich spreche offen. Wir haben erwähnt, dass diese jungen Leute sich durch die Kraft ihres Glaubens, die Ernsthaftigkeit ihrer Überzeugung und ihren Respekt für die Gelehrten auszeichnen. Sie zeichnen sich auch dadurch aus, dass sie die Ergebnisse respektieren, die sich auf einen autoritativen Text aus dem Buch Gottes [...], die Sunna seines Gesandten [...] oder den Konsens der Muslime stützen. Wir haben jeden einzelnen gefragt, ob sie psychischer oder körperlicher Folter ausgesetzt waren. Sie haben alle bestritten, einer solchen Misshandlung ausgesetzt gewesen zu sein.
Murad Hischam: Was sind die Themen, die auf der Tagesordnung der Aktivitäten des Dialogs stehen?
Hamud al-Hitar: Die Themen auf der Tagesordnung des Dialoges sind zahlreich. Am Anfang all dieser Themen steht die Art und Weise des Dialoges über kontroverse Fragen, das Konzept des Dschihad im Islam und seine rechtlichen Bestimmungen. Wann? Wie? Und wo? Wer hat das Recht, den Dschihad zu erklären? Das Konzept des Staates und des islamischen Kalifates [...]

Text 2: Sei nicht extrem in deiner Religion (Jangan Melampau Dalam Beragama)

Quelle: Muhammad Haniff Hassan / Mohamed Bin Ali: Jangan Melampau Dalam Beragama (engl.: Don't be extreme in your religion)[12]; http://hanifiyah.multiply.com/photos/album/9/Buku_Jangan_Melampau_Dalam_Beragama#1) (Zugriff 2. 7. 2008); engl.: http://counterideology.multiply.com/ (Zugriff 9. 7. 2008). Eine Broschüre, die die Ziele dschihadistischer Ideologie beschreibt und Gegenmaßnahmen nennt; mit eindrücklichen Bildern und Koranzitaten, die zur Abwendung von Gewalt aufrufen.

Es gibt verschiedene Zeichen, die du beachten solltest, um die Ideologie der Extremisten und Terroristen zu identifizieren.

1) Üblicherweise beginnen diese Gruppen, ihre Ideologie durch grundlegende islamische Lehren zu verbreiten. Das schließt Akidah (islamische Glaubenslehre), Ibadah (islamischer Gottesdienst) und Akhlaq (Morallehre) ein, wie sie normalerweise von religiösen Lehrern unterrichtet werden. Das ist ihre Anfangsstrategie: das Interesse derjenigen zu wecken, die begierig sind, etwas über die Religion zu lernen.
2) Diese Unterrichtsstunden werden normalerweise nicht in der Öffentlichkeit und an frei zugänglichen Plätzen abgehalten – wie in Moscheen und registrierten und bekannten islamischen Organisationen. Stattdessen werden sie privat in Häusern und in kleinen Gruppen abgehalten.
3) Solltest du als jemand erkannt werden, der gutes grundlegendes religiöses Wissen oder am Unterricht an öffentlichen Orten teilgenommen hat, wirst du eingeladen werden, an zusätzlichem und fortgeschrittenem Unterricht teilzunehmen, der privat abgehalten wird.
4) Nachdem du Interesse an und Vertrauen in den Unterricht bekundet hast, an dem du teilgenommen hast, wirst du feststellen, dass die Inhalte des Unterrichts anfangen, sich um politische Themen zu drehen, die sich dann auf die ungerechte Behandlung und Verfolgung anderer Muslime auf der ganzen Welt konzentrieren. [...]
5) Um die Themen der Misshandlung und der Verfolgung, der Muslime ausgesetzt sind, zu vertiefen, werden dir Videos und andere visuelle Hilfsmittel gezeigt, die die Leiden der Muslime und ihren bewaffneten Kampf zeigen. [...]
7) Schritt für Schritt wird dir der hohe Rang, die Wichtigkeit und die Überlegenheit des bewaffneten Dschihad und des Zeugentodes, verglichen mit anderen Formen islamischer Frömmigkeit und friedlicher Werbung [für den Islam], beigebracht werden. [...]

10) Du wirst feststellen, dass dieser Unterricht großes Gewicht auf Verschwörungstheorien legt, d. h. alle Nichtmuslime – unter Führung von Juden und Christen oder Kreuzfahrern – sind darauf aus, die Muslime zu vernichten. Alle vergangenen und gegenwärtigen Probleme der Muslime werden dieser Verschwörung zugeschrieben. [...]
13) Du wirst gelehrt werden, wie wichtig es ist, dass du dich von der allgemeinen Öffentlichkeit fernhältst, die als im Zustand der Dschahilijah (Unwissens) befindlich oder weit entfernt vom richtigen Leben des Islam gesehen wird, um die Reinheit deines Glaubens und Handelns zu bewahren. [...]
16) Im Islam, der dir beigebracht wird, sind – in Analogie – die religiösen Lehrer, die dich unterrichten, ebenfalls besser als die religiösen Lehrer der [islamischen] Gemeinschaft. [...]
19) Dir wird erzählt werden, dass die heutigen muslimischen Regierungen Glaubensabtrünnige sind, da sie das islamische Recht nicht in umfassender Form anwenden. [...]
23) Vielleicht wirst du auch aufgefordert werden, einen Treueeid (*baiʿa*) zu schwören, um deine unauflösliche Loyalität zur Gruppe zu beweisen. Nachdem du den Eid geschworen hast, wird dir nicht erlaubt werden, anderen Gruppen beizutreten. Dann wird dir beigebracht werden, dass ein Brechen des Eids bedeutet, die Religion zu verraten und eine große Sünde zu begehen.

Als erste Gegenmaßnahme wird empfohlen, vorsichtig zu sein, wo religiöses Wissen gesucht wird. Den Dschihadisten wird unterstellt, häufig geringes religiöses Wissen zu haben. Die religiöse Information solle nur bei qualifizierten, offen tätigen Lehrenden gesucht werden. Informationsmöglichkeiten über anerkannte Gelehrte werden genannt.

Die zweite Gegenmaßnahme ist, keine Informationen ohne Nachprüfung aus dem Internet zu beziehen. Anweisungen, wie Gläubige mit einem Prediger umgehen (unter Einbeziehung des MUIS) sollten, der extreme Positionen vertritt, werden gegeben. Auch Vorgehensweisen, diesen zur Umkehr zu bewegen, werden genannt.

Die Gemeinschaftsbezogenheit zeigt auch die letzte Mahnung der Broschüre: „Lasst nicht die, die ihr liebt, in die Falle gehen.“ Die Drohung mit der möglichen Todesstrafe für terroristische Aktivitäten findet sich ebenfalls.

Text 3: Ideologische Antwort (Ideological Response)

Quelle: Religious Rehabilitation Group *Ideological Response* (http://www.rrg.sg/) (Zugriff 8. 7. 2008). Umfangreicher Text, der sich auch detailliert mit der Ideologie und Strategie der Jemaah Islamiyah beschäftigt.

Die Wichtigkeit der ideologischen Antwort

Effektive Terrorismusbekämpfung erfordert ein vielseitiges Herangehen. Terrorismusbekämpfung kann auf verschiedenen Wegen erfolgen: Einschränkung finanzieller Unterstützung, Aufrechterhaltung innerer Sicherheit und ideologische Antwort.
Warum ist es notwendig, gegen die Ideologie der JI (Jemaah Islamiyah) vorzugehen? Warum hat sich die RRG (Religiöse Rehabilitationsgruppe) gegen die JI eingesetzt?
Wir lassen die Tatsache nicht unberücksichtigt, dass es verschiedene Faktoren gibt, die jemanden in den Terrorismus oder terroristische Gruppen abrutschen lassen. Aber, was die JI betrifft, ist es die Ideologie – und keine anderen Faktoren –, die die Inspiration und Hauptmotivation für die Terroristen bildet. Unser Hauptinteresse – und das ist auch die Besonderheit der Rolle der RRG – liegt auf dem Gebiet der ideologischen Antwort. Dies liegt daran, dass die Terroristen falsch verstandene islamische Konzepte benutzen, um ihre Sache zu rechtfertigen. Das ist eine mühsame Sache, aber wir glauben, dass die ideologische Antwort eine notwendige Strategie ist.

Warum ist die ideologische Antwort notwendig?

Die RRG ist der Überzeugung, dass die ideologische Antwort aus drei Hauptgründen notwendig ist:
- um die Terroristen zu diskreditieren,
- um sie daran zu hindern, ihre Ideologie zu verbreiten,
- um die Gemeinschaft im Allgemeinen dagegen zu immunisieren, einer solchen Ideologie zum Opfer zu fallen.

Warum die Ideologie bekämpfen?

Warum müssen wir (insbesondere die RRG) ihre Ideologie bekämpfen? Die RRG ist überzeugt, dass ihre Ideologie und Prinzipien dazu bestimmt sind, in die Irre zu führen. Die Aufgabe der RRG ist es herauszufinden, ob es effektive Antworten auf ihre gewaltsame Ideologie gibt. Ihre Ansätze haben durch abweichenden Glauben und Ideologie militärische Konzepte mit dem Islam vermengt.

Eine Gegenideologie ist wichtig, weil sie ihren Missbrauch deutlich macht, der Radikalisierung muslimischer Gemeinschaften vorbeugen und sie unterdrücken hilft. Die RRG glaubt, dass neben den Gefangenen aus der JI und ihren Familien eine andere Gruppe, die angesprochen werden muss, die jungen Singapurer Muslime sind. Sie müssen gegen die Indoktrination durch die JI immunisiert werden. [...]

Den Weg in den Terrorismus verstehen

Aus psychologischer Sicht gibt es den bekannten Satz, dass „niemand eines Morgens aufwacht und beschließt, dass heute der Tag ist, um Terrorist zu werden." (Western Psychological Association ...)
Es gibt verschiedene Stufen, um Terrorist zu werden oder eine terroristische Weltsicht anzunehmen. [...]
Jeder beginnt im Erdgeschoss, wo man versucht, einen Sinn im Leben durch ein besseres Verständnis der Religion und Teilnahme an einer gewünschten Aktivität zu finden. Vom Erdgeschoss wird man zum ersten Stock zugelassen, wo die Ideologie einer bestimmten Gruppe präsentiert wird. Wir werden sehen, dass die Ideologie zentral ist, weil sie die Ziele für die Aktion des Terroristen festsetzt und rechtfertigt.
Auf der nächsten Etage, dem zweiten Stock oder der Bearbeitungsebene, wird man durch einen Prozess der Veränderung des Denkens bearbeitet, der die Art und Weise, wie eine Person die Welt sieht, verändert, was dann sein Verhalten verändert. Als Nächstes bewegt man sich zur dritten Etage, um seine Bindung durch Rituale und Eide im Zuge des offiziellen Rekrutierungsprozesses („Einer von uns") zu bestärken, die eine brüderliche Beziehung symbolisieren.
Dann wird man auf die vierte Etage geführt, die Ebene der moralischen Loslösung oder der Macht des Gruppeneinflusses, auf der man legitime und nicht hinterfragbare Rechtfertigungen für die Aktion durch drei grundlegende Schritte findet:

- Deindividualisierung (Verlust von Individualität),
- Auflösung von Verantwortung (geteilte Verantwortlichkeit),
- Arbeitsteilung.

Auf der letzten Etage schließlich, dem fünften Stock, wird man für den Weg des Terrorismus rekrutiert. Die Mitglieder sind psychologisch für ihr geheiligtes Ziel und die Mittel, es zu erreichen, vorbereitet. [...]

Die Weltsicht der Jemaah Islamiyah

Durch solche Schritte hat die JI ein Gedankengebäude errichtet, das die Mitglieder der JI (in Singapur, Malaysia, den Philippinen oder Indonesien) teilen. [...]

Wie die RRG sicher festgestellt hat, ist ihr Gedankengebäude auf Fehlinterpretationen bestimmter islamischer Konzepte aufgebaut [...]
Die Hauptaspekte ihrer Ideologie basieren auf: 1) der Basis der Beziehungen zwischen Muslimen und Nichtmuslimen, 2) der Bedeutung des Dschihad und des islamischen Staates, 3) antiwestlichen Gefühlen, 4) der Unverträglichkeit nicht muslimischer Lebensstile mit der muslimischen Art zu leben.

Die Evolution der Strategie der JI

Mit einem solchen ideologischen System hat sich die JI von einem religiösen zu einer terroristischen Organisation gewandelt. [...]
Die Internationalisierung oder Globalisierung terroristischer Netzwerke hat zur Entwicklung der JI beigetragen. Mitglieder der JI, die am Krieg in Afghanistan gegen die Russen in den 80er Jahren teilgenommen haben, waren während ihres Kampfes gegen die Sowjets in hohem Maße einer Umgebung ausgesetzt, die auf strikter Solidarität und unreflektierter Loyalität basierte. Solche Beziehungen waren nach dem Krieg ausgesetzt, aber die Mitglieder fanden Mittel und Wege, sie aufrechtzuerhalten. [...]
Die JI in ihrer heutigen Form hat sich auf verschiedenen Wegen entwickelt. Ihre terroristische Sichtweise verbreitet sich durch Propaganda mit modernsten Mitteln der Verbreitung von Informationen wie Websites und Videos. Es gibt heute mehr radikale Webseiten als gegenideologische im Internet. [...]

Text 4: Die Strategie und die Bombenanschläge der al-Qa'ida (Istrātīǧīya wa-tafǧīrāt ʿal-Qāʿida')

Quelle: Istrātīǧīya wa-tafǧīrāt ʿal-Qāʿida' (4): Al-Islām yarfiḍu qatl al-madaniyīn wa kāna lahū as-sabq fī waḍʿ nihāyat al-waḥšīya fi 'l-ḥurūb, in: *aš-Šarq al-ausaṭ*, 16. 1. 2004. Es handelt sich um einen Auszug aus dem vierten Teil einer Artikelserie in der in London erscheinenden saudischen Tageszeitung. In mehreren Teilen wurden Ausführungen aus einem Buch vorgestellt, das die Führungsgruppe der al-Dschama'a al-islamiya (al-Ǧamāʿa al-islāmīya), die in Ägypten inhaftiert ist, zur Kritik an der al-Qa'ida verfasst hat.

Die Fatwa über die Tötung von Amerikanern

Zweifellos ist das Problem, was die Haltung des Islam zur Tötung von Zivilisten ist, das erste, das durch die Fatwa zur Tötung von Zivilisten aufgeworfen wird. Diese Fatwa hat die besondere Haltung des Islam in dieser Frage Zwei-

feln und Fragen ausgesetzt, obwohl der Islam ein Vorreiter darin war, der Barbarei ein Ende zu setzen, die ein Zeichen der Kriege zwischen den Völkern vor seiner Entstehung war. Und dies, obwohl der Islam der Menschheit ein Kriegskonzept vorgelegt hat, wie dieser – trotz aller Grausamkeit – barmherzig sein kann, nicht die Ehre bedroht oder die Moral vernichtet.
Der Standpunkt des erhabenen Islam in dieser Sache wird bezweifelt, obwohl der Islam die Existenz der Barmherzigkeit in den Kriegen lehrt. [...] Der Gesandte Gottes – Gott segne ihn und spende ihm Heil – hat demjenigen, der diesen Grundsätzen zuwiderhandelt, gedroht und gesagt: „Wer einen Unterschied zwischen einer Mutter und ihrem Kind macht, zwischen dem und seinen Liebsten, bei dem wird Gott am Tag der Auferstehung einen Unterschied machen.“[13] Der Gesandte Gottes – Gott segne ihn und spende ihm Heil – hat verboten, die Tiere zu lange zu quälen. Der Gesandte Gottes – Gott segne ihn und spende ihm Heil – sagte also: „Gott hat die gute Behandlung für alle Dinge vorgeschrieben. Wenn ihr tötet, dann führt die Tötung in guter Weise durch. Wenn ihr schlachtet, dann führt die Schlachtung in guter Weise durch. [...]“[14] Wenn dies die Handlungsweise des Islam Insekten und Tieren gegenüber ist, wie kann man sich vorstellen, dass er brutale Gewalt Menschen gegenüber befürwortet? Trotz all dem, was der Islam an Grundsätzen und Regeln festgelegt hat für den Umgang mit Zivilisten in Kriegen und was seine Qualitäten und seinen Vorrang anderen Systemen gegenüber ausmacht, insistieren einige [...] darauf, diese Wahrheit durch ihre Taten und Fatwas auszulöschen.
Immer wieder sind in den vergangenen Jahren einige Fatwas zu hören gewesen, die einigen Aktivisten für den Islam zugeschrieben werden, die die Tötung von Zivilisten bestimmten Geschlechts oder die Tötung von Frauen und Kindern für unbedenklich[15] erklären. Die bekannteste dieser Fatwas ist die Fatwa, die 1998 von der Globalen Front zum Kampf gegen die Kreuzfahrer und Juden unter Führung von Scheich Usama bin Ladin verkündet wurde und zur Tötung von Amerikanern – gleich ob Militärpersonen oder Zivilisten – an jedem Ort der Welt aufruft.
Wenn nun diese Fatwa im Widerspruch zu dem steht, was die Scharia in dieser Hinsicht festgelegt hat, muss auf jeden Fall erläutert und erklärt werden, was die richtige Position der Scharia zum Problem der Tötung von Zivilisten und insbesondere von Frauen und Kindern ist.

Die Haltung des Islam zur Tötung von Zivilisten

Wenn wir über die Haltung des Islam zur Betroffenheit von Nichtkombattanten durch Krieg und Kampf nachdenken, begreifen wir die Größe dieses Glaubens und die Tiefe seiner humanistischen Philosophie.

Wenn es nun auch noch ein entschiedenes Verbot durch den Gottesgesandten – Gott segne ihn und spende ihm Heil – und seine Nachfolger gibt, sich Frauen, kleine Kinder, alte Leute, chronisch Kranke, Mönche, Bauern und Dienstleute zum Ziel zu nehmen, dann können wir uns leicht den wahren Standpunkt des Islam zur Misshandlung von Zivilisten in ihrer modernen Form vorstellen.

Wenn du nun über diese Gruppen nachdenkst: Frauen, kleine Kinder, Alte, Verrückte, Dienstleute, Bauern, Mönche, Sklaven und Diener, begreifst du dann nicht, dass all diese Menschen zu Gruppen zählen, die nicht Kombattanten sind und nicht an Kämpfen teilnehmen. Hat der Begriff „Zivilisten" heute eine andere Bedeutung als diese? Daher stammt auch die Aussage der herausragenden Gelehrten, dass es verboten ist, den zu bekämpfen, der nicht zu den Kämpfenden [...] oder Zivilisten in moderner Ausdrucksweise zählt.

Dieses Verbot, Zivilisten anzugreifen, also Nichtkombattanten, ist nicht das Ergebnis islamrechtlicher Überlegungen oder einer Abwägung des Nutzens. Vielmehr stammt der autoritative Text (*naṣṣ*) über das Verbot, diese Personengruppen zu töten, aus den Worten des Propheten und einer göttlichen Offenbarung. Das hebt dieses Verbot in den Herzen jedes Muslims und jeder Muslimin auf den höchsten Rang der Dinge, bei denen man vorsichtig ist, ihnen zuwiderzuhandeln.

Das Verbot findet sich in der Sunna des Gesandten nach Ibn ʿUmar[16], Gott habe Wohlgefallen an ihnen beiden. Dieser sagte: „Während einem der Kriegszüge des Gottesgesandten – Gott segne ihn und spende ihm Heil – wurde eine Frau erschlagen aufgefunden. Darauf verbot der Gottesgesandte – Gott segne ihn und spende ihm Heil – das Töten von Frauen und Kindern."[17] [...]

Glossar

Da'wa - Aufruf, Einladung zum Islam; Bezeichnung für die Propagierung des islamischen Glaubens

Deobandis – indische islamische Strömung mit einem besonderen Schwerpunkt auf Bildungsarbeit

Dinar - alte Goldmünze

Dirham - alte Silbermünze

Dschahilija – vorislamische Zeit des Unglaubens, der ‚Unwissenheit'; auch Bezeichnung für die zeitgenössischen Staaten mit muslimischer Mehrheit, die von den Dschihadisten als ungläubig angesehen werden

Einsheit Gottes - Gott wird als eine Einheit begriffen, zu der keine abtrennbaren Eigenschaften hinzutreten

Einheitsbekenner - diejenigen, die sich zur Einsheit Gottes, dem *tauhid*, bekennen

Emir - Anführer einer Organisation

Fatwa – islamisches Rechtsgutachten, erstellt von qualifizierten Gelehrten, in der Moderne aber auch von sich qualifiziert fühlenden Gläubigen

Gottesgesandter, Gesandter Gottes – eine der Bezeichnungen für den Propheten Muhammad

Hadith – Überlieferungen über das Handeln und die Aussagen des Propheten Muhammad

Hafis - jemand, der den Koran auswendig kann

Hanafiten - Richtung des sunnitischen islamischen Rechts

Hanbaliten - Richtung des sunnitischen islamischen Rechts

Hanif - Bezeichnung für einen vorislamischen ‚Gottsucher'; Vertreter eines Urmonotheismus

Hinzufügen, Hinzufügung - neben Gott eine andere Sache, Person etc. stellen

Imam - erster Anführer der Gläubigen; zweiter Leiter des Gebets

Kadi – islamischer Richter; in der Moderne auch allgemeine Bezeichnung für Richter

Kalif - oberster muslimischer Herrscher

Kuraisch - dominierender Stammesverband in Mekka zur Zeit des Propheten

Malikiten - Richtung des sunnitischen islamischen Rechts

Neuerung - Einführung einer zuvor nicht existierenden Neuerung auf religiösem oder weltlichem Gebiet; es gibt im islamischen Recht verwerfliche und akzeptable Neuerungen; für die Dschihadisten sind Neuerungen prinzipiell verwerflich

Qadi - siehe *Kadi*

Qaside - altarabische Gedichtform

Salafismus - Oberbegriff für politische und nicht politische Bewegungen und Personen, die sich auf das Vorbild der frühen islamischen Gemeinschaft berufen

Schari'a - islamisches Recht

Sunna – die Hadithliteratur; das Vorbild des Propheten

Tauhid - Bekenntnis, dass Gott Einer ist

Thread - Diskussionsstrang; eine Reihe aufeinander bezogener Beiträge in einem Online-Forum

Anmerkungen

Einleitung

1 Angesichts der Probleme, den Begriff zu definieren, ist auch Terrorismus als Oberbegriff nicht zufrieden stellend. Eine Diskussion der verschiedenen Definitionen von Terrorismus würde jedoch am Ziel des Bandes vorbeigehen.

2 S. dazu Anm. 1.

Geschichte des Dschihad

1 Ich folge hier teilweise meinen Überlegungen in Lohlker 2007a. Es wird nach der Online-Fassung zitiert.

2 Lebte 716–797; der Dschihad war ihm „Herzensangelegenheit" (van Ess 1992: 552).

3 In diesem Werk über den Dschihad natürlich als Hochstufung des Dschihad gemeint. Wir können dies gegen den Strich lesen: als Hinweis auf ein Bestreiten des Vorranges des Dschihad, in welchem Sinne auch immer, gegenüber anderen Glaubenspraxen.

4 S. dazu Panaite 2000, insbesondere zur kriegsrechtlichen Ausgestaltung.

5 Damit argumentiert er gegen die vorher skizzierten Diskussionen, die eine größere Variabilität der Glaubenspraktiken bezeugen.

6 Einer der bedeutenden Sammler von Hadithen.

7 Einer der bekannteren Prophetengefährten.

8 Der zweite der bedeutenden Sammler von Hadithen.

9 Bemerkenswert ist, dass eine solche Schrift heute in einer populären Zusammenfassung verbreitet wird.

10 Bei al-Buchari wird dieser Hadith im Kapitel über den Dschihad verzeichnet, was darauf hindeutet, dass er dieses Fasten als Fasten im Dschihad versteht, andernorts wird es aber auch im Kapitel über die Vorzüge des Fastens verzeichnet. Somit wird auch hier eine Meinungsdifferenz erkennbar.

11 Diese Form der Gewalt sollte auch die europäische Geschichte bis in die Gegenwart prägen (s. Traverso 2003).

12 Interessant ist, dass ein Biograph Sainuddins die Kämpfe der Mappilas als Beispiel für die heutigen Muslime sieht: ein Beleg, dass Muslime „schon immer" ein Hindernis für imperialistische Ambitionen gewesen seien und eine Lehre für „die globale islamische Bewegung" seien (Vilayatullah 2006: 22f.) und damit eine lokale/regionale Bewegung aus ihrem Entstehungszusammenhang abstrahiert und globalisiert – ein durchaus moderner Vorgang.

13 Angesichts häufiger kriegerischer Phasen der Weltgeschichte auch nicht verwunderlich.

14 Marokkanischer Sufi des 18. Jahrhunderts; zu seiner Biographie s. Michon 1998: 12ff.

15 Zitiert wird nach der Fassung auf http://altafsir.net (Zugriff 31. 10. 2006).

16 So pries er den Tod eines muslimischen Mädchens während des Balkankrieges 1912.

17 Die Untersuchungen aus militärischer bzw. polizeilicher oder geheimdienstlicher Sicht können zum Teil recht gute Informationen und Analysen liefern, zum Teil sind sie aber auch durch institutionelle Zwänge nicht wirklich ertragreich. Journalistische Arbeiten sind ebenfalls von recht schwankender Qualität (als positive Ausnahme s. Musharbash 2006).

28 Natürlich sind Sunna und Schia nicht als Konfessionen im christlichen Sinne zu verstehen.

19 Als *rafida*, als Abweichler, werden die Schiiten schon seit Jahrhunderten von sunnitischer Seite klassifiziert, wobei die Zwölferschiiten in der Gegenwart nicht unbedingt unter diesen Begriff gefasst werden.

20 Die Schiiten werden als die Partei (arab. *Schia*), 'Alis bezeichnet, also als die Anhänger des vierten Kalifen.

21 D. h., sie gehen von einem egoistischen Standpunkt aus.

22 S. http://www.makingsenseofjihad.com/2008/10/first-issue.html (Zugriff 4. 10. 2008).

Einige Begriffe

1 Nach dem Tode befinden sich die Menschen in einem Zwischenzustand, in dem sie – nach Meinung einiger islamischer Gelehrter – körperlich oder geistig bestraft werden. Dieser Zustand endet mit dem Tag des Jüngsten Gerichts und der Auferstehung der Toten.

2 Nationalistische islamische Bewegungen wie die Hamas haben Selbstmordattentate als taktisches Mittel ein- und auch wieder ausgesetzt.

3 Im Iran wird ein eigenes Programm zur Registrierung von Freiwilligen für Selbstmordoperationen durchgeführt (http://www.rightsidenews.com/global-terrorism-archives/suicide-operations-of-iran-exposed.html) (Zugriff 10. 11. 2008); vgl. generell Khosrokhavar 2003: 115ff.

4 Auch von zwölferschiitischer Seite gibt es inzwischen Verurteilungen des Terrorismus und von Selbstmordattentaten, so Ayatollah Ṣāneʿī in einem Interview (http://www.roozonline.com/archives/2007/02/002139.php) (Zugriff 20. 8. 2008).

5 i ʿAbdallāh b. Mubārak: Yā ʿābid al-ḥaramain (www.almaqdese.com/r3a39.html?i=244) (Zugriff 1. 10. 2006).

6 Vgl. Sageman 2004: 81ff.

Theologie und Theorie des Dschihadismus

1 Wenn in jüngeren Überblickswerken über den Islamismus Muhammad b. ʻAbdalwahhab und Saijid Kutb als *die* Ideologen des Dschihad bezeichnet werden (Metzger 2005: 24), so wird mit diesen Namen doch nur eine historisch vergangene Stufe des Dschihaddenkens bezeichnet, die zwar weiterwirkt, aber längst zur Geschichte geworden ist. Außerdem wird häufig verkannt, welchen bedeutsamen Einfluss indisches islamisches Denken aus dem Bereich des politischen Islam auf den afghanischen Prozess der Neuformierung dschihadistischen Denkens genommen hat. Zu erwähnen ist besonders die Deobandi-Strömung und ihr antischiitisches Moment (s. auch Kepel 2004a: 277f.). Die Quellen für den auch bei ʿAbdallāh ʿAzzām zu findenden antischiitischen Effekt (s. bspw. ʿAbdallāh ʿAzzām: *Fi ʻt-tarbiya al-ǧihādīya wa'l-binā*ʾ, Bd. 3; Peshawar 1992: 30ff.) sind noch zu identifizieren.

2 Eine Standardbiographie ʻAbdallah ʻAssams gibt es zurzeit noch nicht. Biographische Informationen sind im Moment aus online verbreiteten Quellen zu schöpfen, die allerdings des Öfteren eher hagiographischen Charakter haben. Die beste neuere Darstellung hat Hegghammer 2006.

3 Dies auch gegen einen immer noch in einschlägiger Sekundärliteratur zum Terrorismus verbreiteten Irrtum, eine solche Definition des *ǧihād* als individuelle Pflicht sei die „wichtigste theologische Leistung" von Usama bin Ladin (Hoffman 2006: 158).

4 ʿAbdallāh ʿAzzām, *Fi ʻl-ǧihād, ādāb wa-aḥkām* (http://www.azzambooks.4t.com./Azzambooks/gehad.zip) (Zugriff 4. 4. 2006).

5 Ebd.

6 Dazu ʿAzzām 1992: 38.

7 Die besonderen Qualitäten der afghanischen Kämpfer werden von ʻAssam immer wieder hervorgehoben, wohl als Argument gegen arabische Kritik.

8 Dazu ʿAzzām 1992: 38ff.

9 Dazu ʿAzzām 1992: 275.

10 ʿAbdallāh ʿAzzām, *Iʿlān al-ǧihād* (http://www.azzambooks.4t.com./Azzambooks/gehaddeclar.zip) (Zugriff 4. 4. 2006).

11 Eine Ausnahme, die vom hanbalitischen Gelehrten Ibn Taimija gemacht wird, wird zwar erwähnt, beeinflusst den Gang der Argumentation an dieser Stelle jedoch nicht weiter. Die Auffassung Ibn Taimijas spielt aber später eine Rolle.

12 Diese Auffassung wird in der älteren islamischen Literatur mitnichten so eindeutig beantwortet.

13 Hier greift wieder die häufig benutzte Modellierung nach dem Vorbild des Propheten, das von kritischen Bewegungen innerhalb der muslimischen Gemeinschaft immer wieder benutzt wurde und von aktuellen

extremistischen politisch-islamischen Bewegungen auch weiterhin aufgegriffen wird. Die Hidschra bezeichnet die Übersiedlung/Flucht des Propheten von Mekka nach Medina.

14 Für eine im besten Sinne radikale Kritik des gängigen transhistorischen und transkulturellen Religionsbegriffes s. Asad 1993.

15 *Al-Kitāb allaḏī rasama aṭ-ṭarīq ilā „at-tawaḥḥuš" fī adabiyāt al-irhāb*, 26. 8. 2008.

16 Vgl. Assmanns Begriff der politischen Theologie in Assmann 2002: 29f.

17 Also dem Anführer der Gemeinschaft der Gläubigen.

18 Für die Ibaditen war auch derjenige Muslim ungläubig, der eine schwere Sünde begeht.

19 Eine Geschichte des Begriffes steht noch aus.

20 Auch bekannt als Emir Abu Usman (geb. 1964); Untergrundpräsident der Tschetschenischen Republik Ischkerien; jetzt Emir des nordkaukasischen Emirates Kaukasus; langjähriger Mudschahid in führenden Positionen. S. zum kaukasischen Emirat Shlapentokh 2008.

21 „Laita al-Ḥamās al-ʿarabīya tataʿallam at-tauḥīd wa'l-walāʾ wa'l-barāʾ min ʿUmaruf al-Aʿǧamī", in: *Maǧalla Ǧannāt. Maǧallat at-tauḥīd wa'l-ǧihād* Nr. 49/50 (März 2008), S. 8.

22 Ḥusain b. Maḥmūd, „Hal anta min al-lā-takfīriyīn?!", in: *Maǧalla Ǧannāt. Maǧallat at-tauḥīd wa'l-ǧihād* Nr. 52 (Mai 2008), S. 42.

23 Zu diesem schwierigen Begriff s. Hall 2004.

24 „Transcript of Usama bin Ladin Video Tape" (http://www.defenselink.mil/news/Dec2001/d20011213ubl.pdf) (Zugriff 22. 9. 2008).

25 Ebd.

26 Hier kann auch von dem Tod des Enkels des Propheten gesprochen werden; ein Thema, das sonst eher schiitischen Kreisen am Herzen liegt.

27 Gar selten sind Einsichten wie die Fanons (1980: 143): „Wenn ich entdecke, dass es im 15. Jahrhundert eine Neger-Zivilisation gegeben hat, verleiht mir das noch lange kein Patent auf Menschlichkeit. Ob man will oder nicht, die Vergangenheit ist in keiner Weise geeignet, mich in der Gegenwart zu leiten."

28 ʿAbdallāh ʿAzzām: *ʿUššāq al-ḥūr* (http://www.tawhed.ws/r?i=1597) (Zugriff 7. 5. 2006).

29 Das Ziel des Paradieses kann auch beinhalten, dass der im Diesseits inferiore Rang des Mudschahid im Paradies erhöht wird, wenn wir in einem einschlägigen Traktat lesen, dass für „Glaubenszeugen, die in ihrem Leben im Diesseits unbekannt waren, ihr Rang durch das Zeugentum großartig ist" (al-Imām 2000: 37).

30 Der Moschusgeruch als Begleiter des Todes von Mudschahidin ist ein alter Topos der Dschihadliteratur.

31 Von al-Buchari.

32 Vgl. den Abschnitt zur *ǧihād*-Dichtung.

33 Der arabische Begriff wird hier mit ‚Religion' übersetzt; er hat allerdings auch Aspekte, die auf die rechte Lebensführung u. Ä. zielen.

34 Recht übliche Selbstbezeichnung von Mudschahidin; interessant ist, dass diese Wendung auch in einem Hadith des zwölferschiitischen Imams al-

Hasan al-'Askari vorkommt (in *al-A'lām al-hidāya* nach dem *Bihār al-anwār*; http://www.14masom.com/14masom/13/mktba13/book03/021.htm#_ftnref11, Zugriff 20. 9. 2008).

35 Hier wird Bezug genommen auf einen Hadith, in dem es heißt: „Über die Menschen wird eine Zeit kommen, in der derjenige, der an seiner Religion (*dīn*) festhält, wie einer ist, der glühende Kohlen festhält". Dieser Hadith wird in der Gegenwart immer wieder als Diagnose des Verfalls der Gegenwart diskutiert, so in einer Fatwa des führenden saudischen Gelehrten Ibn 'Uthaimin (gest. 2001) (http://www.ibnothaimeen.com/all/noor/article_6688.shtml) (Zugriff 20. 8. 2008); etwa in islamischen Foren (http://www.6moo7.com/vb/showthread.php?t=35735) (Zugriff 20. 8. 2008), in denen es heißt, dass die Zeiten noch viel schlimmer sind, als die in diesem Hadith angesprochenen oder auf anderen Webseiten mit Bezug auf diejenigen, die sich an die Sunna halten (http://78.129.135.138/?Cat=2&SID=5756) (Zugriff 20. 8. 2008). Es handelt sich um eine Wendung, die auf apokalyptische Vorstellungen verweist.

36 Die Fremdheit ist ein wichtiger Faktor im Selbstbild der Dschihadis, der bereits behandelt wurde.

37 Das Konzept einer siegreichen Gruppe, die am Tag des Gerichts gerettet sein wird, hat eine lange islamische Geschichte. Charakteristisch ist, dass es auch historisch immer wieder gegen andere Muslime gewendet wird. So auch in der Zeit des Gelehrten Ibn Taimija, der insbesondere den schiitischen Einfluss auf das mongolische Reich der Il-Chane, die nach dem Mongolensturm den iranischen Raum beherrschten, als unislamisch ablehnte. Tilman Nagel (2002: 363ff.) schreibt dazu: „Hoffnung schöpft Ibn Taimija aus der Muhammad zugeschriebenen Prophezeiung, dass eine Gruppe von Muslimen unbeirrt den Glauben bewahren werde – bis zum Anbruch des Jüngsten Tages. Es gibt mehrere Versionen dieses Hadithes, Ibn Taimija führt vermutlich nicht ohne Grund diejenige an, in der vom Festhalten an der Wahrheit die Rede ist; der Krieg gegen die Mongolen ist in seinen Augen ein Kampf um den wahren Glauben, nämlich um die einzig richtige Form des Islam. [...] Denn [...] obwohl die Mongolen den Islam angenommen haben, müssen sie unermüdlich bekämpft werden. Eigentlich ist das Kriegführen unter Muslimen untersagt, und wenn sie gegeneinander zu den Waffen greifen, werden sie schuldig. Für die Auseinandersetzung mit jenen Neumuslimen ist diese Bestimmung jedoch nicht einschlägig, wenn sich auch im Heer der Il-Chane noch viele muslimische Gelehrte und Würdenträger befinden mögen. [...] Das Reich der Il-Chane ist in den Augen Ibn Taimijas ein Hort verbohrten Schiitentums [...]".

38 Aus dem Korankommentar von at-Tabari; der genaue Nachweis erfolgt hier nicht.

39 Auch hier sehen wir eine rein illustrative Funktion von Koranversen und Hadithen. Aus diesem Grund wird auch die Übersetzung der kompletten Textpassage verzichtet.

40 Gest. 1373; Historiker und Korankommentator; u. a. Schüler von Ibn Taimija; verfasste auch ein Werk über die Vorzüge des Dschihad. Für eine

engl. Übersetzung seines Korankommentars s. http://www.qtafsir.com/ (Zugriff 8. 5. 2008).

41 Gemeint ist die dritte Generation der Muslime.

42 Ein Überlieferer von Hadithen.

43 Also in den beiden autoritativen Hadithsammlungen von al-Buchari und Muslim.

44 Ein Ehrentitel für herausragende Gelehrte.

45 Gest. 827; Hadithkenner und Rechtsgelehrter.

46 Dieses Zitat ist insofern bemerkenswert, dass ‚Freunde Gottes' eigentlich eine Bezeichnung für herausragende Sufis (islamische Mystiker) ist, die ansonsten von Dschihadisten nicht so positiv gesehen werden. Es handelt sich um ein schönes Beispiel für die bedenkenlose Selektivität der Dschihadisten aus dem islamischen Erbe.

47 Gest. 1350; ein wichtiger Schüler Ibn Taimijas; hat ein umfangreiches Werk zu sehr vielen Wissensgebieten hinterlassen.

48 Einer der wichtigen Vertreter der salafistischen Reformbewegung im Maghreb.

49 Gemeint sind hier die überzeugten, politisch aktiven Muslime.

50 Das Projekt eines ‚Greater Middle East' oder ‚New Middle East' wurde 2004 von der US-Außenministerin Condoleezza Rice vorgelegt und in späteren Phasen mit diversen Entwicklungsprogrammen ausgestaltet. Zu den Ergebnissen genügt ein Blick in eine Tageszeitung ...

51 Als Hanifen werden üblicherweise vorislamische Monotheisten bezeichnet, die weder Juden noch Christen waren; als herausragender Hanif wird Abraham genannt. In späterer Zeit wurde der Begriff auch zum Synonym für Muslime.

52 As-Suri spielt hier auf die Ereignisse von Hama vom Februar 1982 an, während derer die syrische Stadt durch syrische Regierungstruppen zu großen Teilen zerstört wurde, wobei 20.000–30.000 Einwohner den Tod fanden (The Syrian Human Rights Committee 2006). Diese Ereignisse stehen im Kontext des Kampfes der syrischen Regierung gegen die syrische Muslimbrüderschaft, in der auch as-Suri tätig war (Lia 2008a: 35ff.).

53 2003 proklamierte der US-Verteidigungsminister Donald Rumsfeld einen „war of ideas", um al-Qa'ida effektiver zu bekämpfen.

54 Pharao wird im Koran zum Prototypen des Tyrannen, der von Moses als Propheten zur Wahrheit gemahnt wird.

55 Der arabische Begriff bezeichnet diejenigen, die daheim bleiben und andere in den Krieg ziehen lassen.

56 Die letzten beiden Aussagen sind z. B. auch Teil der Preisung der Größe Gottes zum Opferfest am Ende des Fastenmonats.

57 Anspielung auf Sure 2, *al-baqara*, 105, wo Gott gerade dazu auffordert, dies nicht zu tun.

58 In der algerischen Situation sind damit die Regierung und die sie unterstützenden Kräfte gemeint.

59 Die etwas altertümliche Übersetzung wurde gewählt, um die vom Autor wohl gewünschten Anklänge an den koranischen Gebrauch des Wortes wiederzugeben.

60 Gemeint ist der ägyptische dschihadistische Ideologe Saijid Imam, der in einer Abhandlung die dschihadistische Ideologie detailliert kritisiert hat.

61 Auch (Ex-)Dschihadisten fällt es offensichtlich schwer zu akzeptieren, dass muslimische Minderheiten in Ländern mit nicht muslimischer Bevölkerungsmehrheit leben.

62 Das ihnen Schutz gewähren würde. Hier, wie auch bei den folgenden Begriffen, geht es um Rechtsinstitute des islamischen Völkerrechts (s. Lohlker 2006).

63 Also Aiman as-Sawahiri.

64 Was hier von as-Sawahiri als unbestritten zu diesem Problem passender Koranvers suggeriert wird, ist tatsächlich in der gelehrten islamischen Diskussion umstritten (s. etwa den berühmten Rechtsgelehrten asch-Schafi'i in seinem rechtstheoretischen Grundwerk der *Risāla*). Dies gilt auch für die vorhergehenden Verse. Die isolierte Präsentation von Koranversen, die nach Möglichkeit additiv gereiht werden, dient als reines Zeichen für die Legitimität der dschihadistischen Sache, die jede Diskussion unmöglich machen soll. Die Verse (und Hadithe) dienen als bloße Illustration eines vorher festgelegten Sinnes.

65 Einer der bekanntesten Prophetengefährten.

66 Stadt im Nordwestirak, in der es im Mai 2005 zu Zusammenstößen zwischen Schiiten und Sunniten kam.

67 Schiiten, in diesem Fall: Zwölferschiiten, sind also keine Muslime.

68 Eine der zwölferschiitischen Milizen im Irak; steht der Organisation des SCIRI bzw. SIIC nahe (einer der wichtigen schiitischen Parteien im heutigen Irak).

69 As-Sawahiri umgeht hier natürlich die Frage nach den zahlreichen anderen antischiitischen Erklärungen.

70 Die Aliasnamen der Teilnehmer in Diskussionen in dschihadistischen Foren sind oft recht blumig.

71 Besonders innovativ ist in diesem Traum, dass ein dschihadistisches Forum bereits in das Traumgeschehen eingebaut wird.

72 Es gibt neben den Pflichtgebeten noch zusätzliche Gebete, die entweder durch ständige Praxis des Propheten, die *sunna*, bzw. durch seine okkasionelle Praxis gestützt werden.

73 Ein schönes Beispiel dafür, in welcher Weise die Propagandaebene der Foren mit imaginierten Szenen von den Fronten des Dschihad zusammenfließt: Propaganda wird zur Realität.

74 Also jemand, der den ganzen Koran auswendig kannte.

75 Also Gebet und Fasten u. Ä.

76 In Badr, eines der Gefechte des Propheten, so heißt es, haben Engel auf Seiten der Muslime gekämpft.

77 Der Titel bezieht sich aller Wahrscheinlichkeit auf den Titel des einschlägigen Buches von al-Makdisi (s. o.).

78 Namensgeber des Zentrums dürfte Abu Mus'ab as-Sarkawi sein.

79 Dies bezieht sich auf Sure 22, *al-ḥağğ*, 22: „Wenn nun einer die Gebote Allahs ehrt, ist das, so dünkt es seinen Herrn, gut für ihn."

80 Damit wird die Handlungsweise der kritisierten Somalis in die Nähe der vorislamischen Zeit gerückt und die Islamizität dieser Personen infrage gestellt.
81 Alles islamrechtlich mit harten Strafen (bis zur Todesstrafe) bewehrte Handlungen.
82 Hier erfolgt die Wendung des Diskurses von der antitribalen Ausrichtung zu einer globalisierten dschihadistischen Haltung.
83 Der Stammesverband, der Mekka beherrschte und zu dem auch die Familie des Propheten gehörte.
84 Also in dessen Hadithsammlung.
85 Hier ein Ehrentitel für einen herausragenden Gelehrten.
86 Einer der herausragenden Prophetengefährten; Überlieferer zahlreicher Hadithe.
87 Es geht hier also um das Prinzip des *al-wala' wa'l-bara'*.
88 Einer der führenden Dschihad-Propagandisten (http://www.en.altartosi.com/; Zugriff 3. 7. 2008).
89 Also der Koran und das Vorbild des Propheten.
90 Es folgen Verweise auf arabische Wörterbücher und sprachwissenschaftliche Werke, die hier nicht wiedergegeben werden müssen.
91 Zitiert wird hier ein Werk des bereits oben erwähnten ad-Dimjati. Dies zeugt von einer Verengung der Diskussion, da nur ein zeitbedingter Befürworter des militärischen Dschihad zitiert wird.
92 Der Selektionsprozess ist gut nachzuverfolgen: Zuerst wird ein Autor ausgewählt, der den Ton vorgibt (ad-Dimjati), dann wird die umfangreiche islamische Diskussion auf die Rechtsgelehrten beschränkt, aus denen wiederum nur eine der sunnitischen Rechtsschulen (die Hanafiten) ausgewählt wird.
93 Es wird einer der bekannten Vertreter der hanafitischen Rechtsschule zitiert. Beachten wir, dass vom Kampf in diesem Zitat nicht die Rede ist.
94 Der Einschub einer solchen Zwischenbemerkung verweist auf die übliche Struktur eines älteren islamischen Rechtswerkes.
95 Es folgte eine Diskussion der Begriffe rituelles Gebet (*ṣalāt*) und Fasten (*ṣijām*). Durch diese Diskussion soll demonstriert werden, dass der Dschihad im dschihadistischen Sinne auf gleicher Stufe mit den anderen wichtigen religiösen Pflichten steht. Zugleich wird damit eine Kompetenz in der Beherrschung der älteren islamischen Wissensformen gezeigt, durch die wiederum symbolisches Kapital akkumuliert wird.
96 Damit sind in erster Linie Koran und Hadithe gemeint.
97 Eine Anspielung auf Sure 9, *at-tauba*, 29.
98 Wir dürfen hier eine Immunisierung gegen kritische Stimmen vermuten.
99 Die abschließenden Segensformeln dieses Abschnittes implizieren, dass die vorherigen Erwägungen in gottgefälliger Absicht vorgenommen wurden.
100 'Abdarrahman arbeitet hier mit dem Begriff *fiqh* auf zwei Bedeutungsebenen: Verständnis und islamisches Recht (hier insbesondere des Dschihad).
101 Hier wird auf die Ablehnung derjenigen angespielt, die, statt in den militärischen Dschihad zu ziehen, daheim bleiben: ein Element der älteren Dschihadtheologie.

102 Hier wird auf die Vorstellung angespielt, die zeitgenössischen muslimischen Gesellschaften seien nicht mehr islamisch, vielmehr seien sie ungläubig.
103 In einem Buch von 827 Seiten wirkt diese Verachtung des Buchwissens doch etwas merkwürdig.
104 Die orientalistischen Fächer, speziell Arabistik und Islamwissenschaft, werden in diesen Diskursen als koloniales Unternehmen zur Ausforschung der Muslime begriffen.
105 Also der Menschen.
106 ʿAbdarrahman kann hier an ägyptische Diskussionen über die Einführung bzw. Anwendung der Scharia in Ägypten anknüpfen.
107 Das reine Studium islamischer Rechtswerke ist nicht geeignet, die Herrschaft des Rechtes der Menschen (= Gottesknechte) abzuschaffen und die Herrschaft des Rechtes Gottes zu erreichen, so ʿAbdarrahman. Damit impliziert er, dass Versuche der Reform des islamischen Rechts nicht geeignet sind, die Herrschaft des Gottesrechts zu etablieren. Die einzige Kraft, die dies erreichen kann, ist in seiner Weltsicht die dschihadistische Bewegung.
108 Mit dieser Argumentation wird anderen, nicht dschihadistischen Muslimen das Recht und die Kompetenz abgesprochen, ihre religiösen Grundsätze als islamische zu definieren.
109 Das tatsächliche Leben der ägyptischen u. a. Gesellschaften wird zur Unwirklichkeit, die es durch das dschihadistische Projekt aufzulösen gilt, um ein richtiges Leben im falschen zu schaffen.
110 Die es für ʿAbdarrahman noch zu schaffen gilt.
111 An dieser Stelle wird die islamische Bewegung zur Bewegung des realen Lebens.
112 S. dazu Lia 2008b: 525ff.
113 Der Hadith findet sich in der Sammlung von Ahmad ibn Hanbal.
114 Der Hadith findet sich in der Sammlung von Abu Dawud.
115 Islamischer Rechtsgelehrter; gest. 1058; besonders für seine staatsrechtlichen Schriften bekannt. Aus seinem Hauptwerk wird hier zitiert.
116 Es wird ein Hadith zitiert in dem Sinne, dass bereits die ersten Muslime nur einen Emir anerkannten.
117 Also der islamische Teil der Iberischen Halbinsel.
118 Wiederum ein Versuch, die Legitimität des Kampfes von al-Qa'ida an den Palästina/Israel-Konflikt zu knüpfen.
119 Hier ist zu sehen, in welcher Weise ein medial konstruiertes Bild beschworen wird.
120 Vermutlicher al-Qa'ida-Aktivist, getötet im November 2002 durch eine US-Drohne.
121 Ein Beispiel für die terminologische Einbeziehung der Palästinenser in den dschihadistischen Kosmos.
122 Also ohne Schaden dadurch.
123 Auch hier wird die Konzeptualisierung des Dschihad als Verteidigungsdschihad deutlich.

124 Was dem prophetischen Vorbild entspräche, das auch von den Sufis aufgenommen wurde (s. o.).
125 Neuerungen gelten, insbesondere im saudischen, wahhabitischen Kontext, erst einmal als abzulehnen.
126 Also Pilgerfahrten zu Heiligengräbern unternehmen u. Ä.
127 Häufig zitierter Rechtsgelehrter; Schüler Ibn Taimijas.
128 Gegen die Scharia.
129 ‚Das Gute zu gebieten und das Böse zu untersagen': ein zentraler Grundsatz islamischen Handelns.
130 Die Denkfigur, dass Buchwissen unnütz ist, sehen wir hier wieder.
131 An Dinge jenseits des *tauhid*.
132 S. dazu Lia 2008b: 527ff.
133 Also Muhammad.
134 Die Reinigungsabgabe, die jedes Jahr für den erworbenen Reichtum entrichtet werden muss.
135 Im islamischen Kriegsrecht muss eine solche Aufforderung vor dem Beginn von Kampfhandlungen erfolgen. Es wird hier darauf verwiesen, dass eine solche Erklärung bereits erfolgt ist und damit den rechtlichen Erfordernissen genügt wurde.
136 Hinduistische Götter.
137 Im Original groß geschrieben.

Internetforen

1 S. http://www.alexa.com/data/details/traffic_details/al-ekhlaas.net (Zugriff 24. 10. 2008).
2 S. http://trackingalqueda.blogspot.com/ (Zugriff 10. 10. 2008). Zum Glück wurde das Blog bereits 2006 eingestellt.
3 Eine im dschihadistischen – und besonders im irakischen – Kontext eher abwertende Bezeichnung für Zwölferschiiten.
4 Eingerichtet im Ramadan, dem Fastenmonat, 2008.
5 Inzwischen getöteter al-Qa'ida-Kader im Irak.
6 Gemeint sind Organisationen und Gruppen, die Beiträge an das Forum senden.
7 Name, unter dem eine Anzahl dschihadistischer Publikationen erschienen ist (Videos, Texte etc.).
8 An anderer Stelle haben wir gesehen, dass die Barbarei von Dschihadisten auch als Chance gesehen wird.
9 Gemeint ist damit die Dominanz wirtschaftsliberalen Denkens.
10 Die Safawiden waren eine schiitische Dynastie, die den Iran bis in das 18. Jahrhundert regierte. Unter ihrer Herrschaft wurde der Iran schiitisiert. Gemeint ist hier die Politik der Islamischen Republik Iran.
11 Der Autor konstruiert eine US-amerikanisch-israelische-schiitische-iranische Verschwörung gegen ‚den Islam'.
12 Derartige Lobesausbrüche sind üblich und machen einen nicht unerheblichen Anteil der Postings in dschihadistischen Foren aus.

13 Im Weiteren wird auf die Übersetzung der Usernamen verzichtet. Der vorherige Thread hat ja bereits einen Eindruck gegeben. Der hier genannte User betreibt ein Blog, das er hauptsächlich der Vorbereitung auf den Dschihad widmet. Dem Blog zufolge kommt er aus dem Irak.

14 Es folgen Hinweise auf zu studierende Werke der arabischen grammatischen Tradition.

15 Es folgen u. a. Hinweise auf zu studierende Korankommentare.

16 Es handelt sich um den *al-Waǧīz fī ʿfiqh as-sunna wa'l-kitāb al-ʿazīz* von 'Abdal'asim al-Badawi aus dem Jahr 1997.

17 Ein durchaus gerne gelesener Kommentar eines ägyptischen Kommentars zu Fragen der Glaubenslehren (http://www.islamway.com/?iw_s=Scholar&iw_a=series&series_id=2265) (Zugriff 24. 10. 2008).

18 Muḥammad Ibn ʿUṯaimīn (gest. 2001) war einer der bedeutenden wahhabitischen Gelehrten des 20. Jahrhunderts mit einer Spezialisierung auf islamisches Recht.

19 *Fatḥ al-maǧīd Šarḥ Kitāb at-tauḥīd* von 'Abdarrahman b. Hasan Al Schaich, ein Kommentar zu einem grundlegenden Werk des Begründers der wahhabitischen Richtung des Islam (http://www.almeshkat.net/books/open.php?cat=10&book=683) (Zugriff 24. 10. 2008).

20 Der Verfasser war einer der herausragenden Vertreter der saudischen dschihadistischen Opposition, wurde 2003 verhaftet und widerrief einige seiner Fatwas öffentlich. Sein Werk über die Glaubenslehre wird auch heute noch von dschihadistisch gesinnten Gelehrten kommentiert (http://www.almeshkat.com/books/open.php?cat=10&book=1273) (Zugriff 24. 10. 2008).

21 Es folgt ein weiterer Buchvorschlag.

22 Abu Qatāda, geb. in Bethlemen in Palästina, war lange einer der wichtigsten dschihadistischen Prediger und Propagandisten in London.

23 Ebenfalls ein wichtiger dschihadistischer Propagandist in London.

24 Es werden Aufnahmen von Abu Katada und al-Fisasi genannt, einem marokkanischen Prediger, der Imam der Moschee war, die Mitglieder der „Hamburger Gruppe" der 9/11-Attentäter besuchten. Nach seiner Ausweisung nach Marokko wurde er wegen Verwicklung in die Attentate 2003 in Casablanca verurteilt.

25 Dieser Band behandelt die Erfahrungen aus den Versuchen, das Baath-Regime in Syrien zu stürzen (s. Lia 2008a: 35ff.).

26 Über die Lage in Pakistan.

27 Hier ist ein Schreibfehler im Posting zu finden: Es steht *wa-āllāh* statt *ālihī*.

28 Eine der Frauen des Propheten.

29 Gemeint ist die Ecke des schwarzen Steins in der Kaaba.

30 Auch dieser befindet sich in der Großen Moschee.

31 Gemeint ist das historische Großsyrien.

32 Ort bei Mekka.

33 Also die Feinde des Mahdi.

34 Die Anhänger des Mahdi.

35 Also die Byzantiner.

36 Die Muslime.

37 Der Satan fürchtet das Auftreten des Messias offensichtlich mehr als das des Mahdi, das doch notwendigerweise das Auftreten des Messias nach sich zieht ...
38 Gemeint ist der *al-masih ad-dadschdschal.* Im apokalyptischen Denken tritt der Dadschdschal, eine dem Antichrist ähnliche Gestalt, nach dem Mahdi auf, um das Jüngste Gericht vorzubereiten.
39 Die beiden auch in der Offenbarung des Johannes erwähnten Völker sind in der islamischen Tradition von Alexander hinter einer Mauer aus Kupfer eingesperrt worden, werden diese aber vor dem Jüngsten Tag durchbrechen.
40 Ein sehr beliebter Prediger, dessen Predigten auf YouTube und anderen Kanälen zugänglich sind.
41 Hier zeigt sich, dass sich dschihadistisches Wissen aus höchst disparaten Quellen speist, die dann kombiniert werden.
42 Für das Bevorstehen der Endzeit.
43 So nützt es ihm nichts.
44 Heute in Syrien, genauer: Aleppo.
45 Eigentlich die auf einer Kompetenz gegründete selbständige Meinungsfindung. Hier allerdings eher als ‚Erfindung' gemeint.
46 Also der koranische Prophet Jesus.
47 Eines der arabischen Nationalwörterbücher.
48 Es geht um die Frage des treffenden Ausdrucks.
49 Oft mit zwei Stellen im Hof der Großen Moschee in Mekka identifiziert.
50 Einer der herausragenden arabischen Grammatiker; gest. um 793.

Erklärungen

1 Der Palästina/Israel-Konflikt ist ein zentraler Punkt, an dem immer wieder im dschihadistischen Diskurs angeknüpft wird. Allerdings ist eine richtige Verankerung transnationaler dschihadistischer Kräfte noch nicht erreicht.
2 Bin Ladin spielt hier auf ein Institut des islamischen Völkerrechts an, das Nichtgläubigen Sicherheit im islamischen Herrschaftsgebiet gewährt.
3 Erinnert sei an die tribale Komponente dschihadistischer Aktivitäten in Saudi-Arabien.
4 Dies spielt auf die bekannte Figur des Verkaufes des Lebens für Gott an, der natürlich für einen überhöhten Preis erfolgen soll.
5 Der tote Mudschahid soll also für seine Familie bei Gott Fürsprache einlegen. Hier wird eher an volkstümliche religiöse Vorstellungen angeknüpft.
6 Einer der frühen Muslime; gest. 664.
7 Im Text wiederholt. Es dürfte sich um einen Schreibfehler handeln.
8 Der Ausdruck bezieht sich auf einen Hadith, der insbesondere auch von Ibn Taimija zitiert wurde.
9 Es folgt die genaue Beschreibung des Ortes, an dem die Explosion stattfand.
10 Foren enthalten häufig Postings aus anderen Quellen.

Lieder und Gedichte

1 Es sind etliche stilistisch ausgefeiltere Gedichte vorhanden (als Beispiel s. http://www.tawhed.ws/r?i=2754 (*as-saif wa'r-rumḥ li'l-ʿulyā*ˣ *unwān*) oder http://www.tawhed.ws/r?i=2389 (*huwa al-ǧihād*) (Zugriff 22. 6. 2006).

2 Zur Trauerdichtung, die auch im dschihadistischen Bereich eine große Rolle spielt, s. beispielsweise Jacobi 1997.

3 Die Qaside – eine umfassende, alte ästhetische Ausdrucksform der arabischen Poesie – zeichnet sich durch eine große Spannweite an Themen und sprachlichen Formulierungen aus, unterliegt aber bestimmten formalen Regeln.

4 Ich folge hier im Wesentlichen meinen Ausführungen in Lohlker 2006.

5 S. http://www.tawhed.ws/r?i=3113 (Zugriff 22. 2. 2006).

6 Das als hochklassig angesehene Schwert nach indischer Machart ist ein durchaus gängiger Topos der älteren arabischen Dichtung.

7 Gemeint ist der saudische König, dessen Herrschaft (wie auch die der ganzen Dynastie) von der dschihadistischen Opposition als illegitim betrachtet wird. Es geht hier also um den „nahen Feind".

8 S. http://www.tawhed.ws/r?i=1769 (Zugriff 22. 2. 2006).

9 Die Bezugnahme auf die *ʿuḏrītische* Dichtung zeigt die Präsenz der arabischen poetischen Tradition. Das Heranziehen gerade dieser Dichtung erscheint seltsam passend, wenn wir an die besondere Betonung des Todes durch Liebe in dieser poetischen Strömung denken (s. Wagner 1988: 71ff.; erinnern können wir auch an die Bemerkung Heines über die Asra). Aber nicht nur in dieser Hinsicht ist die Wahl des Bezugspunktes interessant und vielsagend, wenn wir bedenken, „dass der altarabische Dichter ichbezogen war, indem seine Liebesverse darstellten, was er besaß, während der *ʿuḏrī*-Dichter ichbezogen war, indem er beschrieb, was er fühlte. Je weiter die Geliebte in die Ferne rückte und je unerreichbarer sie war, umso reiner konnten die Gefühle kultiviert werden." (Wagner 1988: 74) Die Wahl macht deutlich, dass es um die Abwehr realer, bedrängender Emotionen geht.

10 Eine Furcht vor der Sinnlichkeit, vor der auch ein Aufklärer wie Kant nicht gefeit war: „L. S. Feuer hat auf die Abwehrstrukturen hingewiesen, mit denen Kant sein leiblich-sinnliches Leben zu bemeistern versucht. Sicher stellen die präzise Zeiteinteilung, die absolute Rhythmisierung der Ereignisse und die Fixierung räumlicher Ordnungen eine Ökonomie dar, die Kant vor dem Überwältigtwerden durch mächtige sinnliche Antriebe schützen soll. ... Kant scheint beherrscht vor dem Phantasma, sinnliche Antriebe könnten ihn suchtartig überfluten. ... Seine Ess-, Rauch- und Schlafgewohnheiten sind arrangiert, als gelte es einen Kampf gegen die Sucht zu führen." (Böhme/Böhme 1985: 439) Dies als Hinweis darauf, dass es nicht um eine singulär muslimische Auffassung geht, vielmehr komparative Analysen gefragt sind, um das Phänomen adäquat zu erfassen.

11 Im innerdschihadistischen Subdiskurs ist daran zu erinnern, dass ʿAbdallāh ʿAzzām eine Sammlung von Erinnerungen an getötete Mudschahidin mit dem Titel „Liebhaber der Paradiesjungfrauen" veröffentlicht hat.

12 Der durchaus geläufige Titel ist auch als Anspielung auf die ältere islamische Literatur zu lesen.

13 Auch hier treffen wir also wieder den Dschihad als das wahre Leben.

14 Die Verknüpfung zwischen Schari'a und Ehre ist bemerkenswert.

15 Frauen werden auch in Erklärungen von al-Qa'ida nur als Mütter angesprochen; so u. a. in einer vom 10. September 2002 („an die kämpfenden, standhaften Mütter, die ihre Ehemänner verloren haben"), wo der Hoffnung Ausdruck gegeben wird, sie mögen weiterhin Helden gebären (al-Laiṯī 2003: 360).

16 Gemeint ist der *Musnad* von Aḥmad b. Ḥanbal; gest. 855 (s. Burton 1994: 119).

17 Gemeint ist die Hadithsammlung *Sunan* von at-Tirmidhi; gest. 892 (s. Burton 1994: 126f.).

18 Abu Dawud as-Siǧistānī; gest. 888; Kompilator einer weiteren Hadithsammlung mit dem Titel *Sunan* (Burton 1994: 126ff.).

19 Ibn Madscha; gest. 887; stellte eine weitere *Sunan*-Sammlung von Hadithen zusammen, die allerdings erst später zu den autoritativen Sammlungen gezählt wurde (s. Burton 1994: 129f.; s. auch Robson 1958).

20 Dieses Gedicht steht im Zusammenhang mit der Zerstörung der Buddhastatuen von Bamyan durch die Taliban im Jahr 2001.

21 Um 580 chr. Z.; vorislamischer Dichter und Held; berühmt für sein abenteuerliches Leben.

22 Gest. 968; Mitglied der Aleppiner Dynastie der Hamdaniden (890–1003); bekannt für seine Erneuerung gewisser Themen der arabischen Poesie. Er hat an Kämpfen mit Byzanz teilgenommen und war mehrere Jahre in byzantinischer Gefangenschaft.

23 Gest. 965; eine der herausragenden Gestalten der arabischen Literatur; wirkte am Hamdanidenhof.

24 „Chechnya Shaheed Jihad Islam Nasheed" (http://video.aol.com/video-detail/chechnya-shaheed-jihad-islam-nasheed/1250727604) (Zugriff 19. 8. 2008).

25 Die Verführung durch den Gegner ist ein ständiges Thema dschihadistischer Schriften und deutet auf eine Instabilität der dschihadistischen Existenz.

26 Inzwischen eher dschihadistisch ausgerichtet; damals aktiv im Palästinenserlager ʿAin al-Hilweh nahe Sidon im Südlibanon. Als Vergeltung für die Hinrichtungen wurden 1997 vier libanesische Richter ermordet.

27 Anspielung auf die medinensischen Unterstützer des Propheten Muhammad.

28 Im arabischen Text *umm aš-šahīd*, ein Wortspiel mit der üblichen Bezeichnung einer Mutter nach ihrem ältesten Sohn.

29 Das Bewusstsein ins Paradies einzugehen ist – wie gesehen – eine der wichtigsten Triebkräfte für Dschihadisten.

30 Die Neuerung, die im älteren Islam auch ambivalent gesehen wird, ist im dschihadistischen Denken nur eine rein negative Verunstaltung dessen, was in diesem Denken als reiner Islam angesehen wird.

31 Zu beachten ist der Gegensatz zwischen Schlaffheit und *aufrechtem* Handeln.
32 Gemeint ist der Koran.
33 Glaube ist hier als innere Überzeugung zu verstehen, gegen die die äußerliche Befolgung der Glaubensvorschriften steht.
34 Hier und im folgenden Vers sind Anspielungen auf Praktiken von Sufis zu finden.
35 Hier und in der nächsten Zeile können wir Anspielungen auf sufische, asketische Praktiken sehen.
36 Bezugspunkt ist wiederum Sure 9, *at-tauba*, 111.
37 Vom Propheten Muhammad und von verschiedenen ‚Heiligen' heißt es, dass sie bei Gott Fürsprache für ihre Anhänger einlegen können.
38 Eine klassische Gegenüberstellung des militärischen und zivilen Lebens.
39 *Širk*, Gott etwas beigesellen, sei es von christlicher Seite Jesus und der Heilige Geist oder weltliche Dinge (wie Eigentum, der Mammon etc. in der säkularen Variante), ist ein zentraler Vorwurf an die – verwestlichte – Kultur. Hier wird allerdings die Verehrung der Nation durch Nationalisten kritisiert.
40 Gespielt wird hier mit der Vermischung von Begriffen aus dem islamischen und dem nationalistischen Kontext.
41 Gemeint ist ein Vertreter des religiösen Establishments.
42 Die Azrakiten waren eine Untergruppe einer extremen Strömung der islamischen Frühzeit, der Charidschiten, die dadurch bekannt sind, dass sie alle anderen Muslime als ungläubig bekämpften.
43 Hingewiesen sei auf die mit Abscheu gemischte Faszination durch sexuelle Themen.
44 Dies zielt auf die Verbreitung von Lebensstilen, die als abweichend angesehen werden, durch die internationalen Medien.
45 Ein häufig wiederkehrendes Motiv in dschihadistischen Texten ist die Verwerfung eines raffinierteren Lebensstiles und damit letztlich die Affirmation des Mangels in der realen Welt.
46 Das Freimaurertum gilt dem dschihadistischen Denken als eine der Quellen der Verschwörung gegen den Islam.
47 Zur Reinheit s. das Kapitel über Biographien.
48 Deutlich wird das emphatische Begrüßen des Todes, das sich der Frage der Veränderung der Realität nicht stellt. Vielmehr wird eine solche Veränderung gar nicht denkbar und damit die Realität als solche – als schlechte – affirmiert. Ein deutlicher Hinweis auf den ethischen und nicht politischen Charakter des Dschihadismus.
49 Zu den Paradiesjungfrauen s. das Kapitel über Biographien.
50 Wiederum wird die ganze Geschichte der islamischen Tradition von dschihadistischer Seite enteignet und, semantisch umgedeutet, mit dschihadistischen Aktivisten verbunden.
51 Anspielung auf den Sicherheitsrat. Der Auszug aus diesem Gedicht zeigt, in welcher Weise die gängigen internationalen Institutionen etc. delegitimiert werden.

52 Für eine Diskussion über den genauen Text, für den kleinere Varianten genannt werden, s. aus dem Jahr 2005 http://www.sunniforum.com/forum/archive/index.php?t-3804.html (Zugriff 19. 8. 2008).

53 Dieser Naschid wird einem Mitglied der ägyptischen Muslimbrüder zugeschrieben, der ihn nach der Verhängung des Todesurteils gesungen hat (http://www.elaana.com/vb/t29902) (Zugriff 19. 8. 2008). Für ein Video dieses Vorfalles s. http://www.youtube.com/watch?v=0dQk_gj-QFs (Zugriff 19. 8. 2008).

54 Der Fremde ist ein Motiv, das eine lange Tradition hat. Dieses Motiv geht auf einen Hadith zurück, in dem es heißt: „Der Glaube begann als ein Fremder und kehrt als ein Fremder zurück. Selig sind die Fremden, die recht machen, was die Menschen nach mir von meiner Sunna verdorben haben." Der Begriff der Fremde spielt aber auch in der zeitgenössischen Migration nach Europa eine Rolle.

55 Ibn al-Khattab aus Saudi-Arabien; gest. 2002; Feldkommandeur und Finanzier einer Privatarmee von Mudschahidin aus arabischen Ländern, der Türkei, Tschetschenien u. a.; vorher in Afghanistan, Tadschikistan und vielleicht Bosnien.

56 Abu Dudschana; gest. 632; Prophetengefährte; bekannt für seine herausragenden Fähigkeiten als Kämpfer. Sein Name wird in der Gegenwart als Pseudonym benutzt, u. a. von einem dschihadistischen Anführer der Jemaah Islamiya, aber auch von Predigern verschiedener Art. Auch in Internetforen wird sein Beispiel häufig angeführt (http://www.qoafel.com/vb/showthread.php?p=4711) (Zugriff 19. 8. 2008).

57 Eine Anspielung auf Wendungen, dass Gott das Leben des Glaubenszeugen für das Paradies verkauft (s. Sure 9, *at-tauba*, 111).

Biographien

1 Diese Phase wird in den Singapurer Schriften zur Deradikalisierung treffend beschrieben (s. u.).

2 Interessant wäre zweifellos eine Betrachtung von Menschen, die in einer ähnlichen Lage waren, aber nicht in extreme Bewegungen geraten sind. Denken wir daran: Jeder Fall ist individuell, Automatismen gibt es nicht!

3 S. zu den Rekrutierungsmechanismen das letzte Kapitel.

4 Das Gefecht von Jaji fand im Mai 1987 statt und dauerte zwei Wochen. In der dschihadistischen Mythologie gilt das als der Wendepunkt des Krieges, weil zum ersten Male einer übermächtigen regulären Armee standgehalten werden konnte. Einer der Teilnehmer war Usama bin Ladin.

5 'Arafat ist eine Gegend ca. 20 km östlich von Mekka. Der Aufenthalt dort am neunten Tag der Hadschdsch ist ein wichtiger Teil der Pilgerfahrt. Die kultische Bedeutung von 'Arafat geht auf vorislamische Zeiten zurück.

6 Gemeint ist das morgendliche Mahl vor dem Fasten den ganzen Tag über.

7 Ob das Fasten am Tag von 'Arafat als vorgeschrieben betrachtet wird oder nicht, ist umstritten.

8 Das könnte auf eine Unreinheit deuten, z. B. durch einen nächtlichen Samenerguss.
9 Vgl. Sure 9, *at-tauba*, 111.

Praktisches oder virtuelles Trainingscamp?

1 Benannt nach einem frühislamischen Feldherrn (gest. 642); wiederum also ein Hinweis auf die Aneignung islamischer Legitimität durch Dschihadisten.
2 Seminov SKS, Typ 56, 7,62 mm, halbautomatisches Gewehr. Das Training an dieser Waffe gehörte zur Grundausbildung in afghanischen Lagern.
3 *Minbar anṣār al-qāʿida* (Zugriff 10. 6. 2008).
4 Azzam Publications – for Jihad and the Mujahideen2.htm (zitiert nach der Archivdatei unter http://www.archive.org).
5 „Jihad Video is ‚Just for Fun'" (http://www.wired.com/techbiz/media/news/2006/05/70981) (Zugriff 30. 7. 2007).
6 Eine von der palästinensischen Hamas entwickelte Boden-Boden-Rakete einfacher Bauart.
7 In arabischer Sprache mit einem gereimten Titel.
8 Auch die palästinensische Hamas ist auf diesem Gebiet aktiv.
9 S. zur Haltung as-Suris Lia 2008a: 299ff. Ich folge hier auch weiter Lias Darstellung.
10 Ob diese Äußerung zur Verunsicherung des Feindes dienen soll und damit zugleich zur Stabilisierung der eigenen Kampfmoral oder auf tatsächliche Mängel der Studie verweist, kann hier nicht geklärt werden.
11 S. http://www.ekhlaas.org/forum/showthread.php?t=163819 (Zugriff 2. 8. 2008).
12 *Madschallat al-mudschahid at-tikani* Nr. 1, S. I.
13 *Madschallat al-mudschahid at-tikani* Nr. 1, S. II; *thughur* ist ein alter Begriff, der die Grenzgebiete der islamischen zur nicht islamischen Welt bezeichnete und nicht notwendigerweise militärische Bedeutung haben musste. Im dschihadistischen Kontext kann damit jede Front des dschihadistischen Kampfes gemeint sein, letztlich jeder beliebige Ort auf Erden.
14 *Madschallat al-mudschahid at-tikani* Nr. 1, S. II.
15 Pseudonym.
16 Gemeint dürfte sein: Michael Joseph Pelczar / Roger D. Reid / Eddie C. Chan, *Microbiology*, 4th ed., New York 1977.
17 Schwarze Banner verweisen auf ältere islamische Bewegungen wie die der abbasidischen Revolution. Die schwarze Fahne mit dem aufgemalten Glaubensbekenntnis in vollständiger oder teilweiser Form gehört zur gängigen Ikonographie der Dschihadisten.
18 Übersetzung Paret, die die Intention des Autors eher treffen dürfte. In der weit verbreiteten Übersetzung von Henning heißt es: „Und wenn ihr die Ungläubigen trefft, dann herunter mit dem Haupt, bis ihr ein Gemetzel unter ihnen angerichtet habt; dann schnürt die Bande. Und dann entweder Gnade hernach oder Loskauf, bis der Krieg seine Lasten niedergelegt

hat.“ Dass auch ein anderes zeitgenössisches Verständnis dieses Verses durch Muslime möglich ist, zeigt folgende an Said Nursis Auffassung orientierte Übersetzung der deutschen ‚Religionsgemeinschaft des Islam‘: „Wenn ihr euch im Krieg befindet, dann kämpft so lange, bis ihr eure Feinde besiegt habt, und nehmt sie gefangen und lasst sie entweder aus Gnade oder gegen Lösegeld frei. Handelt so – Gnade oder Loskauf –, bis der Krieg beendet ist.“

19 Übersetzung Paret.

20 Der erste Kalif.

21 Der zweite Kalif.

22 Eine bekannte Sammlung von Hadithen, die von Ahmad ibn Hanbal zusammengestellt wurde.

23 Das Banner ist eher in der saudischen Ostprovinz aufgepflanzt. Ob dies absichtlich geschah oder eigentlich z. B. Mekka als Zentrum der islamischen Welt verfehlt wurde, mag der Spekulation überlassen bleiben.

24 Der dritte Kalif.

25 Der vierte Kalif.

26 Gemeint sind Hadithe, die über die Spaltungen innerhalb der muslimischen Gemeinschaft handeln – ein Anzeichen des bevorstehenden Weltenendes.

27 Also des Eintretens der Ereignisse, die zum Tag des Gerichts führen.

28 Abu ‘Abdallah Muhammad ibn ‘Abdallah al-Hakim at-Naisaburi; gest. 1058/59; einer der führenden Hadithgelehrten; bekannt u. a. für seinen *Mustadrak*, in dem er Hadithe aus dem Sammlungen al-Bucharis und Muslims zusammenfasste und weitere entsprechende Hadithe hinzufügte (Lucas 2004: 98).

29 Jede menschliche Handlung unterliegt im islamischen Recht einer rechtlichen Bestimmung (*ḥukm*), die eine Aussage darüber möglich macht, ob sie erlaubt, verboten oder etwas dazwischen ist.

30 Es handelt sich also um eine Fatwa: die Antwort eines qualifizierten Gelehrten auf die Bitte um religionsrechtlichen Rat.

31 Eine der rechtlichen Kategorien, nach denen eine Handlung beurteilt werden kann.

32 Wenn zwingende Gründe vorliegen, also eine Notwendigkeit, können islamrechtliche Verbote unter bestimmten Umständen gebrochen werden.

33 Gemeint ist im Wesentlichen ‚der Westen‘.

34 Der gängige Vorwurf der Heuchelei; diesmal an einem nicht so gängigen Beispiel.

35 Im Text: Kilowatt.

36 Die Relativierung wird vorbereitet.

37 *Rutschnoj Protivotankovy Granatomiot*: Serie von tragbaren russsisch/sowjetischen Panzerabwehrwaffen.

38 Wichtiger Korankommentator und Historiker; zählt zur hanbalitischen Rechtsschule.

39 Dem von al-Buchari und Muslim.

40 Einer der jüdischen Stämme von Medina.

41 Gemeint ist der erste Kalif.

42 Ort bei Mekka.
43 Eine der vier wichtigen sunnitischen Rechtsschulen.
44 Muhammad ibn Ahmad ibn abi Sahl Abu Bakr as-Sarachsi; gest. ca. 1106; islamischer Rechtsgelehrter der hanafitischen Rechtstschule. Bedeutsam sind sein Werk über das islamische Völkerrecht, *as-Siyar al-kabīr*, und sein umfassendes Rechtswerk *al-Mabsūṭ*, die hier zitiert werden.
45 Die Erwähnung der Kaufleute weist darauf hin, dass die Trennung zwischen Nichtmuslimen und Muslimen nicht so säuberlich war, wie es as-Sarachsi gerne gehabt hätte (s. Lohlker 2006a). Dass al-Fahd dies völlig ignoriert, verwundert nicht.
46 Eine weitere der vier wichtigen sunnitischen Rechtsschulen.
47 Rechtsgelehrter der malikitischen Rechtsschule des sunnitischen Islam; gest. 1397.
48 Auch hier reflektiert al-Fahd nicht im Geringsten kritisch, was er zitiert. Einerseits ist auch hier keine saubere Trennung zwischen Muslimen und Nichtmuslimen im Kriegsfalle vorhanden (s. o.), und von einer Erlaubtheit des Waffeneinsatzes ohne jede Einschränkung kann auch nicht die Rede sein.
49 Rechtsgelehrter der malikitischen Rechtsschule des sunnitischen Islam; gest. 1775.
50 Hier muss nicht die Annahme des Islam oder die Unterwerfung in ein Schutzverhältnis gemeint sein. Die Benutzung von *qitāl* als arabischer Begriff, der eher nur den kriegerischen Kampf bezeichnet, lässt eher die Aufforderung zur Kapitulation u. Ä. annehmen.
51 Ein Mudschtahid ist ein Gelehrter, der zur eigenständigen Formulierung von rechtlichen Beurteilungen in der Lage ist: also ein herausragender Gelehrter.
52 Reformgelehrter im Jemen; gest. 1832; strebte u. a. eine Überwindung der Spaltung in Rechtsschulen an (Lohlker 2008: 180ff.).
53 Also diejenigen, die das Töten von Frauen und Kindern ablehnen.
54 Von Muslim und al-Buchari.
55 Also Massenvernichtungswaffen.
56 Gemeint sind Flugzeugmodelle, die flugfähig sind.
57 Gemeint sind die Bremsklappen im Flügel.
58 Es handelt sich um Pseudonyme.
59 Die Wahrheit, *al-ḥaqq*, spielt auf die Beinamen Gottes an.
60 Nach diesem Beinamen al-'Ujairis wurde auch die Zeitschrift (mit)benannt, aus der wir diesen Artikel entnehmen.

Der Weg aus dem Dschihad

1 Muhammad Haniff Hassan, „Provoked? Four rules to guide Muslim response" (http://www.pvtr.org/pdf/Ideology%20Response/ST%2025%20March%2006.pdf) (Zugriff 4. 7. 2008).
2 Muhammad Haniff Hassan, „Coping with the Threat of Jemaah Islamiyah" (http://www.pvtr.org/pdf/Ideology%20Response/Coping%20with%20thre

at%20of%20JI%20-%20The%20Singapore%20Experience.pdf) (Zugriff 6. 7. 2008).

3 Muhammad Haniff Hassan, „Robbery in the Name of Jihad" (IDSS Commentaries 27/2005) (http://www.pvtr.org/pdf/commentaries/IDSS 272005.pdf) (Zugriff 6. 7. 2008); vgl. Muhammad al-Afifi al-Akiti, *Defending the Transgressed by Censuring the Reckless against the Killing of Civilians* (http://mac.abc.se/home/onesr/d/dcmm_e.pdf) (Zugriff 6. 7. 2008).

4 Ustaz Mohamed Bin Ali, „Responding to Terror Ideology on the Internet: The Singapore Experience" (http://www.pvtr.org/pdf/Ideology%20 Response/Responding%20to%20terror%20ideology%20in%20the%20 internet.pdf) (Zugriff 9. 7. 2008).

5 *Singapore: countering Islamic radicalism on the Internet* (http://religion.info/english/articles/article_333.shtml) (Zugriff 6. 7. 2008).

6 S. für Europa als Anspruch den Beitrag von Robin Hart, „Report on Wilton Park Conference WPS06/5: Towards a community-based approach to counter-terrorism, Monday 20 – Wednesday 22 March 2006" (www.wiltonpark.org.uk/documents/conferences/WPS06-5/pdfs/WPS06-5.pdf) (Zugriff 9. 7. 2008).

7 International Crisis Group, *„Deradicalisation" and Indonesian Prisons* (Asia Report No. 142, 19 November 2007) (http://www.crisisgroup.org/home/index.cfm?id=5170) (Zugriff 9. 7. 2008).

8 Entstand in der Zeit vor der Vereinigung zwischen Nord- und Südjemen als Opposition gegen das marxistisch-leninistische Regime des Südjemen. Die Kämpfer gingen zur militärischen und ideologischen Ausbildung nach Afghanistan. Die Organisation beteiligte sich am Krieg von 1994 gegen den Südjemen, zog sich aber zurück, als die gesamtjemenitische Regierung eine Einbindung ihrer Kämpfer in die Armee verweigerte. Die „Adan-Abyan-Armee" ging aus ihr hervor. Grundsätzlich handelt es sich um einen mehr oder weniger informellen Zusammenschluss von Afghanistan-Rückkehrern, der später von transnationalen Kräften aus Großbritannien verstärkt wurde (Steinberg 2005: 170ff.).

9 In englischer Sprache wird diese Organisation häufig „Islamic Army of Adan-Abyan" o. Ä. genannt. Bekannt wurde sie durch die Entführung von 16 westlichen Touristen, von denen einige getötet wurden. Ihr Ursprung wird auf die Organisation al-Dschihad zurückgeführt. Sie trat für die Errichtung eines islamischen Staates im Jemen, für eine Ende der Aggression gegen den Irak und den Abzug der US-amerikanischen und britischen Truppen aus der Golfregion ein.

10 Husain adh-Dhahabi wurde 1974 von der dschihadistischen Gruppe at-Takfir wa'l-Hidschra entführt und ermordet.

11 Also den Überlieferungen vom Handeln des Propheten.

12 Ein Zitat aus Sure 4, *an-nisa'*, 171.

13 Der Hadith findet sich in der Hadithsammlung von at-Tirmidhi.

14 Der Hadith findet sich in der Hadithsammlung von at-Tirmidhi.

15 Im islamischen Recht gibt es fünf Hauptkategorien der Beurteilung menschlicher Handlung. Die mittlere Kategorie, mit der eine Handlung

als rechtlich unbedenklich oder neutral und damit weder explizit negativ noch positiv eingestuft wird, ist hier gemeint.

16 Sohn des zweiten Kalifen; bedeutender Überlieferer von Hadithen.

17 Die Überlieferung findet sich etwa im *Sahih* von al-Buchari im Kapitel über den Dschihad.

Bibliographie

Die arabischen Artikel (al-, as- etc.) werden in der Reihung nicht berücksichtigt.

Sohayl Abbas (2007), *Probing the Jihadi Mindset*, Islamabad

ʿUmar ʿAbdarraḥmān (2005), *Mauqif al-Qurʾān min ḫuṣūmihī*, Kairo

Mariam Abou Zahab / Olivier Roy (2004), *Islamist Networks. The Afghanistan-Pakistan Connection*, London

Asma Afsaruddin (2008), *The First Muslims. History and Memory*, Oxford

Madawi Al Rasheed (2008), „The local and global in Saudi Salafism" (http://www.madawialrasheed.org/index.php/site/more/152/) (entstanden 29. 4. 2008)

Madawi Al Rasheed (2007), *Contesting the Saudi State. Islamic Voices from a new Generation*, Cambridge u. a.

Günther Anders (2001), *Über Heidegger*, München

Abu 'l-Ḥāriṯ al-Anṣārī (2008a), *Uṣūl al-ǧihādīya*, o. O. (http://www.tawhed.ws) (CD-Version)

Abū Ḥāriṯ al-Anṣārī (2008b), *Iršād as-saʾūl ilā ḥurūb ar-rasūl, ṣallā allāh ʿalaihī wa-sallam*, o. O. (http://ia341021.us.archive.org/2/items/Saool/2.pdf) (Zugriff 24. 10. 2008)

Talal Asad (1993), „Religion as an Anthropological Category", in: ders., *Genealogies of Religion. Discipline and Reasons of Power in Christianity and Islam*, Baltimore–London, S. 27–54

Omar Ashour (2007), „Lions Tamed? An Inquiry into the Causes of De-Radicalization of Armed Islamist Movements: the Case of Egyptian Islamic Group", in: *Middle East Journal* 61, S. 596–625

Jan Assmann (2002), *Herrschaft und Heil. Politische Theologie in Altägypten, Israel und Europa*, Frankfurt/M.

Alaa al-Aswani (2008[3]), *Der Jakubijân-Bau*, Basel

Lewis ʿAṭīyatallāh (2007), *Ḥizballāh al-lubnānī wa'l-qaḍīya al-filasṭīnīya. Ruʾya kāšifa*, o. O. (http://www.hor3en.com/vb/showthread.php?t=20177) (Zugriff 16. 8. 2008)

Aziz al-Azmeh (1995), „Rhetoric for the Senses: a Consideration of Muslim Paradise Narratives", in: *Journal of Arabic Literature* 26, S. 215–231

ʿAbdallāh ʿAzzām (1992), *Fi 't-tarbiya al-ǧihādīya wa'l-bināʾ*, Bd. 3, Peshawar

Cheikh Anta Babou Mbacké (2007), *Fighting the Greater Jihad. Amadu Bamba and the Founding of the Muridiyya of Senegal, 1853–1913*, Athens, OH

Abdul Hameed Bakier (2008a), „Lebanese Jihadis Accuse Sunni Shaykhs of Acting as Agents for Shiite Hezbollah“, in: *Terrorism Focus* 5xxix (5. 8. 2008) (http.//www.jamestown.org) (Zugriff 6. 8. 2008)
Abdul Hameed Bakier (2008b), „Jihadis recommend Jihadi Guerrilla Warfare in Response to Hacking of Islamist Websites“, in: *Terrorism Focus* 5xxxvi (22. 10. 2008) (http://www.jamestown.org/terrorism/news/article.php?articleid=2374477) (Zugriff 23. 10. 2008)
Abdul Hameed Bakier (2008c), „Watching the Watchers: a Jihadi View of Terrorism Analysis Websites“, in: *Terrorism Focus* Vxxxiii (18. 9. 2008) (http://www.jamestown.org/) (Zugriff 18. 9. 2008)
Greg Barton (2004), *Jemaah Islamiyah. Radical Islamism in Indonesia*, Singapur
Thomas Bauer (2001), „Fremdheit in der klassischen arabischen Kultur und Sprache“, in: B. Jostes / J. Trabant (Hg.), *Fremdes in fremden Sprachen*, München, S. 85–105
Amira K. Bennison (2002), *Jihad and its Interpretations in pre-colonial Morocco. State-society relations during the French Conquest of Algeria*, London
Peter Bergen (2001), *Heiliger Krieg Inc.: Osama bin Ladens Terrornetz*, Berlin
Frank Bockrath / Berhard Boschert / Elk Franke (Hg.) (2008), *Körperliche Erkenntnis. Formen reflexiver Erfahrung*, Bielefeld
Gerda Bohmann (2003), „Radikaler Islamismus – beharrlicher Traditionalismus, oder Aufbruch in die Moderne? Eine historisch-genetische Provokation“, in: Ulrich Wenzel u. a. (Hg.), *Subjekt und Gesellschaft. Zur Konstitution von Sozialität. Für Günther Dux*, Weilerswist, S. 323–343
Gernot Böhme (2008), *Ethik leiblicher Existenz. Über unseren moralischen Umgang mit der eigenen Natur*, Frankfurt/M.
Hartmut Böhme / Gernot Böhme (1985), *Das Andere der Vernunft. Zur Entwicklung von Rationalitätsstrukturen am Beispiel Kants*, Frankfurt/M.
Michael Bonner (2006), *Jihad in Islamic History*, Princeton, NJichard Bonney (2007), *Jihād. From Qur'ān to bin Laden*, London–New York
Jarrett Brachman (2008), „Abu Yahya's Six Easy Steps for Defeating al-Qaeda“, in: *Perspectives on Terrorism* (http://www.terrorismanalysts.com/pt/index.php?option=com_rokzine&view=article&id=18) (Zugriff 29. 5. 2008)
Jarret M. Brachman (2008), *Global Jihadism. Theory and Practice*, London u. a.
Mathias von Bredow (1994), *Der Heilige Krieg (Ǧihād) aus der Sicht der mālikitischen Rechtsschule*, Beirut
Jean-Charles Brisard (2005), *Das neue Gesicht der Al-Qaida. Sarkawi und die Eskalation der Gewalt*, Berlin
J. Millard Burr / Robert O. Collins (2006), *Alms for Jihad. Charity and Terrorism in the Islamic World*, Cambridge
John Burton (1994), *An Introduction to the Hadith*, Edinburgh (Islamic Surveys)

Elias Canetti (1988), *Masse und Macht*, Frankfurt/M.
William C. Chittick (2005^4), *Sufism*, Oxford
David Cook (2005), *Contemporary Muslim Apocalyptic Literature*, Syracuse, NY
David Cook (2002a), *Studies in Muslim Apocalyptic*, Princeton, NJ
David Cook (2002b), „*Ḥadīṯ*, Authority and the End of the World: Traditions in Modern Muslim Apocalyptic Literature“, in: *Oriente Moderno* 21, S. 31–53

David Cook (1996), „Muslim Apocalyptic and Jihad“, in: *Jerusalem Studies in Arabic and Islam* 20, S. 66–104

Rik Coolsaet / Teun Van de Voorde (2008), „Jihadi Terrorism: Perception and Reality in Perspective“, in: Rik Coolsaet (Hg.), *Jihadi Terrorism and the Radicalisation Challenge in Europe*, Aldershot–Burlington, S. 13–24

Jeffrey B. Cozzens (2006), *Identifying Entry Points of Action in Counter Radicalisation. Countering Salafi Jihadi Ideology through Development Iniatives - Strategic Openings* (DIIS Working Paper no 2006/6)

Joseph Croitoru (2008), „Der Märtyrer als Waffe. Zur Funktion des Selbstmordattentäters als Märtyrer“, in: Andreas Kraß / Thomas Frank (Hg.), *Tinte und Blut. Politik, Erotik und Poetik des Martyriums*, Frankfurt/M., S. 59–71

Joseph Croitoru (2006), *Der Märtyrer als Waffe. Die historischen Wurzeln des Selbstmordattentats*, München

Stephen F. Dale (1980), *Islamic Society at the South Asian Frontier, 1498–1922*, Oxford u. a.

Stephen F. Dale / M. Gangadhara Menon (1978), „Nerccas, Saint-Martyr Worship among the Muslims of Kerala“, in: *Bulletin of the School of Oriental and African Studies* 41, S. 523–538

Faisal Devji (2005), *Landscapes of the Jihad. Militancy, Morality, Modernity*, Ithaca, NY

Walter Dostal (2008), *Von Mohammed bis al-Qaida. Einblicke in die Welt des Islam*, Wien

A. Chris Eccel (1988), „ʿĀlim and Mujāhid in Egypt: Orthodoxy versus Subculture, or Division of Labour“, in: *The Muslim World* 78, S. 189–208

A. Chris Eccel (1984), *Egypt, Islam and Social Change: al-Azhar in Conflict and Accommodation*, Berlin (Islamkundliche Untersuchungen 81)

Jürgen Elsässer (2005), *Wie der Dschihad nach Europa kam - Gotteskrieger und Geheimdienste auf dem Balkan*, St. Pölten–Wien–Linz

Georg Elwert (2003), „Charismatische Mobilisierung und Gewaltmärkte. Die Basis der Attentäter des 11. September“, in: Wolfgang Schluchter (Hg.), *Fundamentalismus, Terrorismus, Krieg*, Weilerswist, S. 111–134

Georg Elwert (1999), „Markets of Violence“, in: ders. u. a. (Hg.), *Dynamics of Violence. Processes of Escalation and De-Escalation in Violent Group Conflicts*, Berlin, S. 85–102

Joseph van Ess (2001), *Der Fehltritt des Gelehrten. Die „Pest von Emmaus“ und ihre theologischen Nachspiele*, Heidelberg

Frantz Fanon (1980), *Schwarze Haut, weiße Masken*, Frankfurt/M.

Frantz Fanon (1976[7]), *Die Verdammten dieser Erde*, Reinbek bei Hamburg

Peter Feldbauer (2000), *Estado da India. Die Portugiesen in Asien 1498–1620*, Wien

Paul K. Feyerabend (2005), *Die Vernichtung der Vielfalt. Ein Bericht*, Wien

Johann Gottlieb Fichte, *Darlegung der deutschen Grundzüge in der Geschichte. Reden an die deutsche Nation 6* (http://www.zeno.org/Philosophie/M/Fichte,+Johann+Gottlieb/Reden+an+die+deutsche+Nation/6.+Darlegung+der+deutschen+Grundzüge+in+der+Geschichte) (Zugriff 5. 9. 2008)

Nick Fielding / Yosri Fouda (2003), *Masterminds of Terror. Die Drahtzieher des 11. September berichten*, Hamburg–Wien

Maribel Fierro (2002), „Spiritual Alienation and Political Activism: the *Ġurabā᾿* in al-Andalus during the Sixth/Twelfth Century", in: *Arabica* 47, S. 230–260

Ersilia Francesca (1999), „From the Individualism to the Community's Power: the Economic Implication of the *walāya/barā᾿a* Dynamic among the Ibāḍīs", in: *Annali. Istituto Universitario Orientale* 59, S. 69–77

Ismā῾īl Ǧauharī (2005), *aṭ-Ṭumūḥ ilā aš-šahāda*, Beirut

Fawaz A. Gerges (2005), *The far enemy: why jihad went global,* Cambridge u. a.

Abdel-Rahman Ghandour (2002), *Jihad humanitaire. Enquête sur les ONG islamiques,* Paris

Anthony Giddens (1996), *Konsequenzen der Moderne*, Frankfurt/M.

῾Abdallāh b. Muḥammad b. aṣ-Ṣiddīq al-Ġimārī (1985[2]), *Itḥāf an-nubalā᾿ bi-faḍl aš-šahāda wa-anwā῾ aš-šuhadā᾿*, Beirut

Antonio Giustozzi (2007), *Koran, Kalashnikov and Laptop. The Neo-Taliban Insurgency in Afghanistan*, London

Richard Gramlich (1987), *Die Wunder der Freunde Gottes. Theologien und Erscheinungsformen des islamischen Heiligenwunders,* Wiesbaden

Rohan Gunaratna (2002), *Inside Al Qaeda. Global Network of Terror*, London 2002

Ursula Günther (2004), *Mohammed Arkoun. Ein moderner Kritiker der islamischen Vernunft*, Würzburg (Kultur, Recht und Politik in muslimischen Gesellschaften 5)

Salāḥ῾Abdalfattāḥ al-Ḫālidīḏī (2003), *Tahḏīb Kitāb Mašāri῾ al-ašwāq ilā maṣāri῾ al-῾uššāq fī faḍā᾿il al-ǧihād li'l-imām Aḥmad b. Ibrāhīm Ibn Nuḥḥās ad-Dimašqī ad-Dimyāṭī*, Amman

Stuart Hall (2004), „Wer braucht *Identität?*", in: ders., *Ideologie, Identität, Repräsentation* (*Ausgewählte Schriften* 4), Hamburg, S. 167–187

Heinz Halm (2007), „Die Assassinen – Vorläufer des islamistischen Terrors?", in: Thomas Kolnberger / Clemens Six (Hg.), *Fundamentalismus und Terrorismus. Zu Geschichte und Gegenwart radikalisierter Religion*, Essen, S. 58–69

Muhammad Haniff Hassan (o. J.), „Singapore's Muslim Community-Based Initiatives against JI", in: *Perspectives on Terrorism* 1v (http://www.terrorism-analysts.com/pt/index.phpoption=com_rokzine&view=article&id=19&Itemid=54) (Zugriff 4. 7. 2008)

Thomas Hauschild (2008), *Ritual und Gewalt*, Frankfurt/M.

Thomas Hegghammer (2008), „Islamic Violence and Regime Stability in Saudi-Arabia", in: *International Affairs* 84, S. 701–715

Thomas Hegghammer / Stephane Lacroix (2007), „Rejectionist Islamism in Saudi-Arabia: the Story of Juhaiman al-'Utaybi Revisited" (http://moyen-orient.sciencespo.fr/articles_pour_revue_en_ligne/17042007%20Hegghammer%20%20Lacroix%20-%20Juhayman%20-%20Website%20version.pdf) (Zugriff 4. 7. 2008)

Danièle Hervieu-Léger (2004), *Pilger und Konvertiten – Religion in Bewegung*, Würzburg (Religion in der Gesellschaft 17)

Akram Hijazi (2008), *al-Ǧihād an-nawawī: Qimmat al-irhāb* (http://drakramhijazi.maktoobblog.com/1049838/%D8%A7%D9%84%D8%AC%D9%87%D8%A7%D8%AF_%D8%A7%D9%84%D9%86%D9%88%D9%88%D9%8A/) (Zugriff 28. 5. 2008)

Jochen Hippler (2008), *Das gefährlichste Land der Welt? Pakistan zwischen Militärherrschaft, Extremismus und Demokratie*, Köln

Mervyn Hiskett (1994), *The Sword of Truth. The Life and Times of the Shehu Usuman dan Fodio*, Evanston, Ill.

Andreas Hofbauer (1995), *Afro-Brasilien. Vom weißen Konzept zur schwarzen Realität*, Wien

Bruce Hoffman (2006), *Terrorismus: Der unerklärte Krieg. Neue Gefahren politischer Gewalt*, Frankfurt/M.

Abū Muḥammad ʿAlī Ibn Ḥazm (1903), *Kitāb al-milal wa'n-niḥal*, Bd. 4, Kairo

Abū Muḥammad ʿAlī Ibn Ḥazm (o. J.), *al-Muḥallā*, Ed. A. M. Šākir, Bd. 7, Beirut

ʿAbdallāh Ibn al-Mubārak: *Kitāb al-ǧihād* (http://www.tawhed.ws/r?i=1877) (Zugriff 26. 6. 2007)

A. ʿA. Al-Imām (2000), *aš-Šahāda wa-ḥayāt aš-šuhadāʾ*, Beirut u. a.

Massimo Introvigne (2005), „A symbolic universe. Information terrorism and new religions in cyberspace", in: M. T. Højsgaard / M. Warburg (Hg.), *Religion and Cyberspace*, London u. a., S. 102–117

Peter Jackson (2003), *The Delhi Sultanate. A Political and Military History*, Cambridge u. a.

Georg Jacob (1897²), *Altarabisches Beduinenleben nach den Quellen geschildert*, Berlin (Studien in arabischen Dichtern 3)

Renate Jacobi (1997), „Bemerkungen zur frühislamischen Trauerpoesie", in: *Wiener Zeitschrift für die Kunde des Morgenlandes* 87, S. 83–99

Jajang Jahroni (2008), *Defending the Majesty of Islam. Indonesia's Front Pembala Islam, 1998–2003*, Chiang Mai

Ayesha Jalal (2008), *Partisans of Allah. Jihad in South Asia*, Cambridge–London

Gilles Kepel (2004²), *Die neuen Kreuzzüge. Die arabische Welt und die Zukunft des Westens*, München

Gilles Kepel / Jean-Pierre Milelli (Hg.) (2006), *Al-Qaida. Texte des Terrors*, München

Navid Kermani / Roberto Ciulli (2004), „Ästhetik und Glauben", in: T. Oberender / U. Haß (Hg.), *Krieg der Propheten. Zur Zukunft des Politischen II*, Berlin, S. 131–149

Moez Khalfaoui (2006), „Das Frauenbild der ‚Geistlichen Anleitung' der Attentäter des 11. September 2001. Brechen die Islamisten mit dem traditionellen Frauenbild des Islam?", in: *Zeitschrift für junge Religionswissenschaft* 1, S. 7–17

Farhad Khosrokhavar (2006), *Quand al-Qaïda parle. Témoignages derrière les barreaux*, Paris

Farhad Khosrokhavar (2003²), *Les nouveaux martyrs d'allah*, Paris

Hans G. Kippenberg (2008), *Gewalt als Gottesdienst. Religionskriege im Zeitalter der Globalisierung*, München

Hans G. Kippenberg / Tilman Seidensticker (Hg.) (2004), *Terror im Dienste Gottes. Die ‚Geistliche Anleitung' der Attentäter des 11. September 2001*, Frankfurt/M.–New York

Georg Klauda (2008), *Die Vertreibung aus dem Serail. Europa und die Heteronormalisierung der islamischen Welt*, Hamburg

Evan F. Kohlmann (2004), *Al-Qaida's Jihad in Europe: the Afghan-Bosnian Network*, Oxford u. a.

Stéphan Lacroix (2008), „Al-Albani's revolutionary Approach to Hadith", in: *ISIM Review* 21, S. 6f.

Aḥmad al-Laiṯī (2003), *Usāma b. Lādin: aṭ-ṭarīq ila ʿl-ḥādī ʿašar min saptambir*, o. O.

Brynjar Lia (2008a), *Architect of Global Jihad. The Life of al-Qaida Strategist Abu Mus'ab al-Suri*, New York

Brynjar Lia (2008b), „Doctrines for Jihadi Terrorist Training", in: *Terrorism and Political Violence* 20, S. 518–542

Brynjar Lia (2007), *Al-Suri's Doctrine for De-Centralized Jihadi Training* (http://jamestown.org/news_details.php?news_id=217) (Zugriff 23. 6. 2008)

Rüdiger Lohlker (2008), *Islam. Eine Ideengeschichte*, Wien

Rüdiger Lohlker (2007a), „Islam und Gewalt", in: *Innsbrucker Diskussionspapiere zu Weltordnung, Religion und Gewalt* 15 (http://www.uibk.ac.at/plattform wrg/idwrg/idwrg_15.pdf) (Zugriff 25. 6. 2008)

Rüdiger Lohlker (2007b), „Guantanamo, Abu Ghraib, az-Zarqawi und zurück", in: *Aurora* 2. 10. 2007 (http://www.aurora-magazin.at/medien_kultur/sinn_lohlker_frm.htm) (Zugriff 12. 8. 2008)

Rüdiger Lohlker (2006a), *Islamisches Völkerrecht. Studien am Beispiel Granada*, Bremen

Rüdiger Lohlker (2006b), „Die neue Theologie des *ǧihād*", in: *Wiener Zeitschrift für die Kunde des Morgenlandes* 96, S. 211–240

Rüdiger Lohlker (2002), „Cyberjihad – das Internet als Feld der Agitation", in: *Orient* 43, S. 507–536

Rüdiger Lohlker / Andrea Nowak (2009), „Das islamische Paradies als Zeichen. Zwischen Märtyrerkult und Garten", in: *Wiener Zeitschrift für die Kunde des Morgenlandes* (i. Dr.)

Rüdiger Lohlker / Nico Prucha (2007), „Dschihadismus im Internet – die praktische Seite", in: *SIAK-Journal* 4, S. 4–11

Ernst Lohoff (2008), „Die Exhumierung Gottes. Von der heiligen Nation zum globalen Himmelreich", in: *krisis* 32, S. 30–75

Roman Loimeier (2000), „Die islamischen Revolutionen in Westafrika", in: Inge Grau u. a. (Hg.), *Afrika. Geschichte und Gesellschaft im 19. und 20. Jahrhundert*, Wien, S. 53–73

Leo Löwenthal (1990), *Falsche Propheten. Studien zum Autoritarismus* (*Schriften* 3), Frankfurt/M.

Scott C. Lucas (2004), *Constructive Critics, Ḥadīth Literature, and the Articulation of Sunnī Islam*, Leiden u. a. (Islamic History and Civilization 51)

Mao Tse-tung (1974[8]), *Theorie des Guerillakrieges oder Strategie der Dritten Welt*, Reinbek bei Hamburg
Herbert Marcuse (2002), „Die Ideologie des Todes", in: ders., *Philosophie und Psychoanalyse* (*Nachgelassene Schriften 3*), Lüneburg, S. 101–114
Gabriele Marranci (2006), *Jihad beyond Islam*, Oxford–New York
Luis Martinez (1998), *La guerre civile en Algérie (1990-1998)*, Paris
William McCants / Jarrett Brachman (2006), *Militant Ideology Atlas. Research Compendium*, West Point, NY
Roel Meijer (2007), „Yūsuf al-ʿUyairī and the Making of a Revolutuionary Salafi Praxis", in: *Die Welt des Islams* 47, S. 422–459
Albrecht Metzger (2005), *Islamismus*, Hamburg
Munira Mirza (2006), „Why we should ignore Shehzad Tanweer's Pompous Video" (http://www.spiked-online/index.php?/site/printable/938/) (Zugriff 4. 11. 2006)
Benjamin Moldenhauer / Christian Spehr / Jörg Windszus (2008), „Law of the Dead. 10 Thesen zum modernen Horrorfilm", in: dies. (Hg.), *On Rules and Monsters. Essays zu Horror, Film und Gesellschaft*, Hamburg, S. 6–19
Barrington Moore (1982), *Ungerechtigkeit. Die sozialen Ursachen von Unterordnung und Widerstand*, Frankfurt/M.
Alfred Morabia (1993), *Le Gihad dans l'Islam médiéval*, Paris
Roy Mottahadeh / Ridwan as-Sayyid (2001), „The Idea of Jihad in Islam before the Crusades", in: Angelika E. Laiou / Roy Mottahadeh (Hg.), *The Crusades from the Perspective of Byzantium and the Muslim World*, Washington, S. 23–29
Chantal Mouffe (2007), *Über das Politische. Wider die kosmopolitische Illusion*, Frankfurt/M.
Abu Alfa Muhammad Shareef bin Fareed (1998), *The Islamic Slave Revolts of Bahia, Brazil. A Continuity of the 19th Century Jihaad Movements of Western Sudan* (http://www.africandiasporastudies.com/downloads/bahia_slave_revolt.pdf) (Zugriff 8. 8. 2007)
Herfried Münkler (2005[2]), *Die neuen Kriege*, Frankfurt/M.
Yassin Musharbash (2008), „Dschihadisten-Spotting – 27 Stunden täglich", in: *Spiegel Online* 7. 6. 2008 (http://www.spiegel.de/politik/ausland/ 0,1518, 558189,00.html) (Zugriff 10. 7. 2008)
Yassin Musharbash (2006), *Die neue Al-Qaida. Innenansichten eines lernenden Terrornetzwerks*, Köln
al-Muttaqī al-Hindī (o. J.), *Kanz al-ʿummāl fī sunan al-aqwāl wa'l-afʿāl* (http://www.al-eman.com/Islamlib/ viewtoc.asp?BID=137) (Zugriff 10. 7. 2008)

Tilman Nagel (2002), *Im Offenkundigen das Verborgene. Die Heilszusage des sunnitischen Islams*, Göttingen
Tilman Nagel (1994), *Geschichte der islamischen Theologie. Von Mohammed bis zur Gegenwart*, München
Tilman Nagel (1981), *Staat und Glaubensgemeinschaft im Islam. Geschichte der politischen Ordnungsvorstellungen der Muslime*, Bd. 1, Zürich–München
S. Muhammad Husayn Nainar (Übers./Hg.) (2006), *Shaykh Zainuddin Makhdum's Tuḥfat al-Mujāhidīn*, Kuala Lumpur

Peter Nesser (2004), *Jihad in Europe. A Survey of the Motivations for Sunni Islamist Terrorismin Post-Millenium Europe* (FFI/Rapport-2004/01146) (http//www.mil.no/multimedia/archive/00043/Jihad_in_Europe43302a.pdf) (Zugriff 12. 4. 2008)

Angelika Neuwirth (2008), „Blut und Tinte – Opfer und Schrift. Biblische und koranische Erinnerungsfiguren im vorderorintalischen Märtyrerdiskurs", in: Andreas Kraß / Thomas Frank (Hg.): *Tinte und Blut. Politik, Erotik und Poetik des Martyriums*, Frankfurt/M., S. 25–58

Angelika Neuwirth (2006), „Gewalttexte und Versöhnungsliturgien um Judentum, Christentum und Islam", in: C. Wulf u. a. (Hg.), *Europäische und islamisch geprägte Länder im Dialog. Gewalt, Religion und interkulturelle Verständigung*, Berlin, S. 49–61

Albrecht Noth (1966), *Heiliger Krieg und heiliger Kampf in Islam und Christentum*, Bonn

Glen Owen (2008), „Taliban using Skype Phones to dodge MI6", in: *Internet Anthropologist* (http://warintel.blogspot.com/2008/09/skype-taliban.html) (Zugriff 10. 10. 2008)

Viorel Panaite (2000), *The Ottoman Law of War and Peace. The Ottoman Empire and Tribute Payers*, New York

Michael Joseph Pelczar / Roger D. Reid / Eddie C. Chan (1977[4]), *Microbiology*, New York

Rudolph Peters (2008), „Dutch Extremist Islamism: van Gogh's Murderer and his Ideas", in: Rik Coolsaet (Hg.), *Jihadi Terrorism and the Radicalisation Challenge in Europe*, Aldershot–Burlington, S. 115–127

Rudolph Peters (1996), *Jihad in Classical and Modern Islam*, Princeton, NJ

Rudolph Peters (1979), *Islam and Colonialism. The Doctrine of Jihad in Modern History*, Den Haag

Rudolph Peters (Übers./Hg.) (1977), *Jihad in mediaeval and modern Islam*, Leiden

Jerry S. Piven (2003), Terrorismus als Religionsersatz, in: Thomas Auchter u. a. (Hg.), *Der 11. September – Psychoanalytische, psychosoziale und psychohistorische Analysen von Terror und Trauma*, Gießen, S. 184–218

Rolf Pohl (2004), *Feindbild Frau. Männliche Sexualität, Gewalt und die Abwehr des Weiblichen*, Hannover

Sebastian R. Prange (2008), „Where the Pepper grows", in: *Saudi Aramco World* 59, S. 10–17.

Fahd al-Qaḥṭānī (1987), *Zilzāl Ǧuhaimān fī Makka*, o. O. (http://documents.scribd.com/docs/1irkrn7iyrxb425affum.pdf) (erstellt am 10. 5. 2005)

Ḥamad al-Qaṭarī / M. al-Madanī (2002), Min qiṣaṣ aš-šuhadāʾ al-ʿarab (http://www.saaid.net/doat/hamad) (Zugriff 6. 8. 2004))

Ahmed Rashid (2001), *Taliban. Afghanistans Gotteskrieger und der Dschihad*, München

João José Reis (1995), *Slave Rebellion in Brazil: the Muslim Uprising of 1835 in Bahia*, London

John Renard (1988), „Al-Jihād al-Akbar: Notes on a Theme in Islamic Spirituality“, in: *Muslim World* 78, S. 225–242

James Robson (1958), „The Transmission of Ibn Maja's Sunan“, in: *Journal of Semitic Studies* 3, S. 129–141

Hanna Rogan (2008), „Al-Qaida in the Islamic Maghreb Strikes Again“, in: *Perspectives on Terrorism*, Volume II, Issue 8, S. 23–28

Hanna Rogan (2007), *Al-Qaeda's online media strategies: from Abu Reuter to Irhabi 007* (FFI-rapport 2007/02729) (http://www.mil.no/multimedia/archive/00102/02729_102477a.pdf) (Zugriff 10. 2. 2008)

Stephan Rosiny (2002), „Der *jihad* im Islam, ein kontroverses Rechtsgutachten von 1998 und die Anschläge vom 11. September“, in: Felicitas von Aretin / Bernd Wannenmacher (Hg.), *Weltlage. Der 11. September, die Politik und die Kulturen*, Opladen, S. 75–89

Marc Sageman (2008), *Leaderless Jihad: Terror Networks in the twenty-first Century.* Philadelphia u. a.

Marc Sageman (2004), *Understanding Terrorist Networks*, Philadelphia

Philipp Sarasin (2001), „Die Wirklichkeit der Fiktion. Zum Konzept der *imagined communities*“, in: Ulrike Jureit (Hg.), *Politische Kollektive. Die Konstruktion nationaler, rassischer und ethnischer Gemeinschaften*, Münster, S. 22–45

Werner Schiffauer (2007), „From Exile to Diaspora. The Development of Trasnational Islam in Europe“, in: Aziz Al-Azmeh / Effie Fokas (Hg.), *Islam in Europe. Diversity, Identity and Influence*, Cambridge u. a., S. 68–95

Bernhard Schmid (2005), *Algerien - Frontstaat im globalen Krieg?*, Münster

Reinhard Schulze (1995), „Citizens of Islam. The Institutionalization of Muslim Legal Debate“, in: Christopher Toll / Jakob Skovgaard-Petersen (Hg.), *Law and the Islamic World. Past and Present. Papers presented to the joint Seminar at the Universities of Copenhagen and Lund, March 26th–27th, 1993*, Kopenhagen, S. 167–184

Wolfgang Schwanitz (o. J.), „Djihad ‚Made in Germany'. Der Streit um den Heiligen Krieg 1914–1915“ (http://www.trafoberlin.de/pdf-dateien/Djihad%20Heiliger%20Krieg%201914%20WGS.pdf) (Zugriff 10. 10. 2008)

Tilman Seidensticker (2006), „Jihad Hymns (*Nashīds*) as a Means of Self-Motivation in the Hamburg Group“, in: Hans G. Kippenberg / Tilman Seidensticker (Hg.), *The 9/11 Handbook*, London–Oakville, S. 71–78

Dmitry Shlapentokh (2008), „The Rise of the Chechen Emirate?“, in: *The Middle East Quarterly* (Summer), S. 49–56

John T. Sidel (2006), *Riots, Pogroms, Jihad. Religious Violence in Indonesia*, Ithaca

Nicolaus Sombart (1991), *Die deutschen Männer und ihre Feinde. Carl Schmitt – Ein deutsches Schicksal zwischen Männerbund und Matriarchatsmythos*, München–Wien

Guido Steinberg (2005), *Der nahe und der ferne Feind. Die Netzwerke des islamischen Terrorismus*, München

Guido Steinberg (2002), „Saudi-Arabien und die Attentäter des 11. September“, in: Felicitas von Aretin / Bernd Wannenbacher (Hg.), *Weltlage. Der 11. September, die Politik und die Kulturen*, Opladen, S. 33–49

Guido Steinberg / Isabelle Werenfels (2007), *Al-Qaida im Maghreb. Trittbettfahrer oder neue Bedrohung?* (http://www.swp-berlin.org/common/get_document.php?asset_id=3771) (Zugriff 10. 8. 2007)

Anne Stenersen (2008), „The Internet: a Virtual Training Camp?“, in: *Terrorism and Political Violence* 20, S. 215–233

Anne Stenersen (2007), „Chem-bio Cyber-class. Assessing jihadist chemical and biological manuals“, in: *Jane's Intelligence Review* (September), S. 8–13

Abū Muṣʿab as-Sūrī (2004), *Daʿwat al-muqāwama al-islāmīya al-ʿālamīya,* o. O.

Michael Taarnby (2005), „Yemen's Committee for Dialogue: Can Jihadists Return to Society?“, in: *Jamestown Terrorism Monitor* 3xiv (15. 7. 2005) (http://www.jamestown.org/terrorism/news/article.php? articleid=2369745) (Zugriff 14. 7. 2008)

Nawāf Hāyil Takrūrī (2003[4]), *al-ʿAmaliyāt al-istišhādīya fī al-mīzān al-fiqhī,* Damaskus

Charlene Tan (2008), „(Re)imagining the Muslim Identity in Singapore“, in: *Studies in Ethnicity and Nationalism* 8, Nr. 1, S. 31–49

Abū al-Ḥasan ʿAlī b. Muḥammad Baraka al-Andalusī at-Taṭwānī (2003), *Aǧwiba ʿan masāʾil muḫtalifa wa-arbaʿūna ḥadīṯan fī faḍl al-ǧihād wa-šarḥuhā,* Beirut

Habib Tengour (2004), *Der Fisch des Moses*, Innsbruck–Wien

The Combating Terrorism Center (2007), *Cracks in the Foundation. Leadership Schisms in al-Qa'ida 1989–2006* (http://ctc.usma.edu/aq/pdf/Harmony_3_Schism.pdf) (Zugriff 14. 8. 2007)

The Combating Terrorism Center (2006), *The Islamic Imagery Project. Visual Motifs in Jihadi Internet Propaganda* (http://ctc.usma.edu/pdf/CTC%20--%20Islamic%20Imagery%20Project.pdf) (Zugriff 14. 8. 2007)

The Syrian Human Rights Committee (2006), *Massacre of Hama (February 1982). Genocide and a Crime against Humanity* (http://www.shrc.org/data/aspx/d5/2535.aspx) (Zugriff 14. 6. 2006)

Klaus Theweleit (2000), *Männerphantasien 1 + 2*, München–Zürich

Truls Hallberg Tønnesen (2008), „Training on a Battlefield: Iraq as a Training Ground for Global Jihadis“, in: *Terrorism and Political Violence* 20, S. 543–562

Roberto Tottoli (2002), „*Ḥadīṯ*s and Traditions in some recent Books on the Daǧǧāl“, in: *Oriente Moderno* 21, S. 55–75

Enzo Traverso (2003), *Moderne und Gewalt. Eine Genealogie des Nazi-Terrors*, Köln

Yaroslav Trofimov (2008), *The Siege of Mecca. The Forgotten Uprising in Islam' Holiest Shrine*, London u. a.

Victor Turner (2005), *Das Ritual. Struktur und Anti-Struktur,* Frankfurt/M.–New York

Oskar Verkaaik (2004), *Migrants and Militants: Fun and Urban Violence in Pakistan.* Princeton–Oxford

A. I. Vilayatullah (2006), „Short Biography of Shaykh Zainuddin“, in: S. Muhammad Husayn Nainar (Übers./Hg.), *Shaykh Zainuddin Makhdum's Tuḥfat al-Mujāhidīn*, Kuala Lumpur, S. 17–23

Vamik D. Volkan (2003), „Die innere Welt des Fundamentalisten/Terroristen. Die ‚Ausbildung' mittelöstlicher Selbstmordattentäter“, in: T. Auchter

u. a. (Hg.), *Der 11. September. Psychoanalytische, psychosoziale und psychohistorische Analysen von Terror und Trauma*, Gießen, S. 259–265

Ewald Wagner (1988), *Grundzüge der klassischen arabischen Dichtung. Band II: Die arabische Dichtung in islamischer Zeit*, Darmstadt

Ruth Waldeck (1990), „‚Kassandra', oder die Lust der Frauen am Krieg der Männer", in: Eva Maria Blum u. a., *Ethnopsychoanalyse. Herrschaft, Anpassung, Widerstand*, Frankfurt/M., S. 16–35

Ibrahim Warde (2007), *The Price of Fear. The Truth behind the Financial War on Terror*, Berkeley–Los Angeles

Michael A. Weinstein (2008), *Analysis: Ideological Diversity in Somalia's Islamic Courts Movement* (http://www.garoweonline.com/artman2/publish/Somalia_27/Analysis.shtml) (Zugriff 3. 10. 2008)

Quintan Wiktorowicz (2005), *Radical Islam Rising. Muslim Extremism in the West*, Oxford

Quintan Wiktorowicz (2004), „Introduction: Islamic Activism and Social Movement Theory", in: ders. (Hg.), *Islamic Activism. A Social Movement Approach*, Bloomington, S. 1–33

Tim Winter (Hg.) (2008), *The Cambridge Companion to Classical Islamic Theology*, Cambridge u. a.

Kate Zebiri (1993), *Maḥmūd Shaltūt and Islamic Modernism*, Oxford u. a.

Malika Zeghal (1996), *Gardiens de l'Islam: les oulémas d'Al Azhar dans l'Égypte contemporaine*, Paris

Personenregister

'Abbas al-Hamadani (ʿAbbās al-Hamadānī) 79
Abbas, Sohayl 143f.
'Abdalkadir 'Abdal'asis (ʿAbdalqādir ʿAbdalʿazīz; Dr. Fadl, Dr. Faḍl; Saijid Imam, Saiyid Imām) 36, 61, 98, 191, 211
Abraham 35, 61, 72, 105f., 118, 209
Abu Bakr (Abū Bakr) 175, 180
Abu Basir at-Tartusi (Abū Baṣīr aṭ-Ṭarṭūsī) 95, 116
Abu Dawud (Abū Dāwud) 118, 133, 135, 170, 213, 218
Abu Firas al-Hamdani (Abū Firās al-Hamadānī) 133
Abu Huraira (Abū Huraira) 21, 89, 94, 118, 177
Abu Jahja al-Libi (Abū Yaḥyā al-Lībī) 166
Abu Katada (Abū Qatāda) 116, 215
Ahmad ibn Hanbal (Aḥmad b. Ḥanbal; Ibn Hanbal) 118, 170, 213, 222
Ahmadi-Nejad 113
Albani, al- (al-Albānī) 34
Anders, Günther 150, 223
'Antara ibn Schaddad (ʿAntara b. Šaddād) 133
'Assam, 'Abdallah (ʿAbdallāh ʿAzzām) 56–60, 69, 74f., 90f., 155, 207
Assmann, Jan 13, 208
Ausa'i, al- (al-Auzāʿī) 180

Ba'asyir, Abu Bakar 45
Belhadsch, 'Ali (ʿAlī Bilḥāǧ) 81
Bennabi, Malik 81
Bouyeri, Mohammed 148
Brachman, Jarrett 62f., 65, 134, 166
Buchari, al- (al-Buḫārī) 21f., 89, 94, 102, 107, 205, 208, 210, 222ff.
Bush, George 84, 101, 113, 124, 165

Canetti, Elias 131
Cheney, Richard 125
Chiragh Ali 31
Chirschi, al- (al-Ḫiršī) 181
Chomeini, Ajatollah 113
Chudair, 'Ali ibn Chudair al-Chudair (ʿAlī b. Ḫudair al-Ḫudair) 116

Dhahabi, Husain adh- (Ḥusain aḏ-Ḏahabī) 193, 224
Dr. Fadl (Dr. Faḍl) siehe 'Abdalkadir 'Abdal'asis

Dschuhaiman al-'Utaibi (Ǧuhaimān al-ʿUtaibī) 35f., 61f., 67, 102

Fanon, Frantz 159, 208
Farag, 'Abdassalam (ʿAbdassalām Farag) 36, 61
Fichte, Johann Gottlieb 70
Fisasi, al- (al-Fizāzī) 116, 215

Gogh, Theo van 49, 148

Hakim an-Naisaburi, al- (al-Ḥakīm an-Naisabūrī) 222
Halabi, Nisar al- (Nizār al-Ḥalabī) 134
Hassan, Muhammad (Muḥammad Ḥasan) 119, 189
Heidegger, Martin 150f.
Hischam, Murad (Murād Hišām) 192ff.
Hitar, Hamud al- (Ḥamūd al-Ḥīṭār) 192ff.
Hitler, Adolf 83

Ibn 'Abbas (Ibn ʿAbbās) 78
Ibn Abi Hatim (Ibn Abī Ḥātim) 79
Ibn Adschiba (Ibn ʿAǧība) 25
Ibn al-Chattab (Ibn al-Ḫaṭṭāb) 140f.
Ibn al-Kaijim (Ibn al-Qaiyim) 80, 103
Ibn al-Mubarak (Ibn al-Mubārak) 16, 18
Ibn Farhun (Ibn Farḥūn) 181
Ibn Hanbal siehe Ahmad ibn Hanbal
Ibn Hasm (Ibn Ḥazm) 20
Ibn Kaijim al-Dschausija (Ibn Qaiyim al-Ǧauzīja) 70
Ibn Kathir (Ibn Kaṯīr) 79, 179
Ibn Madscha (Ibn Māǧa) 133, 177, 218
Ibn Nuhas (Ibn Nuḥās) 21
Ibn Taimija (Ibn Taimīja) 79f., 206, 209f., 214, 216
Ibn 'Umar (Ibn ʿUmar) 180f., 201
Ibn 'Uthaimin (Ibn ʿUṯaimīn) 80, 116, 209
Imam, Saijid (Saiyid Imām), siehe 'Abdalkadir 'Abdal'asis

Kermani, Navid 38ff.
Khalfaoui, Mouezz 72ff.
Khalid Sheikh Mohammed 144, 159
Khosrokhavar, Farhad 70, 147f., 150, 206
Kippenberg, Hans G. 10, 13f., 72ff.
Kutb, Saijid (Saiyid Quṭb) 32f., 36, 61, 64, 69, 207

Lacan, Jacques 66
Loimeier, Roman 26, 28
Löwenthal, Leo 10f.

Madani, 'Abbas (ʿAbbās Madanī) 81

Madchali, al-Dschami al- (al-Ğāmī al-Madḫalī) 82
Makdisi, Abu Muhammad al- (Abū Muḥammad al-Maqdisī) 36, 43, 61f., 105, 116, 211
Malik ibn Anas (Mālik b. Anas) 18
Mao Tse-tung 162
Marcuse, Herbert 153
Maududi, Abu l-A'la al- (al-Maudūdī) 31ff., 36, 69f.
Mawardi, al- (al-Māwardī) 99
Mehsud, Beitullah (Baitullāh Maḥṣūd) 42
Mirza Ghulam Ahmad 31, 149
Muchaddab, Jaman (Yaman Muḫaḍḍab) 166
Mudschahid Nr. 1 174f.
Muhammad (Muḥammad) 17, 22, 29, 38f., 87, 90, 107, 117, 119, 124, 150, 161, 167, 175f., 184, 189, 209, 214, 218f.
Muhammad ibn 'Abdallah al-Qahtani (Muḥammad b. ʿAbdallāh al-Qaḥṭānī) 35, 67, 93, 175
Muhammad ibn 'Abdalwahhab (Muḥammad b. ʿAbdalwahhāb) 106, 207
Mullah Muhammad 'Omar (Mullāh Muḥammad ʿUmar) 37
Muslim ibn Hadschdschadsch (Muslim b. Ḥağğāğ) 170
Mutanabbi, al- (al-Mutanabbī) 133
Muttaki al-Hindi, al- (al-Muttaqī al-Hindī) 20

Nadschi (Abū Bakr Nāğī) 36, 104, 117
Noth, Albrecht 18

Olmert, Ehud 113

Powell, Colin 125

Rumsfeld, Donald 85, 125, 210

San'ani, as- (aṣ-Ṣanʿānī) 80
Sarachsi, as- (aṣ-Ṣaraḫsī) 181, 223
Sarqawi, Abu Mus'ab as- (Abū Muṣʿab az-Zarqāwī) 44, 89, 92
Sa'ud (Familie) 35
Sawahiri, Aiman as- (aẓ-Ẓawāhirī, Aiman) 34, 38, 61, 88, 101, 123, 191, 211
Sayyid Ahmad Barelevi 31
Sayyid Ahmad Khan 31
Schaltut, Mahmud (Maḥmūd Šaltūt) 33
Seidensticker, Tilman 10, 72ff., 133
Shah Walijullah (Šāh Walīyallāh) 30
Sidel, John T. 45
Sistani, Ajatollah as- (as-Sīstānī) 165
Sungkar, Abdullah 45
Suri, Abu Mus'ab as- (Abū Muṣʿab as-Sūrī) 10, 36, 46, 61, 81, 117, 158, 160, 165, 210, 221
Surkani, as- (az-Zurqānī) 80

Tabari, at- (aṭ-Ṭabarī) 180, 209
Tengour, Habib 61, 144f.
Theweleit, Klaus 77, 149, 152
Tirmidhi, at- (at-Tirmiḏī) 133, 135, 177, 218, 224

'Ujairi, Jusuf al- (Yūsuf al-ʿUyairī) 117, 147, 164, 185, 223
'Umar 'Abdarrahman (ʿUmar ʿAbdarraḥmān) 32, 36, 97, 212f.
'Umar ibn al-Chattab (ʿUmar b. al-Ḫaṭṭāb) 58
'Umarov, Doku 63
Usama bin Ladin (Usāma b. Lādin) 38, 40, 45, 56, 65, 67, 72, 117, 123, 175, 200, 207f., 220

Verkaaik, Oskar 67, 154f.

Yakan, Fathi 165

Žižek, Slavoj 66

Sachregister

Abbasiden 17, 19
Abu Ghraib 44, 231
Afghanistan 34, 36–44, 56f., 59, 65, 75f., 89–92, 120, 125f., 133, 143, 145–148, 155, 158, 164, 188, 199, 220, 224
Ahbasch-Bewegung, al- (al-Aḥbāš) 135
Ahmadija 31f.
Algerien 36, 45, 81–84, 110, 147
Ambon 45
Ambra 91
amir (amīr) siehe Emir
Amman 56, 125
Andalus, al- 20, 60, 100
Arabische Halbinsel 155
'Arafat (ʿArafāt) 156, 220
Armee von Jhang (Laškar-i Jahngvi) 42
Armee der Prophetengefährten Pakistans (Sipāh-i Ṣaḥāba Pākistān; SSP) 42
Ashar-Universität, al- (al-Azhar) 33, 56
Assasinen 23
Assoziation siehe walaja
Atombombe 137, 162, 174
Aufruf zum Islam (Da'wa) 81f., 105, 107, 117
aulija' (aulīyāʾ) siehe Gottesfreunde
authak 'urwat al-iman (auṯaq ʿurwat al-īmān) 35
Australien 125
Azzam Publications 160f., 221

Badr-Korps 89
Baghdad 128
bai'a (baiʿa; Treueeid) 64f., 196
Baida', al- (al-Baidāʾ) 118
Bali 45, 124f.
Bamiyan 38
Banner, schwarze 72, 117–121, 174, 176f., 221f.
bara'a (barāʾa; Dissoziation) 62, 64, 106
baraka (Segenskraft) 27
Befehlshaber der Gläubigen 30, 37
Bewaffnete Islamische Gruppe (GIA) 46, 65
Bewegung der Taliban Pakistans (Teḥrīk-i Ṭālibān Pākistān) 42

Bosnien 49, 75f., 144–148, 160f., 220
Buddhismus 13
Burma 100
Byzantiner 118ff., 215

China 42, 48

Dadschdschal (dadschdschal, daǧǧāl) 35, 119, 216
Damaskus 22, 56
Damiette 21
dar al-ʻahd (dār al-ʿahd) 58
dar al-harb (dār al-ḥarb) 58f.
dar al-islam (dār al-islām) 58ff.
Da'wa siehe Aufruf zum Islam
Deccan Mujahideen 43
Desert Storm 86
Dialogkomitee (laǧnat al-ḥiwār) 188
Dienstleistungsbüro 56
Dinar 89
Dirham 89
Diskussionsforen (Internetforen) 109f., 122, 167, 214, 220
Dissoziation siehe bara'a
Dschahilija (ǧāhilīya; Unwissen, Unwissenheit) 33, 64, 83, 93, 95, 97f., 196, 203
Dschama'a al-islamiya, al- (al-Ǧamaa al-islāmīya) 34, 199
Dschama'a as-salafija al-muhtasiba, al- (al-Ǧamaʿa as-salafīya al-muḥtasiba) 34
dschama'at (ǧamāʿāt) 26
Dschenin 56, 101
Dschidda 56
Dschihad (ǧihād) 9, 11, 13–46, 48f., 56–60, 72, 75–82, 84–87, 90, 94–97, 100f., 104, 108, 111, 115f., 123, 125, 127, 131f., 135f., 139f., 143, 145–150, 152, 157f., 163f., 167, 175, 179ff., 188–201, 205, 207, 209, 211ff., 215, 218, 223ff., 233
Dschihad, al- (al-Ǧihād) – Jemen Abjan 117, 126, 193, 224
Dschihad al-islami, al- (al-Ǧihād al-islāmī) 34
Dschihad, großer (al-ǧihād al-akbar) 29
Dschihadi 22, 60f., 64–68, 70f., 82, 111, 142, 154f., 161, 164, 174, 182, 209
Dschinn 79, 103

Einheitsbekenner 103, 113, 166
Einsheit Gottes siehe tauhid
Ekhlaas, al-, siehe Ichlas, al-
Elam Liberation Tigers 55
Emir (amir, amīr) 65, 77, 86, 99, 122, 175, 208, 213
Emirat 38, 72, 98, 102, 110, 208
Engel 92, 211
Eritrea 100
Europa 40, 44, 48f., 66, 83, 145, 147, 220, 224
Evian 83

fada'il (faḍā'il) 21
Failaka 21
Falludscha 44, 112, 127f.
fard 'ain (farḍ 'ayn) siehe Pflicht, individuelle
fard kifaja (farḍ kifāya) siehe Pflicht, kollektive
Fasten 17f., 21, 23, 96, 135, 156, 205, 210, 212, 220
FIS siehe Islamische Heilsfront
FPI siehe Front Pembala Islam
Frankreich 46, 83, 147f.
Freimaurer 138, 219
Fremde 70f., 140, 220
Fremdheit 70f., 78, 149, 209
Front Pembala Islam (FPI) 45
Furkan, al- (al-Furqān) 112
Fürbitter 133, 135
Fürsprache 127, 216, 219

Gemeinschaft (umma) 11, 13ff., 17ff., 24, 26, 29, 35, 41, 48, 58, 63–67, 69f., 77, 81, 84f., 100–104, 112f., 124f., 138, 141, 149f., 155, 157, 189–192, 196f., 207f., 222
Generosität 15
Gestapo 83
GIA siehe Bewaffnete Islamische Gruppe
Glaubensbekenntnis siehe schahada
Glaubenslehre 57, 62, 87, 101, 195, 215
Glaubenszeuge siehe schahid
Gog 119
Gottesfreunde (aulija', aulīyā') 69
Gottesliebe 53
Götze 72, 87, 89, 107f., 137
Grabesstrafe 51
Granada 19
Große Moschee (in Mekka) 34
Großmut 15
Gruppe, siegreiche 78, 209
GPSC siehe Salafistische Gruppe für Predigt und Kampf
Gujarat 107f.

Hadith 16, 20, 59, 69, 80, 86, 96, 102, 107, 118–121, 140, 156, 158, 170, 176f., 179ff., 205, 208f., 211ff., 216, 218, 220, 222, 224f.
Hadschdsch (ḥağğ) 16, 127, 211, 220
hafis (ḥāfiẓ) 91, 180
hakimija (ḥākimīja) siehe Oberherrschaft Gottes
Hamas (Ḥamās) 9, 152, 206, 208, 221
Hanafiten (hanafitische Rechtsschule) 59, 96, 181, 212
Hanbaliten 70
Handel 16, 79, 87, 94f., 106, 149, 196, 219, 224

hanifisch (Religion) 84
Häuser (sichere) 95, 101, 124, 136, 158, 180, 195
Haussa 27
Hawn-Mörser 179
Heer des Sa'd ibn Abi Wakkas (Ǧaiš Sa'd b. a. Waqqāṣ) 127f.
Hidschas 18
Hinduismus 13
Hinzufügung 104, 106, 137
Hisba, al- (al-Ḥisba) 111
Hisballah (Ḥizballāh) 9, 48, 152
homegrown terrorism 49
Huri (al- ḥūr al-ʿain) siehe Paradiesjungfrauen

Ibaditen 62, 208
Ichlas, al- (al-Iḫlāṣ, al-Ekhlaas) 89f., 110, 114, 117, 214, 221
Imam 17f., 58, 61f., 89, 94, 99, 102f., 106, 119, 128, 176, 191, 203, 208, 211, 215
Imamat 99, 120
Indian Mujahideen 43, 107
Indonesien 30, 45, 192, 198
Internetforen siehe Diskussionsforen
Irak 16, 22, 36, 38, 41, 43f., 47, 49, 64, 89, 101, 112, 118, 120, 124f., 148, 158, 160, 165, 211, 214f., 224
Islamische Heilsfront (FIS) 46, 81
Islamischer Religiöser Rat von Singapur (MUIS) 190, 196
Islamische Universität Medina 34
Italien 125, 147

Jemaah Islamiyah 45, 190, 197f., 223
Jemen 24, 40, 101, 110, 124, 188f., 192f., 223f.
Jemen-Abjan-Heer (Ǧaiš ʿAdan-Abyān) 193
Juden 36, 47, 64, 101, 123, 143, 148, 168, 196, 200, 210
Jungfrauen siehe Paradiesjungfrauen
Jüngster Tag 59, 79, 88, 175, 209, 216

Kaaba 67, 131, 215
Kabul 37, 59, 146
Kairo 33, 56
Kamikaze 53
Kampf, heiliger 18
Kandahar 37f., 68
kasb siehe Verdienst
Kalif 17, 22, 29, 58, 102, 117ff., 121f., 174, 177, 206, 222, 225
Kalifat 38, 70, 72, 117–121, 175ff.
Kanada 125, 147
Karachi 124f.
Kaschmir 42, 100

Katapult 179–182
Khosht 125
König-‘Abdal’asis-Universität 56
Kosovo 148
Kreuzfahrer 36, 97, 123, 126f., 167, 196, 200
Krieg 14, 17ff., 24–27, 31f., 36f., 44ff., 56, 58f., 76f., 82–86, 93f., 101f., 104f., 125, 139, 141, 149, 162ff., 166, 168ff., 173, 175, 178, 181, 183, 199f., 206, 209f., 220ff., 224
Krieg der Ideen 85, 166
Krieg, heiliger 18
Kriegsbeute 14f.
Kriegsgefangene 14
Kroatien 145f.
Kuraisch (Quraiš) 94, 102, 118f., 122

Laschkar-e Tayyiba 42
Laskar Dschihad 45
Liebe 63, 95, 106, 115, 132, 154, 217
Liebender 32, 132
Liminalität 142
London 49, 149, 160, 199, 215

Madrasa 143
Madrid 49
Magog 119
Mahdi 35, 67, 72, 117–121, 177, 215f.
Malabarküste 23
Malaise 10f., 144, 149, 152
Malaysia 45, 110, 147, 198
Malikiten 181
Malware 170
Männlichkeit 150
Marokko 22, 25f., 29, 110, 215
Märtyrer 50ff., 144
Massenvernichtungswaffen 134, 165, 174, 178f., 223
Medina 18f., 22, 34, 64, 118, 208, 222
Mekka 16, 34, 67, 72, 89, 94, 101, 118, 208, 212, 215f., 220, 222f.
Messias 119, 121, 216
Migration 49, 71, 220
millat Ibrahim (millat Ibrāhīm) 35, 48, 59, 92, 116
Moghul 30
Molotow-Cocktail 183
Mönchtum (rahbānīya) 17
Monotheismus 13
Moschus 75, 91, 145, 156, 208
Moskau 124f.
Mossul 129

Mudschahid (Mudschahidin, mujahid) 21, 48, 52, 56–59, 63, 65, 69, 73–77, 79, 82, 84f., 87, 90–93, 101, 112, 115f., 119f., 126ff., 130f., 133f., 140f., 145f., 152f., 157, 159, 161, 163f., 167, 169, 173ff., 178, 185f., 188f., 208, 216f., 220f.
MUIS siehe Islamischer Religiöser Rat von Singapur
Muslimbruderschaft 33, 56
Mutter 76, 95, 132, 135, 139, 145, 148, 200, 218
Mystiker, islamische, siehe Sufi

Naschid (našīd) 132, 133f., 140f., 161, 220
Neuerung 21, 35, 37, 65, 102, 104, 135, 214, 218
New York 101, 124
Ngruki 45
Nichtkombattanten 14, 200f.
Ninja 164
Nordnigeria 27
Notwendigkeit 16, 18, 57, 99, 178, 222
Nutzen 15, 83, 105, 170, 201

Oberherrschaft Gottes (hakimija, ḥākimīja) 31, 69
Oman 62, 110
Orientalisten 97
Osttimor 125

Palästina 9, 36, 47, 53, 57, 100f., 124f., 152, 213, 215f.
Paradiesgarten 132, 135, 139
Paradiesjungfrauen (al-ḥūr al-ʿain, Huri; Jungfrauen) 28, 72–77, 131ff., 138f., 145, 147, 156, 217, 219
Paschtunen 37, 42
Peschawar 40
Pflicht, individuelle (fard ʻain, farḍ ʿayn) 20, 24, 101, 207
Pflicht, kollektive (fard kifaja, farḍ kifāya) 20, 24
Polytheismus 138

Qa'ida, al- (al-Qāʿida, al Qaeda) 34, 36, 38, 40f., 43f., 46ff., 54, 89, 123, 126f., 143, 147, 152, 161, 166, 178, 185, 192f., 199, 210, 213f., 218, 221
Qa'ida, al- (auf der Arabischen Halbinsel) 43, 126f., 152, 185
Qa'ida, al- (im Maghreb) 46
Qa'ida, al- (im Zweistromland) 44, 89
Qaside 130, 134, 217

Radikalisierung 35, 142, 144, 148, 188, 198
Ramadan 19, 92, 112, 124, 214
Rechtleitung 80, 102, 124, 128, 135
Rechtsschule, hanafitische, siehe Hanafiten
Rekrutierung 17, 44, 46, 54, 162f., 172f.
Religious Rehabilitation Group (RRG) 190f., 197ff.
Rijad, ar- 126

Rote Armee 37, 40, 56
RRG siehe Religious Rehabilitation Group

Sahih (Ṣaḥīḥ) 75, 79, 180f., 225
Salafismus 34, 37, 74, 81f., 111, 210
Salafistische Gruppe für Predigt und Kampf (GPSC) 46
Satan 25, 79, 87, 89, 92, 103, 105, 119, 132, 169, 216
Saudi-Arabien 36f., 43, 56, 70, 76, 110, 134, 145f., 160, 176, 191, 216, 220
schahada (šahāda; Glaubensbekenntnis) 50, 72, 90, 128, 176, 221
schahid, schuhada' (šahīd, šuhadā'; Glaubenszeuge) 32, 50–53, 58, 74, 76, 81, 89, 112, 119, 126f., 132–135, 138, 145, 150, 155ff., 161, 208, 220
Schabab, asch- (aš-Šabāb) 48
Scharia (Schari'a) 25, 32, 37, 56, 59, 65, 80, 87, 96ff., 100, 102f., 112, 116, 122, 132, 173, 179f., 200, 213f., 218
Schiiten siehe Zwölferschiiten
Segenskraft siehe baraka
Sein zum Tode 151
Selbstmordattentat 23, 47, 53, 161, 165, 206
Selbstmordattentäter, Selbstmordattentäterinnen 42, 44, 47, 89, 206, 211
Sicherheit 77, 88, 92, 98, 124f., 136, 149f., 163, 167, 169–173, 197, 216
Sikh 30f.
Singapur 189ff., 198
Sippe 94f.
Slowenien 146
Sokotokalifat 27
Solo 45
Somalia 40, 48, 93
Sowjetunion 37
Split 144
Sprengkörper 129, 161, 175, 184
SSP siehe Armee der Prophetengefährten Pakistans
Stamm 93, 95, 127
Students Islamic Movement of India (SIMI) 43
Sudan 30, 35
Sufi (islamischer Mystiker) 22, 25, 65, 206, 210, 214, 219
Sufismus 17, 19, 25, 40, 53, 143
Sunniten 44, 47, 64, 211
Syrien 16, 18, 22f., 34, 118, 215f.

Tabligh-i dschama'at (Tablīġ-i ǧamā'at) 34
Ta'if, at- (aṭ-Ṭā'if) 78, 180
takfir (takfīr) 27, 61, 63f.
Takfir wa'l-hidschra, at- (at-Takfīr wa'l-Hiǧra) 64, 224
Tal 'Afar 89
Taliban 37f., 40ff., 72, 117, 119, 121, 143, 162, 164, 191, 218
tauhid (tauḥīd; Einheit Gottes) 57f., 65, 66, 94, 103, 106f., 114, 116, 159, 214
tauhid, praktischer (tauḥīd 'amalī) 58

Tetuan 22
Text, autoritativer 99, 118, 180, 182, 194, 201
Tidschanija (Tīǧānīya) 28
Tod 11, 17, 31, 35, 51ff., 57, 73, 76, 78f., 88, 90f., 103, 113, 117f., 125f., 128, 131ff., 136f., 145–149, 151, 153f., 161, 167, 195, 206, 208, 210, 217, 219
Tradition 16, 20, 22f., 35, 39f., 45, 47, 52f., 58, 60ff., 71f., 96, 130, 142, 215ff., 219f.
Traum 67f., 74f., 90, 146, 156, 211
Treueeid siehe bai'a
Tribut 97
Triebseele (nafs) 23, 25, 142
Tschetschenien 9, 63, 75f., 90, 100, 120, 125, 145, 220
Tyrann 86f., 97, 126f., 134, 140f., 210

Umaijaden 17, 18, 19
umma siehe Gemeinschaft
Ungerechtigkeit 31, 88, 144, 154
Unglauben 27, 33, 59, 87, 94, 101, 132, 138, 141, 145
Ungläubige 27, 32, 35, 58, 60, 62ff., 80, 88, 94–97, 103, 105, 107, 127f., 141, 143, 170, 175, 178ff., 221
Unwissen, Unwissenheit siehe Dschahilija
Usbat al-Ansar, Gruppe (ʿUṣbat al-anṣār) 135
'uschschak (ʿuššāq) 32, 74, 208
Usman dan Fodio 27

Veräußerungsgeschäft 79
Verdienst (kasb) 17, 19, 25
Video 38f., 44, 57, 67, 110ff., 133f., 141, 144, 149, 154f., 159–162, 166, 191, 195, 208, 214, 218, 220f.
Videospiel 162, 164
Vögel 51, 69, 91f., 132, 135, 161

Wahhabiten 62
wala' wa'l-bara', al- (al-walāʾ wa'l-barāʾ) 35, 62, 101, 212
walaja (walāya; Assoziation) 62, 106
Washington 101, 124
Westafrika 26, 28f.
Westen 66, 84f., 123, 148f., 193, 222
Westjordanland 56
Wiedererweckung, Bewegung der islamischen 85
Wunder 69, 91

Zellenstruktur 162
Zentralasien 42, 48
Zeugentod 73, 78, 90f., 113, 126, 128, 131f., 136, 195
Zwölferschia 23
Zwölferschiiten (Schiiten) 42, 44, 47, 64, 89, 112, 206, 211, 214